亚布力
企业思想家系列丛书
Business Thinkers Series

特别鸣谢 关爱 对本书的鼎力支持

金融改革
这几年

亚布力中国企业家论坛◎编著

知识产权出版社
全国百佳图书出版单位

图书在版编目（CIP）数据

金融改革这几年/亚布力中国企业家论坛编著. —北京:知识产权出版社，2017.1
（亚布力企业思想家系列丛书）
ISBN 978 - 7 - 5130 - 4701 - 2

Ⅰ. ①金…　　Ⅱ. ①亚…　　Ⅲ. ①金融改革—研究—中国　　Ⅳ. ①F832.1

中国版本图书馆 CIP 数据核字（2016）第 317595 号

内容提要

金融处于现代经济的核心地位。金融运行得正常有效,货币资金的筹集、融通和使用就会充分而有效,社会资源的配置也就合理,其对经济走向的良性循环所起的作用也就越明显。

本书以一篇篇文章的形式,汇聚了中国当下著名的企业家、经济学家和金融相关领域的政府官员对中国这几年经济发展态势的分析、预测和金融体系改革路径、方法和壁垒的理解和分析以及迫切希望加快改革步伐的强烈愿望。亚投行所面临的五大挑战是什么?"金融蓝海"在哪里? 中国是否会出现"巴菲特"? 互联网金融的未来如何? 民间资本将走向何方? 这些问题将在本书中得到一一解答。

责任编辑:陈晶晶　　　　　　　　　　　　　　　责任出版:孙婷婷

金融改革这几年

亚布力中国企业家论坛　编著

出版发行:知识产权出版社 有限责任公司	网　　址:http://www.ipph.cn
社　　址:北京市海淀区西外太平庄 55 号	邮　　编:100081
责编电话:010 - 82000860 转 8391	责编邮箱:shiny-chjj@ 163. com
发行电话:010 - 82000860 转 8101/8102	发行传真:010 - 82000893/82005070/82000270
印　　刷:北京中献拓方科技发展有限公司	经　　销:各大网上书店、新华书店及相关专业书店
开　　本:720mm×960mm　1/16	印　　张:19.25
版　　次:2017 年 1 月第 1 版	印　　次:2017 年 1 月第 1 次印刷
字　　数:285 千字	定　　价:49.00 元

ISBN 978 - 7 - 5130 - 4701 - 2

金融行业需要"搅局者"

马　云 ▶ 亚布力中国企业家论坛理事、阿里巴巴集团董事局主席

　　金融的生态系统首先应该是开放的。我个人觉得美国的金融监管不力，而中国的金融监管过度。监管过度会让我们的金融生态系统变成一个农庄、变成一个农场，农庄或农场的人想种什么就种什么，他们不想种的就永远进不来。但真正的生态系统一定是开放的，要"百花齐放"，让每个人都参与。其实，中国金融不仅仅缺几张"牌照"给民营企业，而让人参与比多发几张"牌照"显得更为重要。

　　上海很多年以前是冒险者的乐园。冒险者首先选择的一定是一个安全的地方，假如不安全的话就不是冒险者，而是找死者。所以，冒险者到上海来冒险一定有很好的安全体系。如果把一个金融的生态系统真正做好了，那么冒险的人就会来。以前冒险也许是一件坏事，然而今天冒险却是一件好事。金融最早是为了解决商业的问题和生意的问题，但金融今天却变成了解决风险的问题。风险永远是存在的，但我们必须要用创新的方法去解决风险。但永远不要忘记，我们的目的是解决生活问题、商业问题和商贸问题。

　　我跟很多人一样，以前抱怨很多，认为金融这不对、那不对，这不行、那不行，后来了解更多之后，感觉人家也是没有办法。我个人认为，中国的金融行业，特别是银行行业只服务了20%的客户，却赚了80%的钱，这也不能怪他们。但实际上，我也不知道该怪谁，反正我总觉得不应该是这样。中国为了经济的成长，我看到的是那些80%没有被服务的且该被服务好的客户，我们如果把他们服务好了，那么中国巨大的存量就会起来。而那些80%以前没有被金融行业服务好的，我们必须要用新的思想、

新的机制和新的技术去服务他们，这可能就是中国未来金融行业发展的巨大前景所在。虽然以前做不到，但今天却做得到，因为互联网金融就提供了这样的机会。其实，未来的金融有两大机会：一是金融互联网，即金融行业走向互联网；二是互联网金融——纯粹的外行领导，其实很多行业的创新都是因为外行的人进来才有这样的创新。因此，金融行业也需要"搅局者"，金融行业更需要那些外行的人来进行变革。

有时候，我们一直认为，我可以做得更好，因为你不懂——而世界往往是被那些不懂的人搞翻天的。所以谈到开放，我认为首先是思想的开放，不是政策的开放，只有思想的开放才有可能带来技术的开放和政策的开放。所以共同地参与——共同参与国家未来的建设，应成为每一个金融从业者的想法。

我想，中国其实不缺一家银行，中国也不缺任何一个新型的金融机构，但是中国缺乏一个对十年以后中国经济成长承担责任的金融机构。今天的金融确实做得不错，假如没有提供80%利润的这20%的金融机构客户支撑，中国的经济30年来就不可能发展到今天；但是如果仅仅靠今天这样的机制，我不相信我们今天的机制能够支撑30年以后中国所需要的金融体系。我们今天必须去思考。很多问题并不是今天造成的，而是历史造成的，而我们很难改变历史，但我们却可以改变未来。我们只有今天做好准备，十年以后才会有机会。今天我们引进了开放，可能会有问题，但是今天的问题将会变成十年以后的成绩。

作为一个外行者、一个不懂金融的人，我对金融好奇，好奇的原因不是它能够挣多少钱，而是因为它可以让很多人挣钱，可以让很多人发生变化。

我被"送茶倒水"的人拉进来，所说的不一定对，在座的各位都是金融业界的专家，而我是外行人，但就因为我是一个外行，所以不怕说外行话，我希望外行人都能够参与这个领域，外行人不仅仅是来"搅局"的，而是要与大家共同创造一个未来。金融是为外行人服务的，不是为金融圈子里的人自己赚钱、自娱自乐的。

本文由作者在2013年外滩国际金融峰会上的发言整理而成。

寻找不对称信息中蕴含的商机

姜建清 ▶ 中国—中东欧金融公司董事长、中国工商银行原董事长

2014年6月，亚布力与中国工商银行一起组织了一场企业家欧洲行的活动。通过这次欧洲之行，企业家们更加深了对欧洲市场的认识。这次活动也利用了金融机构的信息优势，搭建平台，让企业家了解、获悉了有时并不充分掌握的海外信息，并从中寻找商机。世界上只要存在信息不对称，就存在着商业机会。企业家的价值就在于寻找、发现并捕捉到这些不对称信息中所蕴含的商机。谁能最大限度地掌握和利用这些信息资源，谁就必将成为商业的强者，并保持可持续增长的动力。

其实，信息不对称的问题一直存在于我们的生活当中，中国人形容其为"隔行如隔山"。20世纪60年代，信息不对称这一现象开始为经济学家们所关注。1961年，美国经济学家、信息经济学的创立者之一乔治·斯蒂格勒发表了题为《信息经济学》的论文。他对信息的价值及其对价格、工资和其他生产要素的影响进行了研究，并认为获取信息要付出成本，不完备的信息会导致资源的不合理配置。2001年诺贝尔经济学奖得主乔治·阿克洛夫曾发表著名的《柠檬市场》一文，他对不对称信息问题做了更为翔实的阐述。他认为，"柠檬"在美国俚语中表示"次品"或"不中用的东西"；"柠檬市场效应"就是指由于信息的不对称，好的商品往往遭到淘汰，而劣等品则会逐渐充斥市场。信息不对称理论不仅说明了信息的重要性，还指出了市场主体因获得信息的渠道不同、信息量的多寡而承担着不同的风险和收益。

尽管近年来随着经济全球化和信息化程度的不断提高，空间距离不再

是信息获取的主要障碍，但在其他条件相同的情况下，空间距离与信息不对称程度仍然存在较强的正相关性。一家企业对本地市场非常熟悉，而对外地市场可能不甚了解。一家国内企业的发展"瓶颈"，通过开拓国外市场可能获得新的机会。然而，因对未知世界不够了解，获取的信息不够充分，致使不少企业家裹足不前，不敢贸然走进一个陌生的市场。

当进入一个新的市场时，由于信息不对称而导致投资失败确实不乏其例。如德国戴姆勒奔驰公司和美国克莱斯勒公司的跨国合并整合失败案；日本企业在20世纪七八十年代大举进军美国市场，损失惨痛。投资企业与东道国之间往往还存在着信息双向不对称。一方面，投资者可能对海外市场的法律、语言、文化、劳工、宗教和监管等投资环境缺乏了解而不敢贸然进入；另一方面，东道国对拟投资企业的管理能力、经营能力及声誉等信息不甚了解，也不愿轻易接受其投资。为此，解决双方信息不对称的问题显得尤为重要。

近年来，不少中国民营企业家已将视野放至全世界。有的收购国外先进技术和优秀品牌，有的关注国外销售渠道和新兴市场，有的参与国外基础设施建设，有的投资被低估了的境外资产，表现出投资产业类别和投资国别越来越宽的特点。但值得关注的是，随着中国经济的结构调整及增速放缓，产能过剩的问题进一步凸显，大量积蓄的产能造成了资源浪费和效率低下，众多行业甚至一些新兴产业的产能利用率均不足75%。例如，全球水泥产量约为22亿吨，而中国的水泥产量则占到了44%。过剩是生产在空间和时间上的失衡。国内生产能力过剩，而在世界的另一端则可能严重不足。如非洲当前的基础设施建设正如火如荼，对建材尤其是水泥的需求非常旺盛，而非洲的水泥产能不到1亿吨。非洲中部白水泥1吨的价格为700多美元，普通硅酸盐水泥的价格也在200~400美元，约是中国水泥价格的6倍。此外，能源供应短缺，基础设施不足，钢铁、材料、汽车、家电和纺织等工业落后，在许多发展中国家都是常态，因此市场机遇十分巨大。

中国近4万亿美元的巨额外汇储备也需要寻找多元化的投资渠道。"资本+产能"的双输出战略无疑是同时化解两大过剩的有效方法。2013年，中国对外直接投资存量达到6220亿美元，居全球第3位；一批中国自己的跨国公司和国际知名品牌正在逐步成长起来。在国家鼓励有条件的民营企业和中小企业"走出去"参与国际化经营和竞争的大背景下，民营企业海外投资呈爆发式增长，"走出去"的规模不断扩大，2013年地方中小企业对外投资占比达到36.6%，毋庸置疑，2014年这一比重将进一步提升。

可以肯定，到"十二五"期末，"走出去"对我国国民经济的贡献率会有进一步提高：对外投资合作的规模和层次将实现飞跃发展，一批大型跨国公司和金融机构将初具规模，在吸收外商直接投资、维持稳步增长的同时，对外直接投资也会连年快速增长，逐步走上资本流入和资本流出趋于平衡的良性发展道路。邓宁的理论认为，当一个国家人均GDP（Gross Domestic Product，国内生产总值）超过4750美元时，就会出现对外投资超过FDI（Foreign Direct Investment，外商直接投资）。2013年，中国的人均GDP已达到6770美元。同年，中国对外投资金额达到1010亿美元，引进外国直接投资1240亿美元，还有200亿美元的差额，我认为，直接投资项下的顺差会进一步降低。一大批民营企业，由于其机制灵活、受政治因素影响小，将会逐步成为中资企业"走出去"的主力军。

面对这样一个前所未有的机遇，政府部门、中介机构及银行应共同努力，帮助中资企业消除"走出去"所面临的信息不对称的问题。商业银行不仅是支付、融资的信用中介，且拥有海量和相当历史长度的完整信息，它们联系着千家万户和各行各业，拥有遍布全国及全球的营业机构，就像一棵大榕树，将各方信息汇总至总部大脑，通过大数据挖掘处理，匹配信息供需，可以帮助企业在海外投资中降低信息不对称的风险。2014年6月的欧洲之行，使许多企业家也了解到，中国工商银行在全球40个国家和地区共设有329家境外机构，并通过参股标准银行间接延伸至18个非洲国家，有1.1万名中外员工为客户提供服务。凭借广阔的服务网络和丰富的境内外资源优势，我们有能力和信心发挥"信息中介"和"金融中介"两大功能优势，为"走出去"的中资企业保驾护航。

首先，要为中资企业对外投资提供海外市场信息服务，让他们走得更准。

一是要发挥信息整合及研究优势，为"走出去"企业提供全球市场的政治、经济、行业、法律以及国别风险等信息服务。中国工商银行在上述相关领域具有较强的研究实力，拥有强大的全球信息资讯平台，设有专门的跨境并购团队、国别风险研究团队、全球经济研究团队和行业研究中心。2013年，中国工商银行已完成国内外兼并收购800多项。我们已经向一些企业定期发布了相关研究信息。我们还将进一步整合资源，加强信息共享，深度挖掘数据，扩大发布范围，让企业更为及时、全面地了解全球市场动向，并降低获信成本。中国工商银行不仅是最大的支付和融资银行，而且也希望成为最好的信息服务商。

二是要利用完善的海外网络机构为企业挖掘潜在的投资机会，成为中资企业"走出去"的"耳目"和"桥梁"。一方面，要推动内外联动，保持信息共享，积极为中资企业推荐海外投资机会。另一方面，要搭建海外平台，帮助中资企业建立起与当地政府和客户的直接关系。这几年，中国工商银行曾多次组织国内知名民营企业家到世界各地访问。2010年，我们在曼谷成功地组织了"中泰企业家论坛"。国内近50名知名企业的高管和泰国方面包括总理在内的政府高层以及当地企业家、银行家等200多名嘉宾参加了此次论坛，最后达成了十余项实质性合作协议。2012年，我们在阿姆斯特丹成功地举办了"中荷商务峰会"。荷兰副首相等政府要员参会，中国与荷兰共有80多家企业参加论坛并进行了"一对一"的配对交流，有17家企业达成了合作意向。2014年，我们与"亚布力中国企业家论坛"合作，成功访问了欧洲和北美，协助国内知名民营企业进入欧美市场拓展机会，也有若干合作项目达成了意向。2015年，我们组织国内民营企业家访问非洲，拓宽国内民营企业在非洲的投资渠道。今后这类活动将常态化、持续化，我们还将对活动期间所达成的意向性项目建立定期跟踪机制，积极推动项目落地实施。

其次，我们还要为中资企业量身定制"走出去"的解决方案，让他们走得更好。一是要利用商行、投行等多元化金融服务平台、专项产品和专业化的团队为中资企业对外投资的具体项目提供可行性研究分析、尽职调查、交易结构设计、合理避税等信息咨询和建议服务，确保项目能够顺利执行完成。二是要保持与"走出去"企业持续地进行沟通和协作，协助他们做好后续整合经营，推动中资企业对外投资的可持续发展。

近年来，不少"走出去"的中资企业跌倒在后续整合上。德勤的一项研究表明，我国跨境并购有近2/3的失败案例都是由于收购后的整合不力导致的。后续整合失败亦与信息不对称、不完整有关。中国工商银行近年来完成的14次银行海外并购及整合都是成功的，也帮助了一些中资企业海外收购项目实现了成功整合。我相信，当中资企业在海外经营整合过程中遇到如经营、法律、监管及文化习俗等障碍时，我们能够提供整合咨询服务，并利用在当地的资源优势及影响力，帮助他们积极应对，有效化解不利影响。

最后，在为"走出去"中资企业提供信息服务的同时，还要不断创新金融服务。中国工商银行目前有出口信贷、资源支持性结构融资、跨境并购融资、国际银团、项目融资、全球现金管理、跨境人民币结算等数十种"走出去"产品，涵盖数十个"走出去"主要行业。截至2014年上半年，中国工商银行已累计完成支持"走出去"项目113个，共提供236亿美元的贷款支持，帮助众多中国企业走向全球并已超过40个国家，起到了积极的引领作用。我们将进一步延伸金融服务范围，强化咨询服务、财务顾问、投资银行、全球金融市场交易等各类金融产品创新，不断满足国内企业对海外融资、咨询、汇率风险和利率风险防范等多元金融服务的需求。我们要发挥客户资源优势，根据"走出去"企业的行业特点、所投资项目的建设运营需要，将推荐适合一同"走出去"的产业链上下游客户，变过去的"单打独斗"为"团队作战"。相信我们的设备供应商、工程承包商、原材料供应商紧密合作，可以使"走出去"的企业在海外投资时更具规模效应、更有核心竞争力。

C目录
CONTENTS

如何适应"新常态"

　　"新常态"的论述高度浓缩了中国经济的新特征、新思路和新做法。新常态下的中国宏观经济局势将有哪些变化？新常态下国外和国内宏观经济局势的深层次关系是什么？

中国经济第二季：如何应对经济增速放缓

以 GDP 为主导的经济发展政策结束了，这意味着对中国经济而言，高速增长的阶段也已结束，以中速增长为特征的中国经济"第二季"已经开始。中国经济的问题通常是在高速增长中得以解决，增长速度放缓意味着大量问题将凸显。如何看待中国经济的"第二季"，与"第一季"相比，"第二季"有哪些可总结的基本特征，这对中国企业来说又有什么启示作用？

针对这些问题，著名经济学家与金融专家胡祖六、南丰发展有限公司行政总裁梁锦松、中国人民大学经济学院院长杨瑞龙、哈尔滨商业大学校长曲振涛在 2014 年亚布力年会上展开了深入讨论，中诚信集团创始人、董事长毛振华主持了该场讨论。

毛振华：今天的讨论分三个部分：第一部分我们对2014年的中国经济形势做个评价；第二部分讨论一下今后一段时间内中国经济的趋势；第三部分是我们认为当前有哪些迫在眉睫的改革需要进行。我先开个头。

2013年是非常值得回味的一年，因为11月召开了具有深远影响的十八届三中全会。它就像谜一样，大家经历了很长的等待。一开始大家都不清楚十八届三中全会会有什么决议，谁也不能下结论，谁也不敢说中国往哪儿走。我记得人民大学有个经济研究的中期报告，当时我做主题报告，报告最后我打了一个大标题：我们对十八届三中全会拭目以待。嘉宾李稻葵不同意我的写法。他说："'拭目以待'是什么意思？用'充满期待'就可以了。"我说："不，我还是坚持用'拭目以待'。"因为中国往哪里走，当时我们都不清楚。十八届三中全会《中共中央关于全面深化改革若干重大问题的决定》（以下简称《决定》）60条出来了，大家亢奋了，好像吃了一颗定心丸。我觉得这是非常值得回味的一段故事。

2008年以来我们走的是宽松货币、扩投资、扩信贷的道路，这个道路是借国有企业实现的，就是将社会资源配置由市场回归到国有企业，95%的债券给了国有企业，90%的信贷给了国有企业，这引发了整个中国社会经济、政治、文化的一次空前调整，这造成了人们不相信市场、不相信民营企业，所以大学生毕业都想去当公务员了。新领导班子履新后，我们做了调整，但是2008年那套刺激经济政策的后续影响还没有结束，未来到底如何我们还拭目以待。刚好5年过去了，2013年是我们观察中国宏观经济走势的一个非常重要的年份。我就开这么个头，首先请胡祖六发言。

胡祖六：毛振华的开场白非常精彩！他把2013年看成影响中国社会中长期发展的一个里程碑年份，很有价值。过去几年，大家都在讲以中国为首的金砖五国，现在不讲金砖五国了，讲"脆弱八国"，这"八国"就是金砖五国再加上印度尼西亚、土耳其、阿根廷等，"脆弱八国"都有货币贬值、资本外流等特征，大家忧心忡忡。

反过来，以美国为代表的发达国家经济开始复苏，企业盈利状况迅速改善，股市表现非常强劲，标普、普尔2013年是30%的成长，而新兴市场都是持平或者下跌，甚至比意大利或西班牙都要差。很多国家的主要货币都在贬值，都是三四位的贬值，印尼盾基本上贬值21%，巴西里拉也是百分之十几的贬值。过去五年，我们说新兴市场的崛起、中国的崛起是势不

可当，而且说已经跟发达国家脱钩了，发达国家特别是美国经过金融危机重创后一蹶不振、夕阳西下了。为什么会发生这么大的逆转？就是宏观经济、市场发生了逆转。为什么叫新兴市场？就是不成熟、不发达。新兴市场其实有很大的共同特点：政府对经济的干预度非常高，主要的产业和部门是被国企或者特殊利益集团所垄断；过度的监管；人才特别是高级人才严重不足，创新能力严重不足。这就是为什么发展中国家尽管有很好的自然资源，甚至人口、年龄结构都很优良，但是一直不能成为发达国家，原因就是这些根深蒂固的结构。毛振华的开场白非常好，中国无论是过去的第一季，还是现在的第二季，之所以能够保持较高的增速，就是因为通过改革把这些结构问题慢慢克服了，释放了红利和潜力。

新兴市场陷入困境，恰恰是因为周期性的刺激政策，而没有进行必要的结构改革。印度尼西亚、印度、巴西、土耳其、阿根廷等国问题的继续恶化可能对全球性的影响不是很大，因为毕竟块头有限，经济规模不是很大，贸易比重、对资本比重依赖还比较低，但是中国不太一样，中国是第二大经济体，我们现在打个喷嚏可能个别国家就会感冒，所以现在中国市场发展前景令世人关注。

那时候谈论中国绝对是风景这边独好、一枝独秀，但现在问题越来越多，因为我们过去几年像毛振华说的光有刺激，没有改革。但即使这样我对中国还是很有信心的，因为十八届三中全会"全面深化改革"的《决定》，深化改革会真正释放民营经济的活力，中国经济还是可以保持中速增长。

中速并不悲观，过去是11%、12%，现在可能是6%~8%，一个经济体的发展不可能总是高速的。速度只是问题的一方面，另一方面是质量如何？对环境的影响，收入分配的平等性，是不是有很多腐败，这都是很多老百姓所关注的。我想我们只能靠结构改革，让市场发挥决定性作用。

梁锦松：外界对中国经济担心不外乎以下几个方面：一、地方债务问题、总体债务问题；二、房地产问题；三、产能过剩问题。当然2013年多了一件事就是钱荒。这些问题的解决只能靠改革。但决议只解决了问题的20%，更重要的是得及时出台措施和并付诸行动。

杨瑞龙：我用两句话总结2013年：一、在低谷当中徘徊；二、宏观经济在刺激和不刺激当中纠结。为什么这么说？2010年年底连续三年多，经济都在下行，尽管2013年第四季稍有反弹，但是这个反弹仍然表现为明显的政策性反弹，不是市场反弹，因为投资、出口、消费这三驾马车都不给力。第四季的反弹可以明显看到主要是靠投资拉动。面对连续三年的下滑，中央迟迟没有出台刺激政策。因为中国2008年后的反弹表现为奇高的杠杆率，特别是国有企业的杠杆率，如果再来一轮刺激，风险会更大。

2008年以来的经济刺激政策导致了资产泡沫化问题、产能过剩问题、金融扭曲问题，宏观经济没办法再通过投放货币来调节，但是为什么到2013年下半年又在刺激上蠢蠢欲动？因为中国经济有个非常明显的特征就是增长依赖症，问题只能在一定速度的增长下解决。所以政府提出经济增长速度不能低于7.5%，把它作为一个底线，也许在西方国家7.5%已经非常高，但是在中国，没有7.5%的增速就会出现就业、地方财政等方面的问题。

曲振涛：就2013年的经济形势，我说两句话：一是在忧虑中度过，二是结果好于预期。忧虑从年初就开始了，但结果更重要。结果好于预期，终于完成了7.6%的增长，是个高于年初目标的增速，所以是可圈可点的。

毛振华：下面进行第二个话题，就是未来一二年中国经济形势会怎样。现在中国的经济具有很大的不确定性，学术界、企业界有很大分歧，不像过去那么容易取得一致的看法。当然每个人的看法都不一样，仁者见仁、智者见智。每个人都有自己的观察角度，或者说关注重点，有人把增长率作为目标，有人把结构调整作为目标，有人把社会分配的合理化、分

配机制的完善作为目标，这些都有一定的道理。

2014年是非常重要的一年，现在只能说大方向定了，改革已经展开了。我自己有一个很重要的体会，我读十八届三中全会的《决定》时和很多人的读法不一样，我找来了以前的报告，即曾经影响了中国的几个三中全会的报告，读了又读，你会发现真的只有这届三中全会的报告写得最干脆、最明确。这写法的确振奋人心，反正搞研究的人都觉得这样说肯定是对的，说得太好了，但是你看以前的报告，比如党的十一届三中全会的报告，它说了什么呢，你会发现它没说什么，但是有一条它说得清楚，国民经济到了崩溃的边缘，整个政策要向以经济建设为中心，至于怎么搞没怎么说。没说的原因我觉得其实大家都是清楚的，当时国民经济都到了崩溃的边缘，你说还能怎么搞？但是你现在读十八届三中全会的《决定》发现，虽然其中说了哪些事情要怎么做，但是没指出问题出在什么地方，最核心的那个问题出在什么地方。从我个人角度来说，非常迷茫，我也想就此请教一下各位嘉宾。

杨瑞龙：2014年毫无疑问是改革的一年，但改革涉及的问题很多，所以可以讲是非常复杂的一年。改革的必要性毋庸置疑，当前中国经济存在很多根本性问题，最终的解决方法只有靠改革，所以十八届三中全会提出让市场起决定性作用的时候，大家都欢呼雀跃，因为这次比原来提得更明确了，未来的走向就是市场在多大程度上起决定性作用。刚才毛振华讲了，关键不是看它说什么，而是做什么。我们年会的主题是"市场的决定性作用——理念和行动"，我认为"行动"是更重要的，就是市场起决定性作用到底怎么来体现呢？中国经过30多年的改革取得了巨大的成就，这些改革是政府的自我改革，换句话说改革权是在中央政府手中，改革就是中央政府对自己的改革，这就是当前改革所面临的最大困难。

行动落在哪儿呢？还是要落在市场机制，落在民企上。要释放民营企业的竞争力来倒逼国有企业改革，然后进一步推进要素市场的改革，这是我们改革的落脚点。所以尽管我们对改革充满了期待，但是纠结也好，担心也罢，反正没那么容易。总而言之，改革并不是想象的那么容易。

曲振涛：2014年中国经济不会有大的跃升，平稳过度就是好事。中央和地方会开始新一轮博弈，民营企业与国企也会开始新一轮博弈，民营企业会在市场上、政策上和法律上和国有企业较劲。

胡祖六：2014年是改革行动的元年，因为2013年所有人都在拭目以待。2014年如果不采取一些具体行动让社会有所认可，如果只说不做，老百姓的失望、企业家的失望、投资者的失望会比以前更大。当然，改革不是一朝一夕能够成功的。改革有很多不确定性，也有很多成本，怎么把成本和中长期效应结合起来是个问题，杨瑞龙刚才说如果引发的失业率太高就不能改革，我倒觉得不改革就业率永远提高不了，这几年大学生的就业越来越难，我们这么小的机构一年招5~6名分析员，就有5000~6000名应

聘者，这说明当前就业形势非常严峻，就业只能靠民营企业解决，民营企业需要壮大就必须通过改革。

就业和改革的关系与短期成本和中长期成本的关系，只要有改革就会出现这些问题。上海的纺织工业曾是中国的No.1，但是在20世纪80年代末、90年代初，朱镕基任上海当市长期间，因为长三角的竞争而岌岌可危，难以为继，于是他把整个上海的纺织工业全部关闭了，产业结构因而得到了优化，上海的经济发展优势也因此更加明显了。这说明有时候要承受必要的短期成本才能把经济提高起来。

梁锦松：现在提所谓的国家治理体系和治理能力改革就是生产关系的变革，改革越来越到深层次，如果没有生产关系的相应变革，就会越来越困难。总体来讲，眼光应该放得更长远一点， GDP的增长，还是要靠质量上的保证，我们的经济质量肯定有不足之处，不然为什么有那么多人到香港去买奶粉，或去买其他的东西呢？我们应该从数量粗放的增长回归到注重素质的环保的可持续发展。

这不仅包括经济的问题，还包括道德、文化问题，中国人关心什么问题呢？我们现在已经有饭吃了，但如果我们的心中还是以金钱的多少、以每个人住的地方有多大、吃的有多好来衡量，我觉得是很可悲的。除了为自己之外，是不是也应为我们的子孙，为世界，为将来，多思考一下呢？如果你思考的不光是自己的物质享受问题，那经济也就可能从数量上回到质量上。怎么样才能做到和平，怎么样才能做到公平、公益，除了关心自己的利益之外怎么样关心好邻里，有了钱如何持谦卑心，这是值得我们思考的。

毛振华：第二个阶段到此结束，最后一个话题是关于政策。每个人讲一个你认为最需要解决的问题，或者是最应该出台的政策。

曲振涛：中国转入中速增长阶段，中国文化传统中有不患寡、患不均的心理。这是一个社会稳定的文化心理机制，所以执政党不能抛开文化心理基础思考问题，因此我期望的政策是尽快建立起社会保障线，很多发达国家把社会保障线叫作第二国防，这是我讲的改革的第一个政策。第二个政策是建立起企业之间公平竞争的机制，真正像十八届三中全会《决定》所说的那样，无论是国企、民企，还是外资企业，除了负面清单规定的之外，都有真正平等的竞争。第三政策是期望中国的市场经济在未来的发展当中走向法治，因为最好的市场经济必然是法治的市场经济，中国应该在法治的道路上走得更坚决、更快。

胡祖六：我就讲一句话，减少审批。

梁锦松：我希望中国人多思考信仰的问题，因为没有信仰是很可悲的。

杨瑞龙：第一，厘清中央和地方的财政关系；重新界定政府特别是地

方政府的行为边界，为政府退出创造条件。第二，把减税要落到实处。第三，结构调整，特别是产能过剩的产业。

毛振华：每位嘉宾都提了自己的观点，都说明了当前应该尽快解决和尽快出台的政策，非常好。2014年是改革元年，也是经济结构调整非常重要的一年，同时还要保增长，这是非常困难的。中国的经济结构调整，就像我们的社会结构调整一样，已经不是一个单一目标，而是一个多元的综合目标，需要组合拳，需要系统工程。任何做简单的判断都可能有些冒失，只有时间才能给我们肯定的答案。

该如何适应"新常态"

"新常态"的论述，高度浓缩了中国经济的新特征、新思路、新做法。"新常态"下的中国宏观经济局势将有哪些变化？"新常态"下国外和国内宏观经济局势的深层次关系是什么？中国企业的"新常态"是中国经济"新常态"的基础，我们同时也讨论"新常态"下中国企业的举措，分析中国企业在"新常态"下的主要特征。

在2015亚布力年会上正略咨询创始人赵民主持讨论了"新常态与宏观经济"分论坛，华泰保险集团股份有限公司董事长兼CEO王梓木，春华资本集团董事长兼首席执行官胡祖六，上海交通大学安泰经济与管理学院院长周林，中诚信国际信用评级有限公司创始人、中国人民大学经济研究所所长毛振华，东软集团董事长刘积仁，中国发展研究基金会秘书长卢迈，中泰信托有限责任公司董事长吴庆斌等参与了此次讨论。

赵民： "新常态"已经成为一个大家耳熟能详的词汇，但在现实生活中，我们该如何应对这个"新常态"？

王梓木： 保险业驶入快车道2014年，中国保险业发生了巨大的变化，国务院先后颁布了《关于加快发展现代保险服务业的若干意见》（新国十条）和《关于加快发展商业健康保险的若干意见》两个文件，这对整个行业来说具有划时代、里程碑式的意义，中国保险业从此站上了一个新的历史起点。2014年一年，国内GDP呈缓慢下行的态势，而保险业却驶入了发展的快车道。为什么？就是因为中国市场化改革的大潮方兴未艾。多年前我曾提出这样一个观点：中国保险业的发展，与GDP的增长是算数级数关系，与深化改革的进程是几何级数关系。

2014年，保险业迎来了行业发展的春天，表现在以下两个方面。

一是保险市场实现了强势发展，业绩再创新高。全年保费收入突破2万亿元，行业总资产突破10万亿元，行业增速达17.5%（其中财产险增长16%，寿险增长18%），我国的保险市场规模由世界第六上升到世界第三，成为全球最具潜力的保险大国。此外，行业结构调整走向深入，效益显著提升。在资金运用方面，投资规模不断增长，可投渠道不断开放。这几年，保险业放开了资金运用的渠道。过去保险公司的钱只能委托给保险资产管理公司来管理，现在可以交给其他金融机构管理。所以，保险资产管理公司也遇到了巨大的挑战。像我们华泰资产管理公司，目前管理2300亿元资产，其中华泰保险的资产只占10%多一些，其余80%~90%都来自第三方。当然，我们自有的资产也不是都委托给自己的资产管理公司来管理，也在挑选第三方。

二是改革创新不断深入。最引人关注的是"偿二代"的推出，使得保险公司偿付能力监管模式从规模导向升级为风险导向，这种新的监管模式从世界范围内来看都是先进的。适用偿二代标准，财险公司可以释放出500亿元的资本溢额，寿险公司可以释放出5000亿元的资本溢额。此外，上市的几家保险公司2014年市值大增，这与整个改革的推动、增长的驱动和收益的增加有关，但这里面风险也在不断叠加。

谈到保险业发展的"新常态"，主要有三个特征。一是快速发展成为"新常态"。新国十条的出台，标志着发展现代保险服务业已经从行业意愿上升到国家意志。这一行业定位的重大转变，也意味着保险将日益成为人们生活的必需品。国际经验表明，人均国内生产总值在1000~10 000美元，保险业将会经历加速发展阶段。当前我国人均GDP已达7500美元，居民在医疗健康、养老、休闲娱乐以及个人财富保值、增值等各方面的需求呈现出与传统业务不同的趋势。因此，未来5~10年将是保险业发展的黄金机遇期。二是市场化改革成为"新常态"。保险费率市场化，保险投资渠道和比例限制逐步放开。新的竞争格局出现，有的保险公司也可能退出。三是创新驱动成为"新常态"。保险业将更多地依靠新技术、新产品、新业态，使创新驱动成为促进行业发展的新引擎。一方面，随着金融行业壁垒的破除，各种金融产品之间的界限逐渐模糊，交叉性金融产品越来越多。竞争的内容也从传统保险产品扩大到产业链的整合能力。另一方面，互联网技术的高速发展带动了一次新的产业革命，保险业同样在按照互联网的特点进行重构，各种新兴业态正在不断涌现。"新常态"下，保险公司必须培养应变和创新的能力，否则，老公司尚且能够依靠垄断优势生存，新公司和小公司的生存空间则会被挤压，甚至被市场淘汰。

2015年是一个黑天鹅乱飞的时代，也就是说充满了不确定性。这种不确定性，从某种意义上说就是各种机会所在。所以，这也是发挥创造性的时代，是一个大众创新、英雄辈出的时代。

赵民：我们从一个行业的变化可以看到经济的另外一面。按照你刚才讲的话，经济不是那么好的时候，保险业就很好，反过来说，保险业很好的时候，经济就不是很好。我读过一篇文章，女孩头发的长短和经济成正比，经济不好是短头发，经济好的时候普遍留长头发。

王梓木：这个联系的相关性不能成立。

刘积仁：创新需要政策和法律的支撑"新常态"下的成长方式、成长速度以及整个市场环境都与以前不一样了。政府的财政绝对不会像过去那样宽松了，这一点我们的体会比较深，因为政府的税收和企业的发展有直接的关系，而企业本身也需要面对如何在低速成长空间下生存下去的问题。

我们看到日本、欧洲也有过负成长，但是他们的很多企业存活了下来，看着不怎么健康，但是生命力很强。面对这段历史，我们的企业需要思考如何在低利润率、低成长速度里生存的问题，我认为这对我们企业是一个很大的挑战。要解决这个问题，本质上还是需要依靠企业自己的核心竞争力，包括企业的卓越运行能力、精细化管理能力、控制成本的能力、快速决策的能力等，这些都决定了企业未来发展空间的大小。

"新常态"下，大家都在谈创新，大家都知道创新是对的，但是我们应该在哪个地方创新？事实上，在过去的30年，中国企业做任何事情的成功概率都很大，因为那个时候的利润空间很大。我记得柳传志曾经讲过一句话，我这个行业像一条蘸满水的毛巾，总能挤出水来，挤一挤出来10%，再挤一挤还能出来10%。但今天，利润空间越来越小，创新也并不那么简单，创新的成功是意外，不成功是常态。因此，在"新常态"的时候让大家马上去创新，我认为不太现实，需要明白的是，我们希望创新，希望发展现代服务业，但是我们的平台还差得很远，因为创新需要政策、法律的支撑。

卢迈："经济增长新常态"可能是未来一个很重要的名词，也是习总书记在经济政策方面的一个集中体现——强调经济的稳定，不搞强刺激，防止所谓的快速城市化。我们在2014年实现了7.3%的增长率，有人把它看作衰退的过程，现在还在探底，其实这是不太准确的。国务院发展研究中心2011年发布的报告已经指出，2011—2015年我国的增长率应该是7.5%，下一个5年是7%，2020年以后是6.5%。这个报告是根据一般均衡模型做的评估，把劳动力、出口等各方面的因素都考虑在内了。"新常态"不是一个不断探底的危机过程，而是一个正常的增长过程。

政府有一个承诺，就是2020年要实现全面小康，这是一个政治承诺。

这个政治承诺人均收入要跟GDP增长一致，跟大家的收入水平是直接相关的。也就是说，潜在增长率可以实现，而政治上也有这样的要求，所以不会让它失速掉下去。

但在这样的一种增长情况下，由过去的高速增长转入现在的中高速增长，必然会出现很多问题，也会把以前超高速增长中的很多问题暴露出来。现在企业分化很明显，从房地产企业到制造业企业，一批企业会倒下去，一批企业会在新的起点上发展起来，这种情况现在正在发生。

在上一个5年计划制定的时候，刘鹤写过一篇文章分析"十二五"背后的逻辑，他表示，在国际大格局下，中国不可能长期靠出口来保持增长，必须要靠国内市场的发展。5年过去了，我们看到中国居民的收入一直在快速增长。日本生产的东西被公认为价格昂贵，本以为在中国不会有太大的市场，但结果是在中国大量销售，这是中产阶级消费的一种特征。我估计在未来几年，这种收入快速增长的势头不会停下来，农民工的收入也在增长，因为供给赶不上需求。

我认为，政府现在应该做以下几件事：第一，通过试点解决"僵尸"企业问题。企业在分化，该破产的企业让它破产，该清算的债务要清算，经过试点坚决实行。第二，从财政本身挖潜力，提高财政支出效率。第三，积极和外方进行谈判，如和美国就双边贸易协定进行积极谈判。中国方面的举动可以推动国内的改革，同时会影响经济增长。第四，重视社会公平问题。比如，我们一直关注贫困地区的儿童早期发展问题，对这个问题如果不加以重视，将来会导致整个社会的差距越来越大。

赵民：卢秘书长的发言可以总结成三句话：第一，"新常态"是正常

态，大家要在这样的情况下提高效率；第二，财政面对的挑战要通过提高效率来改善；第三，大家要有信心，解决贫富悬殊问题、2020年实现全面小康是政府的一个承诺。

吴庆斌：在我看来，"新常态"有六个特征。

第一，中国要告别过去10多年资产的快速升值过程，土地资源、房产资源和矿产资源的快速升值过程基本已经结束了，这对我们的资产投资会有比较大的影响。第二，GDP由高速增长回到低速增长，这是一个长期现象。第三，人民币汇率应该告别单边升值的过程。第四，由原来以规模拉动型的经济逐渐转化为以效率拉动型经济，尤其是劳动生产率的提高和技术创新的提高，保障了由规模推动型的经济转化为效益推动性的经济。第五，互联网对传统产业和经济的拉动都是不可避免的，一是互联网改变了传统产业的经营模式，尤其是对管理的提升；二是互联网产生了非常多的新应用和新服务。第六，政商关系贬值了。"新常态"之下，尤其是十八大以后，反腐将会长期进行下去，这改变了政府和市场、政府和商人之间的关系。

"新常态"最终回归的结果，就是让市场起到配置资源的核心作用。

对金融行业来说，最敏感的就是市场资源，最大的挑战就是利率市场化。央行新一轮降息的核心是把存款利率上浮空间又扩大10%，到1.3倍。如果再经过一两次存款上浮空间的提升，再配套推出存款保险制度，利率市场化就基本能完成百分之二三十。如此，金融机构靠天吃饭、靠金融牌照吃饭、靠垄断吃饭的时代就会过去，因为利率市场化就代表着金融机构需要面对充分的竞争了。

中泰信托也在积极适应"新常态"、拥抱"新常态"。信托行业在过去10年间凭借对土地资源的投入，对高速增值资产的投入，在资产增值过程中赚取了一块收益，也成为金融行业中给投资人创造收益最高的行业。但是下一步我们该怎么办？"新常态"之后，之前的可升值资产没有了。这样的情况下，我们不能再依靠原来以给客户提供高收益、高回报、高增值的资产增值类服务盈利，而应该完善产品线，做资产的保值服务、增值服务及传承服务。

资产的保值服务就要求整个信托行业不能简单提供融资性服务，而应该逐渐把资产配置服务加进来，以贷款型的服务融合风险对冲类服务，如期货、大宗产品配置等。总体来说，我们整个金融行业还需要打造新型的风控体系，因为传统的风控体系已经适应不了"新常态"。"新常态"下，违约事件的爆发会成为一个常态，如债券的违约、信托融资的违约、不良贷款的提升等。这对整个金融行业风控体系的再造就提出了新的要求，所以金融行业要主动拥抱"新常态"，适应"新常态"，加快转型，从而为客户提供更加全面的金融服务。

周林："新常态"很重要的一点是依靠创新驱动发展，而创新最重要

的资产就是人才。那么怎样培养真正的人才，培养有创新意识、创业激情的人才？这是我们商学院一直在讨论的一个问题。我记得早些年讨论商学院时，有很多企业家看不起商学院，认为商学院最多只能培养职业经理人，而职业经理人说白了就是打工。但是现在，商学院不仅仅在培养经理人，更重要的是也在培养企业家。

过去衡量商学院成功的标准是，学生毕业以后有多少去了投行。但现在商学院更强调培养年轻人的创业技能，为他们创造更多创业的机会，激发他们的创业激情。过去，创业很容易获得成功，只要抓住机会，胆子大就能成功。但是当企业脱离野蛮增长进入"新常态"以后，创新型技术发展对创新、创业至关重要。在这种情况下，如果商学院单纯在自己的圈子里谈创业，那培养出的人才将会是不完整的，无法适应现实的大环境。所以，对商学院来说，打开自己的院墙，与工学院和其他的机构建立更多联系，一起来培养创新、创业人才至关重要。

胡祖六：我要谈的第一个观点是，"新常态"不是低增长的代名词，"新常态"在美国更多的是指经济周期。1978年改革开放以来，中国实现了平均9％的GDP增长速度，特别是从1992年邓小平南方谈话到2000年加入世界贸易组织以后，增长速度曾经达到了10.3％和10.6％。今天中国的经济无论是规模还是人均收入水平，都有了翻天覆地的变化。有人说印度新总理莫迪很厉害，像邓小平一样。如果印度有8％的GDP增长率完全可以超过中国，巴西的GDP和印度齐鼓相当。中国现在的GDP增长速度是很合适的，未来10~20年的增长速度应该会在6％~7％。这个速度也是非常高的，每年6000亿元的新增量，水涨船高，很多产业都有增长的机会。

第二个观点，让市场发挥决定性作用，形成创新驱动的发展模式。如果没有这两者，中国经济无法进一步市场化。如果还是政府主导，还是传统的低成本、高投入、高排放的发展模式，中国未来GDP的增长速度可能都很难达到6%~7%。我们有小米、BAT（Baidu、Alibaba、Tencent，百度、阿里巴巴、腾讯）这类公司，但这并不能说明中国是创新大国或者创新强国。当然，中国大陆完全具备中国台湾和韩国所拥有的创新优势，如产业转型优势、人才优势，唯一的缺点就是我们还不够市场化，如果还是强势政府，人才优势就没办法发挥出来，创意也很难成功。创新驱动并不是单纯依靠技术，而是商业模式和产业结构的创新。在市场环境下，绝对的法则是优胜劣汰，我们要依靠市场的力量把"僵尸"企业清除。

现在中国产能过剩，家电、洗衣机、电视机都已经积压，但是家庭智能化会是一个新的空间。在移动互联网领域，中国和美国毫无疑问是两股领先的力量，但是在生命科学、生物制药、智能电网和新能源方面，中国和美国还有很大的差距。如果像美国一样发挥出潜力，中国也能真正成为一个创新大国和创新强国，但前提是一定要像美国一样变成充分自由竞争的市场模式。

毛振华：我想换一个思考的角度。现在宏观经济中最大的问题到底是什么？我们的经济增长速度下降，很多企业从中看不到很好的发展机会，甚至有企业感觉到了生存的压力。经过分析，我觉得现在最大的问题是债务问题，过去我们没有认真思考过政府和企业的债务问题。

2008年，中国总体债务与GDP的比例是153%。到了2013年，这个比例达到了231%。从整个债务的构成来看，非政府债务比政府债务增长快，非政府债务跟GDP的比例达到160%。再进一步分析，2008年中国释放的大量货币都是以债务的形式出现，如果按照7%的增长速度来预期，中国每年要用GDP总量的7%来支付利息。无论对政府还是对企业来说，这么大的债务包袱已经严重影响了中国经济的稳定。现在，我国传统制造业产能过剩，当经济增长速度放缓，这些企业遇到问题之后就可能会违约，而违约则会引发整个金融体系、债务体系的崩溃。从未来的经济发展

情况来看，违约的做法不可持续，但是如果不用这种方法来摆脱债务，我们能用什么办法偿还这些债务呢？

我们看美国的经济，美国经济成功走出金融危机的影响，很重要的一个原因是美国债务下降，大部分企业的债务也降到历史最低水平，企业都有很强的抵抗风险的能力，不会出现大规模的倒闭。但我们的情况恰恰相反，所以只有提高企业的自律水平，才有可能降低整个社会的负债水平，才能使中国轻装上阵，从而从容应对"新常态"带来的各种问题。

赵民：那么"新常态"下区域经济应该如何布局？

胡祖六：中国最像新加坡的地方是上海，上海政府非常专业、非常能干，但是上海没有培养出一个好的创新企业。现在中国创新环境最好的是深圳，像腾讯的创办人马化腾就是深圳大学毕业的。但是我一直说相对于上海和北京，深圳唯一的优势就是环境，深圳市政府没有上海市政府强势，像平安保险、招商银行、华为、中兴、万科，都有一个很好的生态环境。中国是大陆型的国家，沿海地区因为开放比较早，发展比较快，现在我们东部、西部发展也比较快，资源禀赋都具备，只是发展到了一个"瓶颈期"。

对企业来说，区域上无论是在亚布力或者是在西安、上海、深圳，其实没多大差别。所以，我觉得关键是政府要创造一个好的法治环境，鼓励公平竞争。中国区域经济哪个地方变成IT中心，哪个地方变成生物制药基地，哪个地方变成机器人基地，这些都是"有心栽花花不开，无心插柳柳成荫"。

赵民：几位嘉宾的发言，我觉得给了我们一个最好的启示，那就是在"新常态"下其实还有很多机会，不仅保险业还有巨大的增长空间，新的移动互联技术以及整个中国经济增量的绝对值增加，包括人才培养、创新等各个方面，都有足够的潜力可以挖掘，对于"新常态"我们要有信心。

关键是提升全要素生产率

刘明康 ▶ 亚布力中国企业家论坛名誉主席

陈永伟 ▶ 北京大学市场与网络经济研究中心研究员

必须高度重视对全要素生产率的提升

改革开放以来，我国经历了前所未有的高速发展。在30多年中，我国GDP的年均增长率超过了9%，这样长期、持续的高增长不能不说是一个奇迹。但从2012年开始，我国的经济增长势头开始出现了回落。2012年和2013年的实际GDP涨幅都只有7.7%，而2014年更是降到了7.4%，创出了近年来的新低。在告别了高速增长阶段之后，中国经济是会顺利完成换挡，进入稳定增长的"新常态"，还是会出现断崖式下滑，陷入"中等收入陷阱"？从根本上看，这一切并不取决于某几项短期的刺激政策，而取决于我国是否能实现全要素生产率的持续提升。

所谓全要素生产率（Total Factor Productivity，简称TFP），是一种反映要素使用效率的指标，它指的是扣除各类要素（如资本、劳动等）投入的贡献后，所不能解释的产出。经济学相关理论告诉我们，经济增长的动力包括两个方面：一是要素投入的增加；二是既定要素投入下的产出增进，也就是全要素生产率的提升。而大量的经验研究则已表明，依靠增加要素投入获得的增长并不能持久，而更持久、更高速的TFP增长才是决定经济增长的关键。

在改革之初，我国拥有相对丰富、廉价的劳动力资源和自然资源，因此增加要素投入就成了拉动经济增长的最重要力量。但是随着"刘易斯拐点"的到来,以及资源、能源和环境压力的增大,这种增长模式已变得难以为继。因此,要让我国经济在未来保持持续增长,就必须努力提升TFP,在要素投入既定,甚至减少的前提下要效率、要产出。可以毫不夸张地说,是否能够让TFP得到持续、稳定的提升,将是决定我国未来经济兴衰成败的关键。

需要指出的是,目前我国TFP的走势并不乐观。如图1和图2所示,尽

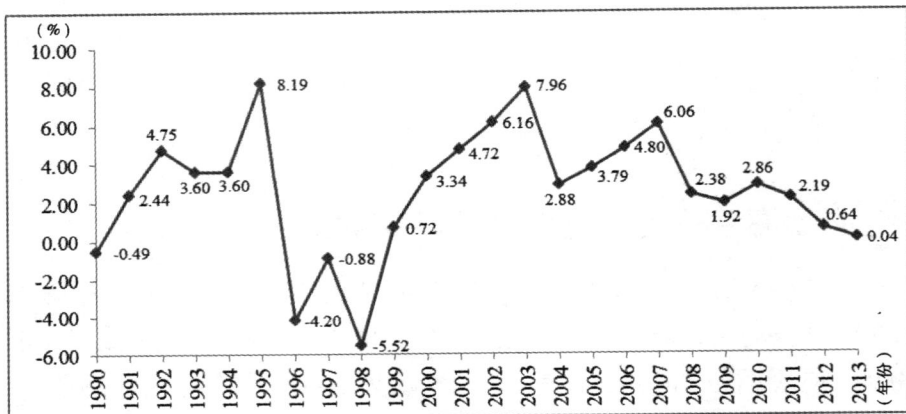

图1 全要素生产率增长趋势1990—2013年(%)

数据来源: 美国大型企业联合会(Conference Board)的整体经济数据库(TED)

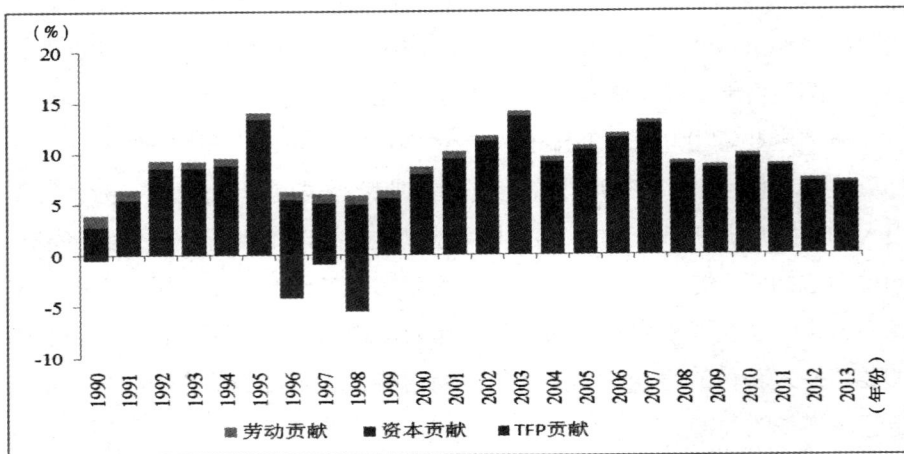

图2 劳动、资本和TFP对经济增长的贡献

数据来源: 美国大型企业联合会(Conference Board)的整体经济数据库(TED)

管在21世纪初，我国的TFP有过一轮较长时间的快速提升，但是在2008年的国际经济危机爆发后，我国的TFP增幅就出现了回落，其对经济增长的贡献也大幅下降。在危机过后，世界主要国家的TFP都实现了迅速反弹，但我国TFP的涨幅下降趋势则未能得以扭转。2013年，我国的TFP增长率甚至已接近于零。从这一点上看，能否扭转我国TFP增长速度的下降局面，让TFP重新成为支撑我国经济增长的关键力量，应当且必须成为下一阶段我国经济工作中一项亟待解决的问题。

对全要素生产率潜力和来源的分析

那么，我国能否成功扭转TFP增长率的下降问题？在TFP提升上，我国是否具有足够的潜力？我国TFP的增长未来能否支撑起我国的经济增长？要回答上述问题，我们首先需要对TFP增长的源泉进行分析。

提升TFP的源泉有两个：一是资源配置效率的改善，二是技术的进步。所谓资源配置效率的改善，指的是在既定的生产技术条件下，将更多的生产要素配置到效率更高的产业或企业，从而让既定技术水平和投入下的产出得到提升。根据定义，这种配置效应既可能发生在产业之间，也可能发生在产业内部。其中，产业之间的资源配置通常随着技术变迁的发生而进行，它的作用在很大程度上取决于经济体的发展程度；而产业内部的资源配置则发生在企业之间，它对TFP的影响主要取决于经济体的制度状况和市场的运作效率。所谓技术进步，指的是通过引进更为先进的生产技术，让既定要素投入下的可能产出获得提升。要实现技术进步，可以通过自主研发，也可以通过技术引进。一般来说，对于临近技术前沿的经济体来说，自主研发的作用更为重要；而对于离技术前沿较远的经济体来说，技术引进将更为重要。

在明确了TFP增长的源泉后，我们可以据此对我国TFP增长的潜力给出以下三点判断。

第一，通过产业间资源配置来提升TFP的空间已经较小。作为一个转型国家，我国在改革前期的工业化水平较低，且产业结构扭曲较为严重，因此产业间的资源配置对TFP的增长起到了较为重要的作用。根据我们的测算，在2005年之前，大约有10%~20%的TFP增长都可以由产业间的资源配置来解释。但是，随着经济的迅速发展，所谓的"鲍默尔病"开始显现，产业间的资源配置对TFP增长的贡献开始迅速减弱。2006年之后，TFP的增长中仅有不到5%由产业间资源配置贡献。而从2011年起，产业间资源配置对TFP的贡献甚至降为了负值。这表明，未来通过在不同产业之间重新配置资源来拉动TFP增长的空间已不是很大。

第二，通过产业内部资源配置来提升TFP的空间依然较大。由于体制性障碍的存在，目前产业内部的资源还没有达到十分有效的配置。在不少产业，一些效率低、绩效差、本应退出市场的国有企业却依然能借助政策以更低的价格获取资源而持续经营；而一些效率高、绩效好的非国有企业则因难以获得资源而举步维艰。我们对1998—2007年制造业的TFP增长状况进行了分析，发现在2004年之后，企业间资源配置对TFP增长的贡献出现了大幅下降。而造成这一现象的一个重要原因，是由于"国进民退"导致了相对低效的国有企业的过度膨胀，从而降低了资源配置的效率。由此可见，即使不考虑其他状况，只要切实让非国有企业享有和国有企业相同的市场地位，促进资源在不同所有制企业之间更有效率地流动，其能够带来的TFP进步也将是相当可观的。

第三，通过技术引进来提升TFP的空间将会越来越小，但通过研发来提升TFP的空间却很巨大。在改革之初，我国的技术水平较低，与世界技术前沿的距离较大，因此"后发优势"较为明显，通过引进技术就能实现技术水平的较大跃升。但是，随着我国的技术迅速接近技术前沿，因此通过这一途径来实现TFP增进的潜力已日渐变小。

与此同时，自主研发在提升TFP的过程中所起的作用将会越来越重要。随着信息技术的兴起，全球范围内很可能迎来新一轮的技术革命，如果我国能利用好这些机会，那么用研发促进TFP增长的空间将是巨大的。需要指出的是，目前我国在自主研发过程中还存在着很多问题。虽然从投入总量上看，我国的研发力度是较强的，但这些研发主体主要是科研机构和大专院校，企业从事研发的比例却很低。据统计，我国的企业中只有1.39%在进行自主研发，其比例远低于国际平均水平。此外，目前我国的研发转化率也较低，大量科研成果都没有被转化成现实的生产力。这些问题都严重地阻碍了我国TFP的提升。但是，从另一角度看，如果可以切实调动企业的研发积极性，设法加强成果的转化率，那么通过研发带动TFP增进的空间将会十分广阔。

综上所述，现阶段我国TFP增进的潜力是巨大的，只要引导得当，完全有可能重新实现迅速提升。为了促进TFP的提升，促进产业内部各企业间的资源优化配置，以及鼓励企业研发、增加研发转化率，应当成为相关政策的主要着眼点。

关于促进TFP提升的几点政策建议

为了促进TFP的提升，为下一阶段我国的经济增长注入持久的动力，就必须不断优化资源配置，不断加强研发创新。为了实现以上目标，我们在此提出以下政策建议。

第一，应当继续深化经济体制改革，进一步处理好市场和政府之间的关系。资源配置效率的高低，在很大程度上是一个制度问题；而最大的制度问题，就是如何处理政府与市场两者之间在经济发展中的相互关系。在

这一问题上，应当严格遵循党的十八届三中全会所指明的方向，切实让市场发挥在资源配置中的决定性作用。政府应当彻底改变长期奉行的干预主义，将自身的经济责任严格限定在提供公共产品，以及为市场运作提供良好的制度保证上。同时，应当努力激发各类经济主体的活力，打破行业垄断和所有制歧视，保证各种所有制经济平等、公平地参与市场竞争。只有这样，整个社会的资源才可能得到最优化配置，整个社会的创造热情才会得到最有效地激发。

第二，应当让官员树立效率思维，将效率作为考核官员绩效的重要依据。在中国当前的政治体制下，政府在经济发展中起着十分重要的作用，而政府的行为在很大程度上取决于官员。因此要促进TFP的提升，就必须先让官员做对事，这需要做好以下两方面的工作。一方面，要加强官员教育，帮助官员树立效率思维。应当努力批判当前盛行的"唯GDP论"，让官员的思维从"增长至上"转变到"效率至上"来。另一方面，应当改变用单纯的GDP增长作为官员考核标准的激励机制，建立新型的效率考核指标。在具体操作中，可以参考新加坡的经验，为TFP制定1%~2%的年增长目标，将其作为考核官员绩效的一项指标。

第三，应当努力为企业家精神的发挥创造条件，促进资源的进一步优化配置。与政府官员相比，企业家更有能力预测经济的走向，更有能力判断项目的优劣。由于要自负盈亏，企业家们在投资时也会比政府部门更为谨慎。这些特征决定了企业家的投资往往比政府更有效率，因此更应当作为实现资源优化配置的主体。为了用好企业家的力量、让企业家精神得到充分发挥，政府应当努力营造各项制度条件。例如，政府应当进一步放宽行业管制，革除各种歧视政策，让企业家们不再面临各种"玻璃门""旋转门"的困扰，让他们的经营不再有后顾之忧。

第四，应完善收入分配制度，创造公平机会，为经济发展创造良好的社会环境。经济的发展和TFP的提升需要一个良好的社会环境。为了营造这样的环境，政府要进一步完善收入分配制度，并重视为社会成员提供公平的机会；应当通过税收和转移支付为低收入者提供有效的生活保障，努力扩大中产阶级在人口中的比例，对高收入群体的收入进行适当的调节。

在完成这一目标的过程中，政府应当将着力点放在二次分配上，而不能通过一次分配进行调节，否则就有可能损害人们劳动和创造的积极性。同时，政府还应当给底层人群提供更多的教育和就业机会，让他们也有机会实现社会流动。

第五，应当推进税收改革，进行结构性减税，降低税收负担，减少税收扭曲。我国当前的税收制度存在着很多问题，过高的税负和差别性的税率都抑制着TFP的提升。为了解决这些问题，政府应当采用结构性减税政策，对于一些重复的、复杂的税收进行合并、简化、改革。一方面，要在总量上降低税负额度；另一方面，要减少在单位产值上的税率差别。只有这样，资源的配置才能更有效率地进行，人们的生产和创造热情才能得到更好地激发。

第六，应当提供更有效率的基础设施，为经济发展提供支持。目前，我国的基础设施建设具有质量较差、使用效率较低、重复建设严重等问题，这些都严重制约着TFP的进步。针对这些问题，应当尽快建立完善的成本—收益分析框架，对相关的建设进行审核和监督，引导各级政府在进行基础设施建设时，对那些能产生更为长远的社会效益、促进经济长期健康发展的设施建设应该多加以政策倾斜；而对于那些低效率的基础设施建设，应当追究建设者的责任。

第七，应当完善教育培训体系，为经济发展提供更多优质人才。人才是支撑经济增长的根本，要实现TFP的提升，就必须建设一支优秀的人才队伍，这就对我国的教育体系建设提出了更高的要求。我们认为，教育体系的建设必须把握"基础教育必须厚实，高等教育必须精练，技能教育必须适用，在职教育必须提升"这四个原则。必须通过教育将新时代要求的技能提供给劳动者。在评价教育质量时，必须以是否提升了TFP作为准绳，要力争通过教育让我国实现从人才大国向人才强国的根本性转变。

第八，应当完善金融体系的建设，强化金融对实体经济的支持。为进一步加强金融体系的建设，以下四个方面的工作尤其需要重视。其一，要推进"财金分开"，实现财政和金融业的分离，尤其是要实现地方政府的负债阳光化，让地方政府自己对债务负责，防止它们通过"影子银行"融资，给金融体系带来不可控的风险。其二，要继续深化银行业的改革，让银行的业务应该更多地向中小企业、小微企业倾斜。其三，要积极推进资本市场的发展和规范。对于一些发展相对缓慢的市场，例如债券市场，应当予以大力推进。对于扰乱资本市场运作的行为，要加强监督，应加大打击的力度。此外，在维护资本市场稳定时，也要慎用政府的力量。其四，要放松金融管制，鼓励金融创新，积极引导金融为实体经济服务。

第九，应当大力实施创新驱动战略，为全面提升我国的经济潜力提供强大的科技支撑。为实施好创新驱动战略，以下七点尤其需要予以重视。其一，要大力实施创新驱动战略，需要建立透明、高效、便捷的行政审批机制，最大限度地避免权力商品化对创业、创新的损害。其二，要完善和支持企业创新的政策设计，激活企业的自主创新活力和能力。其三，要强化创新的知识储备，优化创新的体制设计。其四，要把强化创新知识储备、着力提升创新质量放在更加突出的位置。其五，要完善产、学、研利益连接机制，改革现有的科技立项和评价机制。其六，要完善创新资源整合机制，突出重点行业，强化协同创新。其七，要完善服务机制，探索建设新型平台，强化创新支撑体系。

第十，应当突破原有的引进途径，探索技术引进的新渠道。应当突破过去依靠FDI、贸易等手段引进技术的方法，变引进项目、引进商品为直接引进人才。创造有利的环境，邀请国外有技术的人员来华工作、创业，这样就可以更为直接地获取国外的先进技术。同时，还要让本国的人才主动走出去，去先进国家学习和经商，并在学习和工作中逐步吸纳和引进先进的技术，为提升我国的TFP做出贡献。

我们相信，只要我们营造良好的环境，让市场充分发挥在资源配置中的决定性作用，资源的配置效率就会不断得到提升，社会的创新热情就会被有效激发出来，整个经济的TFP水平就有可能再度实现高速提升，而这将为我国未来的持续、平稳增长奠定坚实的基础。

中国经济还会有一个高速增长期

文 宗庆后 ▶ 杭州娃哈哈集团有限公司董事长兼总经理

党的十八大提出在2020年要让老百姓收入翻一番，我认为消费也会翻一番，而且还有可能不止翻一番。因为老百姓的收入翻上去了，物价肯定会上涨；企业给员工增加工资了，产品成本肯定会上升；产品成本上升了，产品的售价也肯定要上涨。若产品的售价不上涨，企业就没有利润，企业就生存不下去了；若物价上涨，那就更刺激消费了。我们商界有一句话叫作"买涨不买跌"。如果政府将社会保障体系建设好，让老百姓有钱花、敢花钱，那消费就增加了，需求也增加了；老百姓的需求增加了，供给也就增加了，经济也就上去了，GDP也就增长了。

要改变对增长数据的看法，不能光看GDP增长的比例，而应该按经济增长的绝对额来看增长的速度。我们杭州娃哈哈第一年仅有10万元的利润，第二年有100多万元的利润，第三年就有700多万元的利润。杭州娃哈哈集团开始几年无论在利润还是在营业收入上都是呈几倍甚至十几倍的增长，但到后面增长的比率就比较少，尽管我们还保持了较长时间的20%以上的增长比率，但现在肯定是不行了。2013年我们实现营业收入782亿元、利税139.33亿元、纳税61.67亿元、净利润77.66亿元，2014年若要娃哈哈集团的利润再增长20%就很难了。2014年上半年我公司实现营业收入418.92亿元，绝对额增长了58.42亿元，增长比率也仅为16.21%。再下去，我们的增长比率会越来越低，但增长的绝对额应该比创业初期几倍、十几倍增长比率的绝对值要高。因为基数大了，增长的比率肯定会降低。我们的国家也一样。2003年，我们的GDP是135 823亿元；2004年，GDP

达到159 878亿元，GDP增长比率为10.3%，增长的绝对额为24 055亿元。而我们国家2013年的GDP为568 845亿元，增加的绝对额要多少才能达到这个比例呢？我不知道国家统计局核算GDP增长比率的公式。因为按增长的绝对额除以2002年GDP总额的结果是，2003年的增长应为17.7%，而公布的仅是10.3%。2013年的GDP总额是2003年的4.19倍。若按同比例增长的话，增加绝对额是100 745亿元，若按增长比率为7%计算的话，则增长绝对额为70 522亿元，这个增长的速度还够不够快？我认为，发展经济的主要目的是让国家更加繁荣、富强，老百姓的生活更加幸福、美满，因此我们没有必要去计较GDP的增幅，而去搞些无效的投资、亏本的出口来增加这个数据，也不要计较人家说我们什么，也不要怕人家唱衰我们。我们仅需要让老百姓生活得更好，国家更强大了，何必去追求那个得不偿失的毫无意义的数据呢？！西方发达国家的GDP增长了1%~2%就很好了，增长了3%就不得了了，这就是明证。

中国有13亿多人口，根据国家统计局发布的信息称，2013年我国还有贫困人口8249万，而且人均可支配收入为56 389元的高收入群体也仅占城镇居民的20%，农民人均可支配收入那就更低了，所以我们现在并不是过剩经济，而是老百姓没有钱消费。我认为，经济的基本原则是分工不同、相互交换而已，从原始社会到现代社会一直如此。在原始社会无非是你打猎我种田，以米换肉，以肉换米，从简单的物物交换变成货币交换及各种

复杂交换而已。如果我们解决好分配问题，把内需拉起来，我们的经济发展也会高速发展。而且目前我们国家还处于发展中国家阶段，我们还有很多事情要做，还要发展教育、医疗卫生和文化等事业，还要进行环境整治和国土整治等，做这些事情都会给我们带来新的经济增长点。综上所述，我认为，我们国家最起码还有20年的高速发展期。

那么，要促进经济高速增长，政府应该做些什么呢？

第一，要降低税负，让利于民。

过去我们靠投资、出口来拉动经济，现在世界出现了经济危机，人家需求减弱，出口下滑了，投资过度造成了政府负债过重。政府这两年也提出要拉动内需。现阶段最大的内需，一是汽车，已卖到要限行、限购、买牌照了；二是房子，一方面大量闲置，另一方面房价又高得让有刚性需求的人买不起。实际上，目前是先富裕起来的少数人的内需已拉足了，而大部分低收入人群的内需尚无法拉起来。政府亦意识到要解决分配问题，但就是还没有采取有效的措施真正地来解决这个问题。我认为，目前政府获得的收入太多了。2013年全国财政收入12.91万亿元，政府基金收入5.22万亿元，合计18万亿元，若再加上国企的收入，还不知有多少。光利润，前10位的央企利润就有1万多亿元。2013年的GDP是56.99万亿元，政府拿走了多大比例，剩下来再用于企业生产开支成本，真正能分给企业和老百姓的又是多少？企业和老百姓的税负太重了！我们中国现在有13亿多人口，老人、小孩不交税，农民不交税，实际纳税人是多少？若按13亿人计算，每人每年承担了13 846元的税费；若按人口的1/4为纳税人来计算，每人每年承担税费55 384元，而政府收了这么多的税收，没有都用在民生上。一部分浪费掉了。据报道，政府的开支占财政收入的51%。还有一部分送给外国人了。国家拼命鼓励出口，而且出口还退税，廉价地将产品卖给外国人，而且外国人还不卖给我们东西，这实际上给了我们一个数字、一张空头支票，造成我国的外汇储备已达4万多亿美元。外国人还要我们的人民币升值。他们拼命印钞票并贬值，逐步赖账，这等于我们把财富白送给人家了。我们出口的是实实在在的财富，而外国人不卖东西给我们，等于连原始社会的以物换物都没有实现。因此，我们又得印人民币，结果造成人民币对内贬值、物价上涨，老百姓的生活成本上涨。对于企业而言，靠经营、做生意来养活员工、维持企业的发展。实际上，国家也一样，要靠经营、做生意来养活全国的老百姓、维持国家的建设与发展。我们大家都知道，要民富国强。如果国富民穷，国家亦强大不起来，而且社会也不稳定。中国几千年来历史上发生的改朝换代都是因为国家沉重的苛捐杂税而引起的，现在党中央也提出了要解决收入分配的问题，就是要提高老百姓的收入、拉动内需，就是要对财税制度进行改革，就是要降低税负。对此，我提出以下几点建议。

一是降低企业税负。我感觉，目前财税部门到现在为止还在研究要开征的税种，而似乎根本没有考虑到如何减税，如何增加老百姓的收入。他们有些人认为由于政府负债太重、收入支出不平衡，若不增加财政收入，就会造成入不敷出。但我认为，他们这笔账没有算清楚。首先，在改革开放初期国家给了外资企业二免三减半的税收政策及所得税15%的优惠政策，我们的税收反而大幅增长了，而不是减少了。因为吸引他们来投资，发展了经济，扩大了税基。既然外资企业都可以享受到这种优惠的政策，那么为什么不对我们自己的企业实行这种优惠的政策，来鼓励大家不断投资发展经济？我认为，税基扩大了，税收不会减少反而会增加。其次，由于税负太重，不少中、小企业根本无法承受沉重的税负，中、小企业如果不偷税、漏税就根本无法生存，所以造成2%的企业交了90%的税。而企业要想偷税、漏税又得搞关系，一部分税收又成了政府官员的灰色收入。如果税负降低了，大家都依法纳税，国家财政收入也可以大大提高。

二是提高老百姓个调税的起征点，个调税的起征点是否可以提高到一万元？因为目前城市里大学毕业的工薪阶层收入大约在5000元，3500元以上要交个调税，社保基金企业与个人缴纳比例要占收入的40%多。企业给员工增加了工资，提高了收入，但员工的其中一大部分收入又被社保与个调税收回去了。要让员工收入翻一番，企业不堪重负，员工也永远达不到收入翻番。特别是我们的80后、90后这代人，有文化、有才干，是我们实现中华民族伟大复兴的中坚力量，他们这点收入不要说买房，就连租房都租不起，那这样他们又如何成家立业？如何安居乐业？如果把老百姓的收入提高了，大家都安居乐业了，社会也就稳定了，政府也不需要维稳了。目前政府用于维稳的开支大大超过了个调税的收入。

三是政府要精兵简政。现在公务员的队伍太庞大了，而且还雇用了不少临时工，包括事业单位很多也如此。过去一个县吃皇粮的仅有几百人，现在已到了几万人，也怪不得地方政府说地方财政是"吃饭财政"。同时政府也要注意节约，减少"三公"经费的开支，而且不能再搞一些无效的投资，减轻纳税人的负担。

四是调整"三农"政策。现在普惠制的各种补贴太多了，也占用了很大一部分财政开支，有的农民收入比城市居民收入高得多，还享受了多种补贴，而真正贫困的地方还补贴不到位，脱不了贫。我认为，要提高农产品的价格，让农民真正地通过勤劳致富。农产品的价格提高了，国家拿点钱补贴一些城市贫民，财政的开支就会减少很多。而且农业只有走集约化生产的道路，才能降低成本，农民的效益才会提高，收入也才会提高。而且目前来看，农业要按"计划经济"的方式来组织生产。因为农民信息不对称，今年某种农产品价格高了，第二年农民就拼命种，结果第二年肯定卖不掉了，其结果是，农民不但增加不了收入，反而亏本。国家又怕农民、农业不稳定又大量收储，结果是既变质又造成大量的浪费。因此，国家要把需求搞清楚，指导农民种植。同时，国家要控制农产品的进口。现在国外的大豆运到中国来比我们农民种出来的还便宜，不少国外农产品都冲击了国内市场，造成农民根本不敢种植。如果我们的农产品都被国外垄断，而不能自给自足，我认为是很危险的。

五是提高第一产业、第二产业的收入，进而发展第三产业。第三产业是服务性行业，政府也在鼓励发展第三产业，但是如果第一产业、第二产业的收入不高，没有钱去让人家服务，那么第三产业又如何能发展？目前我们的第三产业仅占46.1%，而美国的第三产业达到了80%。因而若我们第一产业、第二产业收入提高了，第三产业也尽快发展了，那么解决就业问题、提高财政收入就不成问题了。

第二，推进城镇化建设。

我认为，抓好城镇化并非造城，现在应该将产业分下去，重点发展县域经济，要把传统产业转移到中西部欠发达地区。一是让这些企业就地生产就地销售，降低成本，还能继续生存发展下去；二是让1.6亿名在沿海发达地区打工的农民工回家乡打工，以免他们在大城市做二等公民，也免得他们妻离子散，家人不能团聚，下一代得不到关爱与培养；三是可以减少沿海大城市的公共财政开支；四是欠发达地区经济发展了，也可以减少国家财政转移支付的开支；五是农民在当地就业、有了稳定的工作之后，国家再出点钱让就业的农民把土地流转出来，让他们能在县城购房安居乐业，就业的农民再把土地租给务农的农民，逐步实现农业集约化生产；六是欠发达地区经济发展了，人才也愿意下去了，经济发展就会更快了。但是千万要控制大城市的发展规模，现在"大城市病"太严重了。要实现这样的转移，国家应该制定一些优惠政策，鼓励东部企业转移到中、西部欠发达地区，同时制定限制大城市过度发展的政策，逐步真正实现城镇化。

第三，要真正鼓励与支持实体经济的发展。

因为实体经济是创造财富的经济，而现在实体经济税费重、融资难、融资贵、利润低，而且市场风险大、工作又辛苦；老板们既要忙于技术进步、装备先进，还要管理员工，因此不少实体经济都不愿干了。而虚拟经济却税负低、来钱快，还没有干实体经济那么辛苦。照理来说，虚拟经济应该是为实体经济服务、促进实体经济发展的，而现在虚拟经济已纯粹变成把别人口袋里的钱装到自己口袋里的经济。长此以往，经济就会出现大问题。因此政府要采取有力的措施，鼓励与支持实体企业的发展，不光要降低实体经济的税负问题，而且要解决实体经济的融资问题。现在银行的贷款利息都在10%以上，甚至有的都到了15%以上，而实体经济的利润率仅有5%左右。这么高的银行利息，企业如何能承受得了！因而尽管政府放宽了贷款额度，企业也不愿贷款，因为支付完贷款利息后反而造成了企业亏损。小额贷款公司也解决不了中、小型企业的融资问题，反而变成了高利贷公司，现在也都出了问题。现在允许开设民营银行，我认为也解决不了根本问题，可能还会造成新的金融风险。我认为国家不要给银行下达过高的利润指标，应强制让银行降低贷款利率，否则银行把实体经济的利润全拿走了，实体经济全垮了，银行非但赚不到钱，反而会造成大量的坏账，引发金融危机。当前还要解决一下担保的问题，2008年经济危机时政府号召企业抱团取暖、相互担保贷款，结果现在一家企业资金链断了，会导致一大批企业关门，这些本来尚可生存发展的企业，由于要承担担保还款的责任，所以也被拖垮了。另外，要解决中、小企业融资难的问题，还是要政府让国有银行拿出一部分贷款额度专门成立相应的机构服务于中、小企业，才能真正解决中、小企业的融资问题。同时，还要警惕互联网经济对国家经济安全的影响，现在有的网商公开说要颠覆传统经济，也就是要颠覆实体经济。实际上网商应该也是虚拟经济，如果把实体经济全搞倒闭了，它还能做什么生意？卖什么产品？而现在在网上开店不用交税，不用注册登记，说起来是要解决就业问题，而实际上在网上开店的也并非全是无业人员，有不少是在职人员。尽管开网店也解决了一部分人的就业问题，却影响了实体零售业的发展。2014年实体零售业销售收入、利润大幅下降，有的已关门歇业，也造成了一部分人失业。网上销售甚至搞乱了企业的价格体系，造成企业产品卖不出去、没有利润、只能关门，这也造成了一部分人失业。而且据说目前已经有80%的网店在亏损，并且这些网商又在积极为国外企业开发中国市场，还享受了关税的减免政策，却又在冲击着国内市场，加剧了国内企业的竞争。我认为这种做法对国内经济的发展是有害而无利的，政府应该加强监管，不能让其无法、无规地经营，同时取消对其的优惠政策，促使其规范、健康地发展。

第四，要关心、鼓励企业家为发展经济做出新的贡献。

发展经济要依靠企业家，本来企业家在中国就是紧缺资源，而现在不管是国企还是民企的企业家，都变成了弱势群体。现在普通老百姓犯点事倒没有事，如果企业家甚至其子女犯点事，就会被群起而攻之。甚至社会上有些不良分子利用微博、微信经常造谣，散布攻击企业家与企业的假新闻，影响了企业家发展经济的信心，导致不少民营企业家带着资本流亡国外，实际上这也给国家造成了很大的损失。前段时间，也有人有序地、一轮轮地发布攻击我们娃哈哈产品与经营上的信息，影响了我们产品的销售及企业的形象。例如我们的"营养快线"，营养好、口感好，受到了消费者的喜爱。前段时间福建警方解救了一名被囚禁1年的5岁小孩，这个小孩在被囚禁期间仅喝"营养快线"，其他什么都不吃，而解救出来之后对他进行身体检查，结果他的健康状况良好。这说明"营养快线"确实有营养，不但维持了其生命，而且还保证了他健康成长。而谣言制造者将我们的"营养快线"说成是油漆桶，把正常的蛋白质凝结现象歪曲成凝胶，甚至说成是避孕套，恶意抹黑我们的产品，造成产品的销售量下降，而企业却无法维权。这些谣言污蔑、损害了企业利益，破坏经济秩序的人却得不到法律的制裁。建议政府为企业家创造一个好的经济发展环境，关心、关注一下企业家的生存环境，让企业家放心、大胆、努力地去发展经济，为社会、为国家做出新的贡献。同时，也希望全社会要理解企业家，实际上企业家也很辛苦，每天工作10多个小时、365天不休息的企业家比比皆是，而企业家也是一个普通人，也不可能是一个完人。而且现在的民营企业家已不是为了自己挣钱活命，已经上升到履行社会责任、体现人生价值的阶段，应该鼓励他们、激励他们，而不是打击他们的积极性。

第五，要尽快地落实审批制度改革，解决乱收费的问题。

我认为中国在政治上要高度集中，经济上要充分放开搞活。改革开放初期实行的"放权、让利、开放"，让我们的经济获得了高速的发展，现在我们要进一步深化改革、促进经济发展仍需要这六个字。一是要放权，也就是要从"中央给地方放权"深入到"政府给老百姓放权"。中央在实施审批制度改革，但目前进展缓慢，企业并没有感到松绑，反而感到还在不断增压。例如清洁生产、诚信验收等各种名目的审核，希望政府先给企业松绑，针对企业的审批制度进行先改革，把该取消的全部取消。我认为也没有必要担心一放就乱，在取消审批之后要明确制定标准，企业符合标准就自己去干，不符合标准就查封他，而且还要加强监管。对公务员要建立岗位责任制，其监管的企业出了问题，非但企业要受到处罚，分管的公务员也要给予处罚，这样才能实施有效的监管。二是让利，要从"中央给地方让利"深入到"政府给老百姓让利"，要降税负给老百姓增加收入，这样内需才能真正拉动起来。同时要清理收费，取消一些部门随便乱收费。三是开放，要从"对外开放"深入到"对内也要开放"，打破垄断，公平竞争，这样才能把经济搞活。我们中国老百姓是聪明、勤劳的，一旦将他们的积极性调动起来，中国的经济必将进一步腾飞。

那么，要促进经济高速增长，企业与企业家该做什么？

其一，企业要不断地创新，要不断提高技术、装备水平，不断提高管理水平，提高企业在国际市场的核心竞争力。企业是逆水行舟，要不断地发展才能长盛不衰。企业要为社会创造财富，不断地增加纳税，企业要保护好环境，要善待自己的员工，履行应尽的社会责任，而且要立足于发展实体经济，因为实体经济才是创造财富的经济。在清朝末期民国初期，国内有识之士就提出了"实业救国"的口号，我认为目前要提出"实业强国"的口号，政府要鼓励企业努力发展实体经济。企业要从盲目扩张型转为提高效益型，也不要盲目地去追求什么"500强"而过度扩张。实际上目前所谓的"500强"，仅按营业收入来排名，并不是"500强"，最多"500大"而已。有的"500强"实际上已负债累累，甚至在亏本，这算什么"500强"？我认为真正的"500强"应该是资金实力雄厚、创造利税能力强的企业。企业只有坚持主业经营，把主业做强做大，才能稳健地发展，才能成为"百年老店"。

其二，企业家要让员工共享企业的发展成果，要不断地提高员工的收入，提高他们的生活水平，让他们能得到很好地发展。特别是我们民营企业家，是党的改革开放政策的受益者，是在小平同志提出来的"让一部分地区一部分人先富起来，鼓励民营经济发展"政策下先富起来的一部分群体，我们要牢记小平同志后面那句"先富帮后富，实现共同富裕"的指示，我们要继续不断投资、不断解决就业，要帮助贫困的人群也富裕起来。我们自己要改变对财富的看法。财富是生不带来、死也带不走的，除了自己能消费的之外，其实剩余的财富都是社会的。因此要将财富反馈给社会，消灭贫富差距，财富差距过大会影响经济发展的动力，使经济发展停滞或衰退；贫富差距过大还会影响社会稳定，引发仇富的观念。我们要帮助贫困的人群都富裕起来，让大家都过上幸福、美满的生活，我们的财富才会得到社会的尊重，我们也不会被人仇富，也不用担心财富的安全。同时，我认为应实行全员持股的办法让员工都成为企业真正的主人，这样做会使员工更加努力地工作，创造更多的财富，同时也会加速他们的富裕。如果整个社会都富裕起来了，消费就会增加，我们的经济就会发展得更快。

由于时间关系，我仅浅谈一下我的几个观点。我这个人喜欢讲实话，有的话可能尖锐点，领导与专家们可能听了不舒服、不顺耳，但是确实是从国家利益大局出发提出的一些善意建议。因为以上问题对我们公司来讲都不是什么问题，我们交得起税，员工收入增长也没有问题，我们也没有贷款，也不需要融资，因此绝不是从我们企业与个人的利益角度提出这些问题，也请领导与专家们理解。

另外，我认为目前我们的国家正处于发展机遇期，因为西方发达国家的经济危机尚远远没有过去，他们已没有能力来打压我们的和平崛起。但尽管我们改革开放以来经济发展得很快，从一个贫穷、落后的国家发展为世界上的第二大经济大国，但也产生了许多问题与矛盾，若不能解决好，可能会衰退，若解决得好，我们的国家会更加繁荣、富强。看来上帝还是比较眷顾我们中国老百姓的，党的十八大选举了以习近平同志为总书记的强势、开明的党中央领导集体。他们大部分上过山，下过乡，吃过苦，而且是从基层一路上来，了解国情，了解民意，执政经验丰富。他们上任以来，反腐打贪，整顿党的作风，坚持进一步深化改革的思路清晰，高度关注民生。习总书记还提出了实现中华民族伟大复兴的"中国梦"，这个梦是我们中华民族的梦，也是我们每个中国人的梦，这个梦就是让国家更加强大，让中华民族要昂首屹立于世界民族之林，不再受欺侮而受尊重，这个梦就是要让全国老百姓都过上幸福、美好的生活。我们中华民族历朝历代都是世界上的大国与强国，而清朝末期清政府的腐败、闭关锁国造成了落后挨打的局面，致使我们沦为半殖民地、半封建的国家，受尽了屈辱。如今在中国共产党的领导下，我们又开始站起来了，但还没能站得高、站得直，腰板还不够挺。因此，我们要紧密地团结在以习近平同志为总书记的党中央周围，习总书记指到哪里，我们就干到哪里。我们要继续发扬改革开放初期敢闯、敢担当的锐气，紧跟习总书记再努力拼搏一下，从辉煌走向更辉煌，我们的"中国梦"一定会实现，而且一定会提前实现。

国际金融中心的梦想

现代服务业已成为金融生态系统不可或缺的组成部分，法务、审计、信息、文化创意、会展旅游、物流商贸等现代服务业正逐步成为上海经济的新增长点，上海如何形成传承历史、独具特色的现代服务业聚集优势，决定了上海国际金融中心生态系统的完整度。

亚投行[*]面临的五大挑战

文 王维嘉 ► 中国企业研究所理事长

1946年成立的国际货币基金组织和世界银行，是在当时占世界GDP 50％的美国的主导下建立起来的。20世纪50年代和60年代，区域性的金融机构，如欧洲投资银行、亚洲开发银行、非洲开发银行和泛美开发银行等又相继成立。这些国际金融机构由世界或相关区域的国家组成。如亚洲开发银行（亚行）成立于1966年，共由48个亚太地区国家和19个非亚太国家组成。亚行建行时法定股本为10亿美元，后来经过多次增资，截至1996年年底，亚行的核定股本增至500亿美元。

这些组织成立之初，各国的投票权大体是根据当时各国的经济实力来分配。如亚行的两个最大股东是日本和美国，两国各占同样15.6％的股权和12.8％的投票权；中国是第三大股东，占6.6％。亚洲地区作为世界上最有经济活力和潜力的地区，需要大量的资金进行基础设施建设。根据亚洲开发银行测算，从现在到2020年期间，亚洲地区每年的基础设施投资需求将达到7300亿美元，现存的国际金融机构远远不能满足这个需求。与此同时，经过35年的经济高速发展，中国积累了4万亿美元的外汇储备，有动力开拓海外市场，并带动其他亚洲国家一起发展。如果中国向现有的国际金融组织大规模增资，势必大幅改变该机构的现有股东结构，这对一个已经运行成熟的机构未必是福音。因此成立一个新的国际金融机构，不仅对中国是合理的选择，也是对现有金融机构的友好选择。

---

*　Asian Infrastructure Investment Bank，亚洲基础设施投资银行，简称亚投行。

由于亚投行和亚行的投资区域基本重叠，投资方向部分重叠（亚行除投资基础设施外，还有扶贫、教育和环保方向的投资和赠款），主导亚行的美国和日本自然会有顾虑。美、日声称，其主要顾虑是由中国主导的亚投行是否能够规范、透明地运行，能否充分考虑被投资国家、地区的当地社会和环境影响。即使这些顾虑不无道理，但以此为理由劝阻其他国家不要加入亚投行则完全没有道理。这种行为反映出美、日两国对其可能减少的影响力的恐惧，这些担心大可不必。亚行和亚投行不仅投资重点不完全相同，两者应该还有大量的合作机会，适度竞争也会使双方更有效率。

亚投行的成立之所以将成为一个历史事件，因为这是第一个由中国发起并领导的主要国际机构。在过去的35年中，中国主要是打开大门把世界带入中国；从现在起，中国将走向世界担负起一个大国的责任，发挥其应有的领导作用。世界的秩序具体体现在一系列的机构和制度当中，一个大国的责任和领导作用也同样体现在对机构的参与和制度的制定过程中。亚投行标志着中国迈向世界的第一步，要让这第一步迈得扎实，需要应对以下几个方面的挑战。

为人还是为己？

首先要想清楚亚投行是一个国际金融机构，而不是中国的一家银行。亚投行必须兼顾各成员国的利益而不仅仅是中国的利益。由于中国在极短的时间里从一个贫弱的国家变成了一个相对富强的国家，国民的心理认知还存在着滞后，作为小国、弱国"护身符"的民族主义诉求仍然高涨。国内的民众对于身边的具体利益有具体诉求和切身感知，对于国家的长远战略利益不甚了解。由于过去没有这方面的集体经验，国民、甚至某些政府部门很容易习惯性地认为亚投行完全是为中国国家利益服务的。

一旦国内有这样的认知偏差，就会给亚投行的治理结构和运行带来巨大的压力。原因很简单，亚投行的成员国加入亚投行是为了各自的本国利益，如果不能兼顾他们的利益，他们就一定会退出。作为发起者、最大股东和领导者，中国甚至可能要牺牲一点自己的眼前利益以换取亚投行的整体成功。在亚投行这件事上，中国并不是"学雷锋"，而是有着重大的国家利益。和任何组织一样，组织发起者和领导者的最高利益是这个组织的持续存在和成功，而不是每次"分蛋糕"时多占一点点。

"硬实力"和"软实力"

以中国掌握的投票权，应该能很轻易地通过自己想通过的决策，但一个国际多边组织的运营并非如此简单。股权和投票权仅仅是"硬实力"，在这样一个高度复杂的机构中"软实力"远比"硬实力"重要。不论是事关战略的决策还是具体的投资决定，决定成败的不是投票权而是格局、眼光、知识和经验。协调各成员国的利益和意见也是一件有难度的艺术。老牌欧洲的成员国都有几百年国际纵横捭阖的经验，而亚洲的许多国家也不容小视。在这方面，中国还有很多东西要学习。

规范与效率

规范与透明不仅仅是国际上的担心，也将是相对分散、弱小的其他成员国的最主要诉求。"二战"后世界金融机构积累了许多经验和教训，亚投行可以站在前人的肩膀上。治理结构的规范与透明和机构的运行效率往

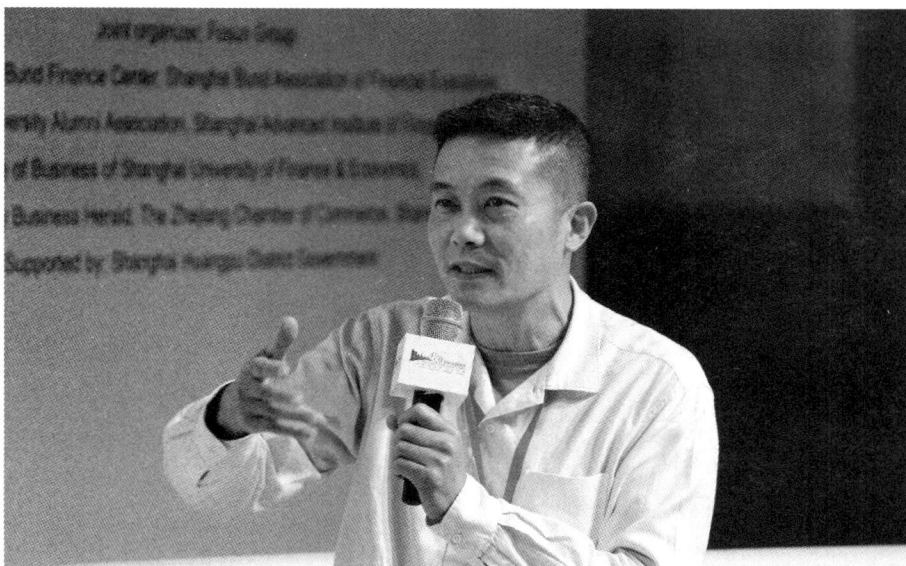

往是一对矛盾。国际金融机构的成员都是各成员国的政府部门，本来各国对于一个可能牵涉多个政府部门的决策过程就很复杂，几十个国家在一起互相协调和沟通成本就更高。在过去的60年中，世界金融机构的每一个失败实践都可能增加否定性的规范，这使得本来就具有复杂的多边治理结构的组织运行流程就显得更加繁复。这就是许多国际金融机构都被诟以低效和官僚的主要原因。作为一个新的国际金融机构，亚投行应该在这方面有所改进，但不能有不现实的期望，因为其治理结构和其他现存的国际金融机构没有本质区别。在亚投行的创始阶段，为了确保规范与透明，宁可牺牲一点效率。

嫁接与杠杆

今天中国的企业已经开始全面进入全球化的时代，民间有大量的海外投资需求。亚投行如果能够和民间的资金嫁接、合作，将会撬动比股本金大得多的资源。民间的企业和资金缺少对目标国家和地区的了解和经验，亚投行每进入一个国家和地区，都可以分享经验教训，亚投行在每一个国家成功的投资都能鼓励民间投资的进入。

创新与发展

许多现存国际机构的诸多弊病，往往是由于当年的结构和流程不能适应变化，但又难以修改。亚投行有机会认真研究这些弊病的根源，并在创始的设计中尽可能避免。在大型国际金融组织之外，有许多成功的私营和民间金融组织（如孟加拉诺贝尔和平奖获得者尤努斯教授创办的格莱珉银行）在发展中国家的经济发展中做出了巨大贡献，其经验虽然不能照搬，但完全可供借鉴。今天是一个互联网时代，不仅所有的运营系统都可以互联网化、远程化，更重要的是互联网和社交媒体成为和投资目标国当地民众沟通和交互的重要手段。在重大工程投资的评估和当地社会责任、环境保护等方面，新媒体、新技术都可以发挥巨大的作用，亚投行应该做互联网时代的第一家国际金融组织。

亚投行得到这么多国家的支持和响应，和中国在领海诉求上遇到的反弹形成鲜明反差。这启示中国通过经济合作是崛起的最小阻力路径。中国能否顺利崛起不单在于新兴大国是否能够胜过守成大国，而在于能否同时给其他国家带来利益。中国的崛起不单单取决于中美双边关系，更多地取决于多边关系。亚投行的创建就是个最好的例子。这次欧洲诸国不顾美国劝阻加入亚投行，正是说明只要中国能够为世界提供公共品，能使得参与的伙伴受益，就会得到大多数国家的支持。

在中国崛起的过程中，不可避免地会发生影响力的彼消此长，但只要这种博弈是在公认和相同的规范下进行，就是公平的博弈。中国在过去的35年中是现存世界金融贸易体系的受益者，随着国力的增强和海外利益的扩张，中国比以前更需要一个有利于全球化的金融贸易体系。建立亚投行这样的新国际金融机构不仅不是挑战这个体系，反而是丰富和促进这个体系。不论是国民和政府部门都应该着眼中国的长远目标，在亚投行的创始阶段给予最大的信任和宽容。亚投行的成功将向世界证明中国有能力成为一个领导大国，有负起大国责任的担当，有善意向世界提供公共品。

上海自贸区的理想与现实

有人把"上海自贸区"比作当年的深圳，有人说它的意义将超过深圳，是"另一个版本"的深圳。自2013年8月22日，国务院正式批准设立"上海自贸区"开始，它已然成为各界人士热议的话题的之一。与此同时，无论是资本市场还是各地方政府都开始了对自贸区前所未有的狂热追逐。今天，在总体方案和一系列金融细则出台之后，我们如何看待自贸区未来的发展？对具体企业而言，是否会面临"理想丰满，现实骨感"的落差？是否有进一步改进的空间？在金融改革方面，上海自贸区是否能发挥示范性作用进而在全国范围内推广？会遇到哪些阻碍？

2014年，在"外滩国际金融峰会"上，就上海自贸区的发展路径以及存在的疑问，上海自贸区管委会的副秘书长李军，中诚信集团创始人、董事长毛振华，怡和控股有限公司董事及怡和（中国）有限公司主席许立庆，苏州广大投资集团有限公司董事长朱昌宁，一创摩根CEO任劲进行了讨论。

艾诚：之前在我的一期节目里，我问冯仑先生是否有一个段子可以用来形容政府、国企、民企、外资这几者之间的关系。他说，这几者相当于一个混乱的家庭，政府是大家长，国企是正房太太，民企是姨太太，外资是比较有钱的邻居。这个邻居有空会来串串门，但他看我们的眼神是骄傲、挑剔的。那么，自贸区各种政策的调整给我们提供最多的红利是什么？我觉得可能是关于这几者之间关系的重新想象。2014年7月初，自贸区负面清单出台，你们最关心负面清单中的哪些问题？

毛振华：我们非常关注上海自贸区，因为这的确是中国改革的一项重要举措，是上海在新一轮改革开放中如何发挥全国领导作用的重要着力点。但说实话，我还没看得太懂，比如说在金融方面的突破。在我的知识里，金融是一个很难突破的领域。因为金融就是资金流，涉及每一个行业，在一个点上对其进行突破相当困难。但是我觉得自贸区开启了一个创新的模式，此次负面清单的推出就是一个创举。以前我们都是批准了才可以，而不是像现在这样没有在负面清单里的表示都可以。作为评级公司，我们也非常关注自贸区里金融机构的举措，他们的举措所带来的影响，以及他们在未来竞争格局中所产生的作用，通过观察，我们评估他们会产生什么样的风险，进而给予他们评级。

艾诚：毛总说他没怎么看懂，即使自贸区的政策中已经提及对评级政策的开放，但貌似对市场调研的具体内容还有限制，这就是开放与监管的博弈。李军副秘书长能否用非常精练的语言告诉毛总还有哪些机会值得更加关注？

李军：负面清单的管理更多的是对外资的开放，和以前相比，更加清晰，更加透明，更加和国际通行规则相对接。我个人的理解是，自贸区对民营资本不存在负面清单的管理，理论上都可以介入。

艾诚：评级方面的政策确实开放了，但对评级的具体内容是否有值得毛总和他的团队注意的呢？

毛振华：信誉评级本身是非主权行为的一个业务，是一个市场里中立的、为投资者服务的机构。评级机构根据对企业风险的分析，提出自己的看法，进而给予它相应的评级，市场给这个企业进行定价的时候会参考评级机构给予的评级打分，但这并没有改变评级结构本身的工作性质和职责。中国对评级公司的管理一直没有明确的规章制度，在国人的概念中，中国的评级机构总是不如美国的评级机构。在这样的状况下，国家允许美国评级机构在中国开设合资公司，于是美国评级机构开始了对中国信用评级机构的全面渗控。2006年，穆迪收购了中诚信49%的股权并接管了经营权，同时约定七年后持股51%，实现绝对控股。当时我的疑问是，是否可以允许国外独资评级公司在中国开展业务？现在上海自贸区似乎也没有提到这个问题。但我觉得影响不是太大。

艾诚：许总，您的企业在这份负面清单中最关心的是什么？

许立庆：我们最关心是保险经纪，因为我们有这块业务。我很赞同李军副秘书长所说的，负面清单是面向外资，外资在意的是自贸区的行为，因为这代表了整个中国改革的下一步。为什么会有自贸区？如果中国想融入国际经济，那么必须在这三大块上努力：一是贸易，二是投资，三是金融。2001年中国加入世界贸易组织以后，中国的国际贸易迅速增长，现在已经成为全世界最大的一只力量。

但在投资和金融领域，我们的开放水平相对来说还比较低。加入世贸组织以后，我们也力争推动多哈回合贸易谈判，但不幸的是多哈谈判一直没有进展。之后各个区域的谈判也比较多，比如TPP（Trans-Pacific Partnership Agreement，跨太平洋伙伴关系协定）、TTIP（Transatlantic Trade and Investment Partnership，跨大西洋贸易与投资伙伴协议）。在这样的情况下，如果我们还不采取行动就会再次处于被动的位置。所以我们此次要利用上海自贸区，让国内的制度，包括政府的职能和国际接轨，这样我们才会有准入前国民待遇和负面清单。

艾诚：许总对于自贸区在保险方面的改革建议，您怎么看？

李军：保监会支持自贸试验区的八条建议中提到了鼓励在区内设立包括保险经纪在内的中介机构，中介机构也是目前国内保险市场较为薄弱的部分。目前，对于保险中介机构的引进，还是沿用原来入世谈判的承诺。怡和集团是保险经纪，主要做大型商业保险，我们非常期望保监会能够支持像怡和集团这样的大型知名保险机构来自贸区发展，为更多的商业提供保障。

艾诚： 朱总的企业是多元化经营，既有投资，也有实业，您觉得上海自贸区的负面清单中最为醒目的是哪一条？

朱昌宁： 今天讨论的主题是"上海自贸区的理想与现实"，国家为什么要做上海自贸区呢？我觉得这个理想无外乎两点：一是通过开放推动我们的改革；二是通过经济手段或者经济领域的开放或改革来推动行政管理体制的改革。到现在已经有几年时间了，实际效果却不太理想，也就是说理想考虑的事很现实，但现实做的事不太理想。

艾诚： 理想很丰满，现实很骨感。

朱昌宁： 这个问题出在哪儿？从中央到企业，再到老百姓，其实大家的理想都是一样的，那就是通过上海自贸区的实验推动中国的经济改革和体制改革。但是在实际生活中，由于中间的阻隔层太多，政策执行的效果并不理想。原因很简单，那就是政策的制定者和执行者都是既得利益者，他们很难主动地进行改革。因此，我觉得这不是理论上讲不通的问题，而是一个在实践中如何把细节执行到位的问题。

举两个例子：其一，有人说上海自贸区的根本目的是实现贸易的便利化。在我国，一般国际贸易需要经过海关和商检，商检又包含检疫和检验。其中仅检验就包含了多个检查项，当然我们现在也有商检法，但其中的很多条款都无法突破。正常来说，这些都应该是企业自己的工作，质量问题由企业自己责任。而这些就会影响贸易的便利化，就是在实际操作中需要我们进行改进的细节。

其二，上海自贸区公布了6大领域18项开放措施，其中第17项与教育相关。2013年，我就表示希望上海的

的职业教育能有所突破。但这项与教育有关的开放仅仅是面向外国人的培训机构，与中国人自身没有什么关系，这一现实距离我们实现教育的自由化还很远。

艾诚：李军先生听了这番话有何感想？

李军：我想这是企业和市场的呼声，就是希望我们将国家的各项政策措施都落到实处，同时也要兼顾每家企业的个性。

艾诚：请问一创摩根CEO任劲先生，当您看到这份负面清单时，最为关注的是什么？

任劲：我们是合资券商，受中国证监会监管。2013年证监会的负责人来上海做调研，问我们有没有在自贸区设立机构的打算，我的回答是，我们暂时还没有这方面的考虑。我们也仔细研究了负面清单，实际上我们只关心一个问题，那就是市场准入。现在外资券商基本上都是通过合资公司的方式进入中国，在开展业务的时候牌照也有所限制，我们希望上海自贸区能够放开对牌照的限制。但就现在的情况来看，这一目标在短时间内不会实现，政府似乎也没有这方面的举措。其背后的原因，我觉得可能有两个：其一，我们在进入其他国家的时候，他们对我们也有一些限制，因此要保持政策上的对等性；其二，金融改革势必会涉及金融资源配置的功能，也需要考虑风险的控制等，而在这些方面我们还不够成熟，需要学习的东西还很多。

艾诚：刚才几位嘉宾谈到了对于自贸区的共识：自贸区的设立并不是为了本地的繁荣，而是要把上海自贸区作为"试验田"，希望它的体制经验可复制、运用于全国。我们期待在上海这片不到1/266的土地上，可以出现汇率、利率自由化的各种创新尝试。但我们也知道尝试必然伴随着风

险，而历史上的金融危机都告诉我们，如果没有很好的监管，导致热钱流入，这可能会给我们带来更大的麻烦。金融改革可以说是上海自贸区的重中之重，我想问一下，大家对于FTA（Free Trade Account，自由贸易账户）怎么看？

李军：2014年5月22日，中国人民银行发布了自由贸易账户核算体系的政策，应该说这是带有自贸区特征的金融创新和对外开放。当然，这种创新开放也是一个循序渐进的过程，更多的还是为了实现经常项下和直接投资的便利化，因为其他诸如投融资、汇率的便利化还涉及其他监管部门。央行也在积极沟通和协调其他监管部门，希望能够进一步发挥好FTA账户的功能和作用。

艾诚：您觉得自由贸易账户的下一步到底是什么？

李军：我刚才已经介绍了一下，自由贸易账户是具有自贸区金融创新的一种制度安排，现阶段还仅限于经常项下和直接投资的便利化，下一步针对投融资便利化还有待时日。

艾诚：在上海自贸区内，有五家银行拿到了牌照，但对它们的经营模式和经营方式有特别多的限制，这该如何解读呢？

李军：自由贸易账户本身就是全新的一种模式和做法，也有一个学习、了解和适应的过程，我相信它的功能会随着自贸试验区金融开放创新的不断扩张而扩大。

艾诚：金融改革里大家可能最关心的是"一行三会"（中国人民银行、中国银行业监督管理委员会、中国证券监督管理委员会和中国保险监督管理委员会）的51条措施终于从纸上跳到了现实中，对于利率市场化和资本项目可兑换，也就是货币的自由流通，大家怎么看？

许立庆：自贸区的重点不是看自贸区可以做什么，而是中国在用自贸区来展现其改革的决心。如果自贸区做成功了，这就表示中国政府的这个决策取得了成功，可以在全国范围内开展。对于利率来说，自贸区利率自由化如果走得快，就表示整个国家利率自由化也会快。过去，对于外资来说，什么事情可以做，什么事情不可以做，我们弄不清楚。但现在通过自贸区，我们可以获得比较清楚的指向，明白中国的下一步改革重心在哪里，从而可以预测未来三五年内我们可以做什么，而什么事情我们应该暂缓一下。因此我们不计较现在自贸区开放了什么项目，我们更在意的是后面所带来的讯息、带来的意义，这对我们来说更加重要。

艾诚：很多人说，自贸区应该是上层设计，而不是地方实验。因为国务院在关于自贸区总体方案的《通知》中就明确指出，方案中所有涉及的重大问题都需要上海市人民政府及时向国务院请示。如果要为这个上层设计提供一条建议，什么样的建议可以让我们正在如火如荼、备受关注的自贸区赶得上人民的期待？

许立庆：政府职能的转变，这个最重要。我举一个实际的例子，国务院最近在简政放权方面做了大量工作，很多权力被下放到了地方。但在实际操作过程中，此前一直由国务院审批的工作现在交由地方政府来负责，这让他们觉得很不习惯。在他们看来，只有国务院下达正式的批文，明确指出这项审批工作交由地方政府负责，他们才能放心接受。所以我希望政府职能的转变能从自贸区开始，让它起到一个示范作用，从而让大家知道，政府职能的转变应该怎样做。

我觉得，这也是将来自贸区能否成功的关键。

朱昌宁：自贸区的建立和发展实际上是我们国家在经济发展过程中，特别是在市场经济发展过程中如何转变政府职能、如何做好政府治理的一件事。这不是一个理论问题，而是一个实践问题，就是我们敢不敢做、能不能做、能做多少、做多快的问题。

毛振华：讲到自贸区，大家更多地会想到贸易、想到海关。那么货币领域有没有海关呢？也有，从个人的角度来看，我们在货币领域既挡着别人进来，也阻止自己出去。从国际发展的趋势来看，这个问题应该尽快解决。那么自贸区能否首先成为一个能使民营资本走出去的通道？这是我们跟国际资本接轨的一个很重要途径。

任劲：自贸区是金融改革的一块"试验田"，是对资本项下自由对话、人民币国际化的开放和实验。在这个过程中，政府有很多不足，我们需要进行相关改革，简单来说，就是要让市场发挥更大的作用，让市场回归市场。比如金融领域的"一行三会"，各个监管机构出台的政策有时不那么协调一致，这样具体的市场参与者在开展业务的时候，往往会遇到很多困惑，那么我们是否可以考虑在政府职能转变上朝着精兵简政的路子走下去，这样自贸区的发展可能会越走越快。

艾诚：针对上面几位提到的问题，自贸区会怎么做？

李军：我们希望在国际通行规则的大背景下构建新型的政府与市场之间的PPP（Public—Private—Partnership，政府和社会资本合作模式）合作关系。

艾诚：各位企业家都发表了自己的看法，这些看法给我最直接的感受就是自贸区任重而道远。现在大家都有一个非常明确的期待，那就是到2014年年底，自贸区至少要有30条可供全国借鉴甚至可复制的经验，要做到这一点真的是不容易。

上海能成为国际金融中心吗

现代服务业已成为金融生态系统不可或缺的组成部分，法务、审计、信息、文化创意、会展旅游、物流商贸等现代服务业正逐步成为上海经济新的增长点，上海如何形成传承历史、独具特色的现代服务业聚集优势，决定了上海国际金融中心生态系统的完整度。

在"2013年外滩金融峰会"上，就"现代服务业如何促进金融中心建设"的话题，黄浦区金融办主任江锡洲，万通投资控股股份有限公司董事长冯仑，中诚信集团创始人、董事长毛振华，北京国际信托有限公司总经理王晓龙，苏州广大集团董事长朱昌宁，名流置业集团股份有限公司董事长刘道明，法国兴业银行中国区主席马蓉露（Anne Marion Bouchacourt），亚商集团董事长陈琦伟，诺亚（中国）控股董事局主席兼CEO汪静波进行了深入讨论。复旦大学教授、著名主持人蒋昌建主持了该场讨论。

蒋昌建：我们就现代服务业如何支撑金融中心的打造来进行深入探讨，第一个问题问冯仑。我发现，刚才陈琦伟先生上台时步伐很大、很快，而汪静波女士上台时步伐很慢、很优雅。现代服务业为金融行业提供支撑，它的步调应该是琦伟的步调还是静波的步调？

冯仑：静波代表了普通女性的基本步调，慢一点、稳一点。优雅的是背影，比较好。背影优雅是全优雅，如果前面优雅则只是一半的优雅。

蒋昌建：冯仑没有直接回答上面的问题。江先生，咱们展现给世界的是否是优雅的背影？

江锡洲：先不谈背影，就上海建设成国际金融中心来说，它就像一座

大厦，我们是一个"泥水匠"，要一砖一瓦地才能把大厦建起来。

蒋昌建：作为一名"泥水匠"，您对所谓的现代服务业对金融中心建设提供的支撑怎样理解？

江锡洲：其实在这块土地上，金融和现代服务业是共生共赢的。中国金融的DNA出现在这块土地上，中国金融历史上一百多个"第一"也诞生在这片土地上。中国钱庄于1771年在这片土地上诞生，1864年3月汇丰银行在香港成立，而4月汇丰银行就把它的总部放在了上海。为什么？因为这里是金融和现代服务业最佳结合的地方，也是风水最好的地方。

蒋昌建：不愧为金融办主任，也是营销的大师。毛总，对于江先生提到的金融DNA，上海在经历了半个多世纪的发展后，您认为它是否有变异？

毛振华：上海曾经是中国的金融中心、远东的金融中心，而在计划经济时代，这个中心转移到了北京，市场经济开始后，这一中心又来到了上海。怎么来的上海？也是由中央决定的。这就对上海提出一个问题，现在上海又重新成为金融中心，可它为什么不像当年成为金融中心那样让人服气？北京也想说自己是金融中心，深圳也想成为金融中心，天津、武汉也想在这方面做一点事。说到底，在大家心目中，它还是计划经济的产物，

还是中央布局下的分工。

在这种情况下，上海能做什么？能在金融创新中做什么？这对上海非常重要。我认为上海还是很有空间的。金融中心的形成往往是自发的，而近年来，在金融交易体系里，如评级、会计、律师等领域的人数可能超过了那些投行，甚至商业银行的人数也超过了投行，这与整个金融体系是密不可分的。如果抓住这块，为金融业搭建全面而周到的服务体系，这将促进上海成为金融中心。

蒋昌建： 毛总认为，上海成为金融中心是计划决定的，但他对未来很有信心。请问王晓龙先生，您身处北京，若上海要打造成金融中心，蓄势待发中的"势"在哪儿？

王晓龙： 从北京到上海，我最大的感触是：第一，北京讲政治多，上海讲商业机会多；第二，具体到今天的金融论坛，上海讲金融生态，北京讲金融总部。上海作为发展国际金融中心的一个大战略，毛振华先生提到的布局，我认为也是客观存在的。但上海能否成为国际金融中心，还取决于全上海的努力，依赖的不仅是政府，更重要的是企业，是金融生态，是现代服务业。上海的赶超战略应该更具备国际大视野，从而做出更加顶层

的设计，要加大开放性，要加大改革的力度，特别是要改变现存生态当中的弊端。

蒋昌建：在巴黎，我看不到它如纽约、伦敦那样的国际金融中心的影子。对此，请问马蓉露女士，站在巴黎的角度来看上海要建设国际金融中心这件事，上海还有哪些工作要做？

马蓉露：很重要的一个工作，就是要能够吸引资金做长期投资。在中国，你们可以有各种各样的发展，可以把资金引入金融行业做一些长期投资，也可以把资金引入债券市场。我们知道，有很多的金融机构，一方面能够让他们的投资者不仅依赖于银行进行融资，另一方面也可以从债券市场上获得很好的融资。所以我觉得，一个金融中心应该有很好的导向作用，用利率和政策来引导资金的流向，保证资金能做更为长期的投资。比如在债券市场上，如果将美国和上海做比较，上海还是有很多不成熟的地方，还有很多工作需要与它的规模相适应。

蒋昌建：资本市场也是成为金融中心的关键所在，尤其是债券市场的发育。我刚才说巴黎不像一个金融中心，是在说巴黎有着很浓厚的文化氛围，那么文化本身对这个城市成为国际金融中心有着怎样的辅助或者支撑作用？

马蓉露： 确实，因为巴黎的历史和文化太富盛名，这掩盖了这座城市其他的光辉。如果看到巴黎的金融市场，您也会觉得尽管全世界都处在金融危机的阴影之下，但是在法国，我们更好地保护了自己。因为我们有很多抵押贷款，比西班牙，包括像英国等其他欧洲国家在金融风险管控上要好得多，并且我们很多的金融机构都已在国际市场上占据了一席之地。法国在全世界的金融市场上都非常活跃，它只有6%的市值是在法国，其他的都在国际上拓展业务，包括英国、中国大陆以及中国香港地区。

蒋昌建： 刚才马蓉露女士谈到文化问题，她并没有以巴黎有悠久的历史和文化而自居，而是说巴黎是一个金融中心，其服务对象是全世界。她实际上是在告诉我们，这个文化本身的融合也是非常的重要。讲到国际化，陈琦伟先生，您认为在对比中、美两国后，对于建立国际金融中心，上海的现代服务业还有哪些工作要做？

陈琦伟： 我想先就昌建提出的关于巴黎文化的问题发表一下自己的看法。刚才，马蓉露女士的回答暴露出一个问题，法国人看不到自己的长处。我相信很多法国人会认为，文化在他们血液当中是理所当然的，他们没有意识到文化对金融中心有着多么重要的作用。我的这个看法不一定

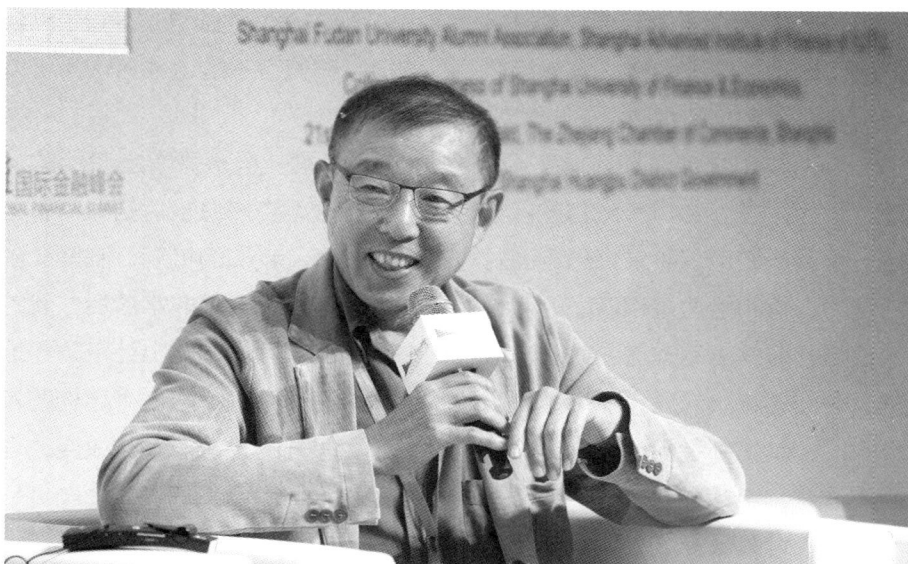

对，但从她的回答中，我能感觉到这一点。我为什么要讲这个问题？2013年5月，我带领上海股权投资界的一个代表团前往伦敦考察。在那里，我们一位来自政府部门的公务员提出了一个与刚才那个问题相类似的问题：伦敦能够这么长时间维持其金融中心的地位，而且功能越来越齐全，它主要靠什么吸引这么多机构和人才留在伦敦？听了这个问题后，伦敦的高官先是一愣，他想了想，然后说出了其中的原因。他说，我们有很好的剧院，上演很好的戏剧，而且伦敦的餐馆越来越好，有越来越多米其林级的餐馆，同时伦敦的酒吧也非常不错。对此，我们那位团员听着有点迷惑，觉得还是要问下去，想问清楚伦敦政府究竟有没有提供什么优惠政策。其实，这就是中国的思维定式，总觉得政府可以做一些事情，政府可以提供一些什么政策，而恰恰"政策"这个词在西方国家基本上是没有的。因此，对于这个问题，伦敦城的官员说："有什么优惠政策我也不清楚。"这是非常典型的中国跟整个西方的差别。

就此，我想引申出一个问题，差距在哪里呢？我个人感觉，差距在实质上面是巨大的。在过去的20年，中国经济的发展出乎意料地成功，这个成功超出所有人事先的预想，不仅是专家、也不仅仅是政府官员，还包括我们的企业家。但这个出乎意料，我现在强烈地感觉到，它带给我们的误区越来越大，有一点盲目自信，觉得我们无所不能，或者认为可以运用我们原来的思维定式一直做下去。

今天我们来探讨现代服务业，包括金融生态，这是非常实质性的问题。中国在过去20年所取得的巨大成功，比如金融资产总量达到一百多万亿元，但我们静下心来想想，面对这么大的规模，我们的机制、制度、创新能力、管制能力是相匹配的增长？还是有差距？甚至是非常落后？我的结论是：非常落后。这就体现出，我们在金融各个领域基本上处于防守地位，有问题解决问题，然后"消防队救火"。细看中国金融各个结构的各个部门，其实都是问题成堆。建设金融中心更重要的是价值观的改变，导向的改变，市场导向、客户导向和服务导向是我们应该坚持的。金融机构本身首先是做服务。

蒋昌建：当陈琦伟先生讲话时，冯仑在拼命点头。陈琦伟先生刚才讲价值观等道理我们大家都懂，教科书上也有，但就是落实不下来，原因在哪儿？

冯仑：要落下来非常简单。最近看各种任命，各大金融机构的领导

都在不断调整，是组织部、党委、党组直接任命，这是体制所决定的。对于这些金融机构来说，权利来源、人的选拔就决定了它的导向、服务和机制。我讲一个特别有意思的故事。北京的一家国有大银行的领导讲，他们银行改制为股份制银行以后有了党组会和董事会（以前没有董事会）。每次开会的时候，大家总会看见几个人从党组会的屋里面出来，到董事会大会议室开会，会议结束以后这几位党组会人员就又回那个小房子了。后来大家发现，事情在大会议室好像说了不算，都是那个小屋子的人决定的。后来有一次开会，那位领导也进了党组会的房间，但他们说："这是党组开会，你不是党员，不能参加。"这就是机制，小屋子的事管着董事会这个大屋子的事，而且是党组开会，代表国有资产的管理部门。所以，所有的这些老外看不懂的地方，我们只能看个半懂。

蒋昌建：我们先让刘道明先生发表一下他的观点。金融的服务到底好不好？企业最有体会，从你自身角度来看，现代服务业在上海发展的态势是否足以支撑建成国际金融中心的目标？

刘道明：前面屠光绍市长讲到，对于上海的发展来说，有两点非常重

要：第一个是如何引进来，第二个是如何留得住。事实上，上海这个城市以它的开放态度迎接着各种好的东西，但更重要的是能否留住这些好的东西，这需要包容。因为我们来到一个地方，除了它的商业机会以外，还要在这个城市待着感觉舒服。上海的发展，从历史上来说，因为它的开放，引进了外资，国际上很多商业机构到上海"淘金"，上海的开放成就了历史上的上海。计划经济时代，我对上海的感觉有点像陈琦伟先生对法国人的评价，那时的上海人觉得只有上海人有文化，其他人都是乡下人。比如，我八几年到上海的时候，到商场里买东西，服务员连理都不理我，一直在那里聊天。过一会儿，来了一个上海人，说了一句上海话买东西后，服务员马上扭头过来给他服务，之后又接着聊天，完全忽略我的存在。我们为什么到上海来？因为在计划经济的时候，我们所知道的名牌都是来自上海，如缝纫机、自行车、收音机、手表等，没有一样不是上海生产的，所以人家能够有"老大"的心态。1988年，咱们"下海"了，在全国十几个城市，包括北京、深圳都有项目，但唯独在上海没有投资项目，这可能与我当初对上海的印象有一点关系。当然，现在的上海已经发生了很大的变化，世界各地的人都来到上海，很轻松、很愉快地享受上海的生活。而我说的包容意思是，上海在引进人才、资源的时候，不仅仅要容纳我们需要的东西，更需要一种包容的心态，包括我们的语言、行为，还有生活方式。

蒋昌建：刘道明先生的意思是，不但要包容上海的本土文化，更要包容来自世界各地不同的风格。请问静波，你在提供金融服务中，还有哪些工作做得不那么得心应手？怎样的大环境才能让你甩开膀子大干？

汪静波：首先，我们已经甩开膀子大干了，不能甩得再开了。我喜欢上海，我在上海创业。上海最大的优势是能够吸引人才，而金融是一个完全靠人才来堆积的事业。上海最好的一点就是大公司很多，有国际化的，有民营的，无论你做多大，在上海都不是很醒目。大企业多，就给我们提供了自由发挥的环境。从创业至今，我觉得上海最大的支持就是政府既不会支持你，也不会干涉你，我觉得这是金融发展的核心。我个人觉得，能满足客户什么样的需求？客户是否愿意为这个需求付

费？是否愿意长期的付费？这可能才是我们需要重点思考的，政府能提供什么支持并不是我们应该考虑的。需要政府扶持的企业是不会因为政府扶持而成功的。

蒋昌建： 本来按照市场体制运作，事情就非常地单纯，但现在我们的很多精力可能都花在非市场或者非经济领域。想问一下朱昌宁先生，您大量的时间都花在哪儿？

朱昌宁： 我大量的时间都用在做企业。我跟大家说一件具体的事情。2011年我们在上海买了一个职业技术学院，现在在校学生有三千多人。为什么要买这个学校？因为在企业发展的过程中，我感觉很难找到我们需要的人才。照理说，在上海附近招人并不是很难，因为上海有33所公办本科院校，有11所公办专科学校，还有19所，当然包括我们在内的民办大专院校，一共63所。但我们需要的是酒店一级以上的管理人员、优秀的厨师和养老护理人员，我们还与华谊兄弟传媒股份有限公司一起建设电影主题公园，这就需要跑龙套的人和候场拎箱子的人，这些活都没有人干。不得已我们就买了这么一个学校，希望将它变成一个现代城市管理学院，从而培养出一大批动手更强于动笔的人。

我们的具体做法是和大的产业集团进行结合。现在，我们办了两个分院，一个是松鹤楼洲际酒店学院，跟洲际集团合作；另一个是华谊兄弟艺术学院，和华谊兄弟合作。华谊兄弟艺术学院不是培养大牌明星，而是培养路人甲、路人乙等群众演员，以及后台人员。最近，我们又开发了一些养老的项目，除了帮助老人们烧饭外，最近我们已经在探讨怎么帮助老头、老太吃饭。将来他们也会需要大量的养老护理人员，而在我国现在两千多所高校里没有一个养老专业，而我们的老龄化又来得那么迅速，这些护理人员到哪里找？我们还想跟台湾的一家企业联合创办一所物业管理学院。现在造了很多房子，但房子却管得很差。这些是否与现代服务业和金融业，以及上海这个大都市都有直接的关系？回答是肯定的。简单来说，就是现代服务业和金融大都市的建立别忘了教育。

蒋昌建：在这场论坛中，毛振华先生谈到如何处理计划性定位下，上海如何按照市场的导向建设国际金融中心，从而充分发挥历史上上海金融中心DNA的潜力。具体到企业，在企业营商的过程当中，国际金融环境真正的运营逻辑是什么？无外乎两条，冯仑和琦伟谈话中都有提到，第一是市场化，第二是企业家精神。那么现代服务业和国际金融中心如何协调发展呢？朱昌宁先生谈到了这个观点，大家都认识到了金融中心需要现代服务业的支撑，可是谁提供这些基础设施和基础教育呢？一定要平衡好这个关系。

当然我们各位嘉宾也都谈到了另外一个非常重要的话题，如果这样一个国际金融中心只有银行或者债券市场，或者只有股票市场、资本市场，就够了吗？当然不够，在一个生态系统中，不仅要有法律体系、决策体系，而且很重要的是还要有服务体系。这些方面都是打造国际金融中心不可或缺的思考角度。

股市大猜想

目前，中国股市已成为仅次于美国的全球第二大股票市场，但极端震荡仍是中国股市的典型特征，从涨停到跌停，过山车般大起大落，令人咋舌。中国股市为何如此不稳定？究竟是谁推动了暴涨和暴跌？股市是否需要"拯救"？

钱都去哪儿了

文 陈 龙 ▶ 长江商学院金融教授

　　我在两个月以前写了一篇文章——《钱都去哪儿了》。我写这个内容的文章是出于两个原因。第一，2013年年初，中国央行获得了"年度央行奖"，这个奖项是由一个国际刊物《中央银行》（*Central Banking*）颁发的。中国央行能够获得这个奖项并不容易，因为2013年很多国家的央行都做得不错。例如，美国的经济复苏比较强劲，美联储的货币政策比较给力；日本的央行通过较为大胆的货币政策，把日本从通货紧缩的长期"怪圈"中拉出来了。中国的央行之所以能获得"年度央行奖"，是因为中国央行在2013年面对较大的不定性，以及中国央行在独立性有限的情况下，推动了中国的金融自由化改革。而且中国央行在不定性的情况下能顶住压力，不超发货币。这个奖项同时还赞赏了中国央行在面对2013年"钱荒"时的表现。第二，两个月以前，周小川行长有过一段讲话，他说现在中国货币政策面临的最大挑战是在利率自由化以后，货币政策的框架和它的传导机制如何制订。我们希望有一个有效的、良好的传导机制。

　　在撰写这篇文章的时候，我看了很多数据，央行的成熟过程，实际就是寻找货币政策的框架，以及传导机制相对成熟的过程。简单来说，在央行货币政策制订框架的过程中，政策的核心相当于"船锚"，"锚"的作用是决定货币的发行量，因此它是至关重要的。简单来说，以前的"锚"太松了，而现在的"锚"又太紧了。

　　我把美国的货币政策和中国的货币政策做了一个对比，美国的货币政策有两个特点。第一个特点是，经济增长和货币发行、通胀整体的一致性。首先是房价和CPI（Consumer Price Index，居民消费价格指数）涨幅基本一致。名义GDP涨幅等于实际GDP的涨幅加上CPI的涨幅。实际GDP加上CPI的涨幅，正好相当于美国的M_2（广义货币供给的发行量）。换言之，美国的货币政策令我们很容易理解"钱都去哪儿了"这个问题。比如，过去50年美国的M_2广义货币每年增长7%左右，实际GDP增长是3%左右，CPI增长大概是3%~4%。所以GDP的增长加上通胀的增长，大概等于货币的增长。换言之，长期来看，通胀是一种货币现象，这在美国是非常好的一个体现。美国发行了7%的货币，其中3%左右是支持GDP增长的，这个不造成通胀。剩下的3%~4%体现在CPI的涨幅上，也体现在房价的涨幅上。

第二个特点是，货币统计口径的一致性。M_0是流通中的货币，M_1是狭义货币，M_2是广义增长的货币，三个货币的增量和增长幅度几乎是一致的，大概在6%~7%。我们通常认为，美国发行了很多货币，这些货币都流到国外了。从央行资产负债表的角度来说，美国流通中的货币包括了国内和国外的发行货币。如果流通中的货币和货币总量对得上，也就是说，美国的货币不管发行在国内还是流通在国外，增长的速度都会反映在国

内的通胀上，所以不会因为美国将货币发行到别的国家，国内就没有通胀了，这种现象是不存在的。长期来说，发行了多少货币，增长量就等于通胀加上GDP的增长量。

中国的货币政策与美国不同。中国货币政策的特点是，货币发行、经济增长和通胀率的整体不一致性。举个例子，1990—2013年，中国的实际GDP增长量大概是9.9%，接近10%，中国的CPI增长量是4.6%，两者相加是14.5%。而我们M_2的增长量是21%。M_2的增长量减去GDP与CPI的增长量，21%减14.5%，得出6.5%的增量。由此可以看出，货币的增量超过了经济的增长和CPI体现出的通胀，增加出来的6.5%的量不知道钱去哪儿了。

中国货币政策的这一特点体现出中国货币发行、经济增长以及CPI增长的不一致性。为什么会不一致呢？第一种解释是，资源货币化。中国很多资源都不参加流通，参加流通会有造币功能，会吸收货币，这不会引发通胀。但是20世纪90年代时很多学者总结，认为资源货币化的过程可能将要走到尽头了，所以20世纪90年代以后可能不会再出现资源货币化的现象。还有一种解释是，中国的间接融资很重要，银行业的M_2占比比较大，但是这不能解释为什么中国的M_2越来越重要。很多人认为，中国的货币使用配置效率低下，金融管制以及各种原因导致货币流通不起来。总而言之，好多钱不知道跑到哪里去了，但不一定会引发通胀。

中国货币的增长是21%，GDP加上通胀是14.5%，多了6.5个百分点。再看另外一组数据，如果GDP的增长量是10%，房价的增长是10.7%，在过去的24年里，加起来几乎正好是中国的货币发行量。所以钱可能没有体现在CPI里面，而体现在房价里面了，这就能解释CPI为何不能表达中国通胀的速度。从统计角度来说，与中国房价涨跌相关的最重要的因素是中国的货币供给。在过去的24年中，中国的房价涨幅和M_2的涨幅关联度是71%，而房价与收入增长的关联程度只有30%左右，房价与实际GDP的关联度也只有30%左右。从这个角度来说，无论从增量的额度、比例以及它们的关联程度来说，都说明中国房价在过去的20多年中表现为一种货币现象，而不是收入现象。收入对房价的影响也很重要，但是次要因素。决定房价涨跌的最重要因素，是中国货币的发行。

2009年的时候，中国出台"四万亿"政策，当年中国的CPI涨幅是负的千分之几，中国那一年出现了通缩现象。如果只看CPI数据，央行会认为货币发行没有问题，因为CPI是负数，并没有引发通胀。但是那一年中国M_2的增量是28%左右，而中国的房价涨幅是23%左右，接近24%。

如果要回答"钱都去哪儿了"这个问题，我们常说中国经济是依靠投资拉动的，其实依靠投资拉动就是依靠信贷拉动。有投，必有融，所以信贷拉动经济总是与房地产、基建相关。投资拉动经济的背后需要宽松的货币政策的支持，如果没有宽松的货币政策，就不大可能存在投资拉动经济的现象。

股市是与货币供给关联程度很大的一个因素。在过去的十几年时间里，和股票的涨跌相关度较大的因素是货币的增量。简单来说，中国货币如果发行量大了，有些现象可能就不会体现在CPI上，但是房价和股市却会有明显的反应，而且数据也能够核对上。房市和股市的最大差别在于股市的泡沫已经去掉了，房价却是另外一种状况，中国的房市价格仍旧很高。处在这样的环境下，我们应该怎么办？

我讲两个例子。第一个例子是20世纪20年代美国"经济大萧条"期间的例子。20世纪20年代的美国，高科技公司、收音机制造、飞机制造等热门的行业带动股价飞涨，但是这些行业并不赚钱。当时的传统经济是相对萎缩的状态，这个时候美国的央行就面临一个难题，到底应该照顾传统经济、刺激传统经济，还是应该收缩货币控制增长过快的行业？最后，美国央行决定采取收缩政策，这个政策导致股市大涨，但是传统经济受到了冲击，经济下行得非常厉害。到了1930年，很多银行面临倒闭。面对银行倒闭，央行犹豫是否要搭救这些即将倒闭的银行，但美联储表示拒绝搭救。由于拒绝出手搭救即将倒闭的银行，一次较为严重的金融危机爆发了。当时民间利率涨到100%以上，这对信贷的流动性打击是非常大的。20世纪20年代的"经济大萧条"导致美国股票跌了90%以上。

我们以现在的视角来总结20世纪20年代美国经济萧条的经验教训。当时银行从美联储用5%的利率借出资金，再用12%的利率借给经纪人，经纪人以20％的利率借给投资者用以炒证券、股票，并且当时银行没有存款保险制度，这就带来了经济泡沫。

第二个例子是美国2008年的金融危机。从20世纪90年代到2006年，美国曾经出现过房价涨幅超过CPI涨幅的现象。想要辨别房价贵不贵，最重要的数据是房屋的租售率，租售率是由房租除以房价得出的数据。美国2006年的时候房屋租售率就已跌到3％，美联储的一些经济学家在2007年表示，美国的租售率在2006年以前一直维持在5％左右，如今却跌到了3％，如果租售率要回到5％的高位，就需要依靠调整房价来完成，这恐怕会导致房价下跌很多。当年的房价涨得过快是有原因的，现在回过头去看，房价飞涨是由于当时的货币政策太宽松了。由于这样的背景，伯南克在2010年发表了一个著名演讲，其演讲题目就是《货币政策与房地产泡沫》。他在文章中表示：美国历史上房价与货币的关系不够明显，2000年以后很多国家房价都在涨，如果再复盘，将不能明确知道房价的升高是出于基本面的需求，还是货币发行过多的原因。

中国房价涨跌的最大相关因素就是货币的涨跌。中国一线城市，租售率在3％或者以下的地方，房价很贵。中国一线城市的地价是东京地价的2倍，纽约地价的5倍，无论相对收入或者租金来说，中国的地价是世界最贵的地价之一。

中国的央行希望M_2的增速达到13％，这代表央行将执行过去20多年以来最紧的货币政策。每当紧缩的货币政策出台时，其实就是我们在挤经济的泡沫。如何挤泡沫？这是一个非常重要的问题。

我认为，我们过去的经济政策太过宽松了，现在我们希望追求独立，想采取紧缩的货币政策，这可能会导致中国的很多部门不能承受这个转型，因此压力非常大。在制定经济政策的时候，核心理念很重要，经济政策是该收还是该缩，这些都需要仔细考虑。面对经济泡沫，我们该如何挤走它呢？我认为应该推动金融自由化以及金融体系改革，在制定紧缩的货币政策的同时，可以进行微刺激以及定向降准。另外，还要推进存款制度的改革，增加货币的流动性。

虚拟经济=金融

国际金融中心城市如何处理实体经济与虚拟经济之间的关系？作为中国历史上最大的制造业中心，上海在迈向国际金融中心的过程中，如何看待实体经济对城市发展的支撑作用？在日益开放的新金融时代，以直接金融为创新形态的虚拟经济，又将在何种程度上塑造上海、长三角乃至全国的实体经济面貌？

在"2013年外滩国际金融峰会"上，就"金融开放下的虚拟与实体经济"话题，中泰信托董事长吴庆斌，罗斯柴尔德中国区主席俞丽萍，上海复星集团副董事长兼首席执行官梁信军，硅谷银行董事长魏高思（Ken Wilcox），东方汇理银行（中国）有限公司主席胡泽进，均瑶集团有限公司总裁王均豪，远大科技集团董事长兼总裁张跃，时任美通无线公司董事长王维嘉参与了讨论。著名主持人王小丫主持了该场论坛。

王小丫：有这样一个说法：一流企业做金融，二流企业做房产，三流企业做市场，四流企业做实业。请各位来对此说法做个评论。

吴庆斌：我去拜访过张跃先生的企业，他的钱只放在银行作存款，没有买成理财，他也没有从银行贷过款，张跃一定是中国最优秀的企业家之一，所以"四流企业做实业"这个说法也不是绝对正确的。张跃先生就是做中国最好的分布式能源的企业家。

俞丽萍：其实是几流企业，不取决于行业。我很敬佩中国的民营企业家，像复星集团这样的民营企业，他们在金融、实业、投资等各个方面都有所涉足。像这样富有创新精神、紧跟国际发展节奏、能审时度势、在各种环境下都能很好地生存并且能取得利益最大化的企业，才是最优

秀的企业。

梁信军： 我觉得一个实业家要想把实业做好，就一定要在供应链上有竞争力。在传统的理解中，产业链就是上下游，就是所谓的实业。但要做好一个实业家，显然还得做好资金链、信息链，也要有人才和物流链的竞争力。从供应链的角度出发，我相信一个好的实业家，必须同时是好的人才专家、好的信息专家、好的融资专家，也必须是好的物流方面的专家。

魏高思： 讲到实体和虚拟，我并不认为它们有这样一种区别。我们公司把重点放在金融创新上面，我们公司的目标就是以最小的投资获得最大程度的创新。在不同的国家，创新都要扮演一个很重要的角色。一个技术公司的早期投入资金占到总资金的2%~3%，但它们的产出则占到了总资金的15%。这是一种非常现实的情况。对我来说，很难来做细区分。

胡泽进： 虚拟经济和实体经济两者之间要有比较好的联系。从虚拟经济的发展当中，实体经济可以获得一些利益，两者可以相互获得一些利益和好处。上海要建国际金融中心，实体经济一定会受益。当然在这方面，我们要有创新，不仅仅是要有一些新的理念，还要在市场上获得更加好的

拓展。另外，一定要做到全球化。

王均豪：我认为，第一，企业家精神是最重要的。第二，国外的百年企业，很多是实体经济和虚拟经济或金融相结合。这就像鱼跟水之间的关系。我也做个白日梦，希望哪天能够进入金融领域，把我的实业跟金融相结合。

张跃：金融也好，房地产也好，都是服务性的，整个社会的物质基础都是基本的。比如，苹果、三星都是用小资源造出大财富，所以几流企业跟行业没有什么关系。尽管前些年流传这样的说法，但如果你改变了这个行业的规则，制定了新标准，那么在大量的创新基础上就能真正具有竞争力。在金融业和地产业，也是创新决定社会地位。因此，任何一个行业都可以做成一流的。

王维嘉：拿钱的人肯定最牛，金融愿意给地产钱，所以地产是第二流，服务业也凑合，制造业利润率低，这是从金融角度分出的几个等级。我是做互联网的，那么互联网是第几级呢？是最低的等级，是不入流。因为互联网企业从诞生的第一天起一直到上市和中国金融没有任何关系。我们经常说我们是"野孩子"，政府不待见，金融也不待见，互联网是在这

样一个不入流的状况下，"野蛮"生长成为中国最有创新力、最深刻改变了中国样貌的行业。

王小丫： 有人说，虚拟经济看来跟实体经济的距离越来越远了，甚至是脱节了，在某些国家虚拟经济可以独立运行，而在其他国家则不能，嘉宾们的观点是什么？

吴庆斌： 2007年，全球虚拟经济达到了顶峰，主要在于全球化衍生品迅速变大，虚拟经济发展蓬勃，这也是导致2008年金融危机最主要的原因。我也一直在研究到底什么是虚拟经济，最后我觉得"钱生钱的买卖"叫作虚拟经济，这是一个最最准确的形容。

虚拟经济经历了多少个阶段呢？第一个阶段就是闲置的钱；第二个阶段是资本化、资本利息化；第三个阶段就形成了证券、债券、股票，进入市场高速流动；第四个阶段就是虚拟经济进入了金融国际化；第五个阶段就是国际金融的集成化。实际上，美国和英国已经进入了第五个阶段。在某些区域和国家，它的虚拟经济可以独立存在，比如瑞士。瑞士很小，只有六七百万人口，基本上靠资本、金融体系来支撑整个国家的运转。纽约和伦敦也基本上是这样。

　　俞丽萍：虚拟经济比例的突发增长不是偶然的，金融过度创新的时候就会出现脱缰的"野马"。其实，虚拟经济和实体经济是同呼吸、共命运的。就像一对孪生兄弟。双胞胎出来会有一种感应和互动，当这种感应和互动出现并行状态时，如双胞胎中的一个生病的时候，另外一个马上也会生病。2007年的过度创新，使得虚拟经济进入了一种非常危险的状态。以我们洛希尔公司为例，为什么它在二百多年的历史中能够非常稳定地生存？因为我们一直专注于自己觉得应该做的金融服务，再进行适当的金融创新，而不会脱离实体经济来发展。耐不住寂寞的企业家会把他的钱投入到高风险的虚拟经济中。这也就是为什么中国的实业耐不住寂寞搞多元化，在整个风险控制中追求高额的利润来把资本移向虚拟经济，从而使中国的经济实体受到很大的侵害。

　　王小丫：现在复星集团也走向一个以投资为主的多元化的企业，梁总的基因里面有没有耐得住寂寞的DNA？

　　梁信军：第一，我想澄清一下，我觉得要看怎么去定义虚拟经济。在某种程度上，如果把工厂等同于实体经济的话，我认为要大大地发展中国的虚拟经济，尤其是服务业，因为服务业不生产实体的商品。在资金的交

易上，在人的交易和流动上，在土地资源、矿产资源，包括技术的交易和交流上，以及在全球化的融入上，我认为我们要走得更远。未来4~6年，中国的服务业将会有一个爆炸性的增长，中国的虚拟经济将会有一个爆炸性的增长，中国上海外滩就是承接这种增长的最好的地方。

第二，过去中国的货币乘数非常高，站在这个角度，也可以说我们金融的比例很高，但我觉得跟过去我们金融的性质有关。过去我们更多的是间接金融，比如在2011年以前，间接金融甚至占81%。将来直接金融的比例会越来越大，2013年1-4月直接金融比例超过53%，我相信这种货币乘数会慢慢下来。

总之，第一，如果虚拟经济等同于金融，我觉得中国会慢慢越来越好。第二，我不认为虚拟经济只是等同于金融，如果跟实体的生产制造企业相对应，虚拟经济更多的应该是服务业，服务业还要大大地发展。

王小丫：现在再来问一下魏高思。你同意他们哪位的看法？您对他们两位的观点会做一个什么样的评价？

魏高思：全球金融危机是在2008年爆发的，这次的危机主要是由虚拟经济引起的。数十年前，一些银行家提供住宅贷款，后来银行之外的很

多其他公司也开始做住宅抵押。但是这些机构或人，并没有经过很好的培训，在这种情况下，他们过度贷款，超过了原有价值的数十倍，甚至于几十倍。同时，投资银行又把这些贷款做成产品，又卖给全球的金融机构，把借款者和给钱人进行了分离。一般借款人，比如美国俄亥俄州的中产阶级或者比较贫穷的阶层，借了这么多钱，实际上他们是没有能力还款的。我认为，美国的金融危机主要是由于这样一些原因造成的。

王小丫：其实，我觉得对于一些金融学家来说，现在有一个特别难为他们的事情——就是他们到哪里都要去解释，金融危机是怎么造成的，不是因为我们，也不是因为虚拟经济的致命弱点，而是因为很多其他原因。其实我比较赞同实体经济和虚拟经济是一对"双胞胎"的观点。现在还是请问一下胡泽进先生，您对虚拟经济与实体经济的比例从5：1到16：1怎么看？

胡泽进：我认为，不能把它们完全割裂开来。上海如果要成为全球的金融中心，实体经济和虚拟经济应当有很好的平衡。一方面要有监管，中国在监管方面做得很好，因此在这方面我是没有担心的。但需要关注的是，怎么样让实体经济很好地利用虚拟经济。我们认为，实体经济的产品在中国很有市场，如果让投资者用一种灵活的方式进行投资的话，这个市场将会有更大的发展。所以，实体经济的发展必须要有一个非常好的氛围或者空间。

另外，讲到中、小企业，它们确实在融资方面比较困难。作为中、小企业家，他们有自己的梦想，但企业要发展也缺不了钱。我认为，首先中国要有很好的专门为他们量身定做的贷款产品，并且还要对风险有很好的控制。在欧洲，向中、小企业贷款的大银行做得都非常不错。在中国，如果要让这些银行对中、小企业进行贷款，就需要有很好的机制，比如贷款利率的恰当调整。在这种情况下，如果做得好，中国的实体经济将会有大的发展，当然也会更好地推动虚拟经济的发展。

王小丫：实体经济和虚拟经济是一对"双胞胎"，本是同根生，互相借力。王总，我们非常概念化地把您现在做的事情称为实体经济，你希望未来拥有怎样的一对"双胞胎"？

王均豪：从我的角度来说，我希望能多元化、多方位。实际上仅追求企业股东利润最大化是不对的，应该考虑到员工、顾客、股东、社会四者之间的平衡。在这个过程中，水里面还是应该有更多的鱼，包括刚才讲的

中、小企业，目前中国的状况是中、小企业贷不到款，银行放不了贷。当然，我们是成长期的"青少年"，成长中有烦恼，但是总理讲到了创新改革，让金融服务业开放，这让我看到了"白日梦"的希望，而且这个希望越来越近了。

王小丫：张跃先生一直是面带微笑，请解读一下您的这个面部表情？

张跃：每个人的兴趣、能力都是不一样的。别人怀疑我建楼能不能成功，我肯定要成功。我为什么要建这种高楼？第一是实用，第二是节地、节能、提供更高的生活质量。

这个楼成本很低，大概是其他楼成本的1/3。但不管怎么样，我自己的钱不够，我18年没有贷过款，别人说现在可能要破戒了，我不想破，这个时候就要考虑要不要有一点虚拟经济。现在有人给我们投资，但没有谈好，采用直接融资的方式可能会比较好。如果第一栋楼建起来了，这样大概160~220层的楼我们每年还要建几栋，这个时候可能需要一种基金来支持。我们在全国、在世界上建那么几栋，让大家改变一下对城市的观念——现在这种不断占用土地、巨额消耗能源的方式不能继续下去了。

王小丫：所以你终于结束了18年不贷款的历史。

张跃：这个项目我还是不贷款，而是直接融资。

王小丫：刚才王总说您是个不招人待见的"野孩子"，但我想您内心一定渴望听到一句话："让暴风雨来得更猛烈一些吧！"

王维嘉：互联网发展最快的时候，就是没人管的时候。所以我希望我的梦想是永远不被待见。硅谷代表团一来，我们就经常问，硅谷有什么优惠政策吗？其实什么优惠政策都没有，只要严格按照法律办事就可以了，企业家根本不在乎你返几个点，有什么优惠政策。所以互联网长大以后，政府的作用就是控制，这样创新型产业一定能起来。

最近，关于金融互联网化或互联网金融有很多争议，是不是一个企业用了互联网就变成互联网金融了？显然不是。每个银行都用互联网，如果把信息不对称消除、交易成本降低，这种定义就非常模糊。对我们来讲，什么叫互联网金融？其实，就一个标准。即当企业业务规模扩张的时候，你是增加人还是增加服务器？增加人的，就是传统企业；增加服务器的，就是互联网模式。很简单，Google就是不断地增加服务器，现在有200万台；盛大做游戏，就是不断地增加客服。今天上午阿里小贷在讲，他们现在就是完全用数据分析的方法；而现在很多做P2P（Peer to Peer，个人对个人）的所谓互联网小贷公司，最后遇到风险问题，就雇一帮人做客户调查，业务增大了以后成本就要增加。所以互联网金融有着非常大的潜力。

服务业真的不能叫作虚拟经济，像美国GDP的50%以上都是服务业贡献的，实际上就是实体经济。800万亿元应该是金融交易量，特别是有杠杆的交易量，如果虚拟的量太大，就等于挂了空挡，车子不向前走，而企业家需要挂一个合适的档。

王小丫：今天我们在这里探讨虚拟经济和实体经济，嘉宾们用一个辩论的方式给我们梳理了很多概念，如金融资本的运作、金融服务的提升、虚拟经济与实体经济的关系。我们把这些概念搞清楚之后，可能会对每一个人的企业都有一些指点或启发。

"金融蓝海"在哪里

"金融蓝海"的诞生，总是伴随着一轮又一轮的金融创新和技术进步。互联网变革和愈来愈全球化的金融市场正在催生着新的机会，从互联网金融到新型衍生产品，上海国际金融中心建设的"蓝海"会在哪里？作为上海外滩金融聚集带的历史延续和创新，外滩金融的"蓝海"又在哪里？

在"2013年外滩国际金融峰会"上，就"金融蓝海"的问题，怡和中国公司主席许立庆、时任瑞士信贷大中华区首席执行官张利平、时任海通证券首席经济学家李迅雷、信中利资本董事长汪潮涌、阿里小微金融服务集团创新事业群总裁胡晓明、云锋基金主席虞锋、Artemis集团中国首席代表 Gwenn Delamai、时任 UBS 董事总经理赵驹等嘉宾进行了深入讨论。时任首创集团董事长刘晓光先生主持了该场讨论。

刘晓光： 这次我们讨论的主题是"金融蓝海"，互联网、全球化的金融市场和新的市场机会对"金融蓝海"的影响，以及"金融蓝海"在哪里等问题。

中国政府在2013年体制改革目标中，提出加快利率市场化的进程。近两年，国内利率市场化发展又较快，而影子银行的发展为助推利率市场化进程又起了很大作用。请问许立庆先生，如果下一步监管机构整顿影子银行，是否会影响利率市场化的进程？同时，进一步改革中是否应该迅速放开存款利率？

许立庆： 我们都认为金融市场非常重要，因为金融行业是分配资金的主要行业。国内利率尤其是存款利率仍然受控制和管制，其主要目的是希

望维持金融业的稳定。这样的稳定其实是假象，假如每个行业都可以屹立不倒，那么就不存在真正的市场机制，也不会产生市场行为。在这种情况下，如何维持金融业稳定？我个人的看法是要保障大多数存款者的稳定，而不是保证从业者的稳定。

要建立起存款保险，使绝大多数存款人得到存款保障，让相对弱势的小额存款人受到保障，利用银行等金融行业助推或倒逼市场，只有这样才能完成真正意义上的利率自由化、银行竞争的市场化，影子银行的问题也会随之解决。近年来，影子银行发展飞速，资金总额从几年前的几千亿元增长到现在的十万亿元、二十万亿元，其出现的原因是金融资本分配扭曲，存款利率被控制。

刘晓光：张利平先生，在现代国际金融环境下，在进行利率市场化改革时，中国是否也存在着如果与国际保持一致进行降息，汇率也会相应贬值的问题？

张利平：我不是国内商业银行系统的专家，但据我仅有的一点了解，中国的利率主要由央行确定。但我相信未来中国的利率一定会开放，现在央行和一些专家已经在呼吁放开利率，给予各个银行自我调节的权限

和幅度。

目前探讨金融中心有三个大环境：第一，互联网突飞猛进；第二，国际金融危机；第三，中国国有企业垄断。为什么互联网和金融创新相关联？因为互联网的突飞猛进使互联网成为一个金融平台，其在全球，尤其在中国的金融服务中，越来越凸显其重要的作用。比如移动支付，移动支付在未来是传统银行所面临的重大挑战，这个创新使得中国传统的金融行业不得不思考自己的出路。

另外，国际金融危机后，整个传统商业银行和投资银行的业务结构已经发生了变化。以前，传统投资银行的盈利主要来自于自营业务。但在国际金融危机以后，国际上大部分国家的监管机构已不允许投资银行用资本金作为主要盈利的手段，所以国际大投行就要考虑新的模式。商业银行和投资银行的结合是一个创新手段，另外，中国民间银行市场的崛起也是一个创新。这三个背景下的全球和中国的金融创新就是"蓝海"。

刘晓光：李迅雷先生，从证券行业来看，您认为上海下一步的"金融蓝海"在哪里？

李迅雷：上海作为中国的金融中心，有望成为全球金融中心。上海的证券行业总部辐射全国，且随着网络金融的发展，距离不再是问题，我们将不再局限于一个区域内发展金融业务。目前，网络金融对证券业的冲击巨大。马明哲讲过："银行是躺着挣钱，证券是坐着挣钱，保险是跑着挣钱的。"但有了互联网之后，这一切都改变了。以前券商70%~80%的收入来自经纪业务、通道业务，而现在这一收入比例降到了30%左右。今后，经纪业务应该是最没有前景的，这是证券行业未来发展的第一个趋势。

证券行业未来发展的第二个趋势是，证券行业若仅做证券业务，其金融服务范围就会异常狭窄，因此我们需要更多的合作，且随着网络金融的发展，混业化趋势也越来越明显。所以我们现在跟银行、保险的合作也越来越频繁，只有这样，我们对客户的服务才能更加多样化。

证券行业未来发展的第三个趋势是，在信息服务上，原本的信息服务只是独享、垄断收入，但随着市场越来越开放，我们需要从上、下游寻找到更多的合作，甚至金融业也将会与商业、零售业绑在一起。

证券行业未来发展的第四个趋势是，财富管理。中国人的财富配置存在着很大的问题，房地产在资产配置中比重过大。由于房地产的流动性较差，因此一旦发生风险，其对财富的损失也将难以估算。中国的证券业要想发展，上海要想成为国际金融中心，资本市场就必须开放，我们应该让中国的投资者在全球配置资产。

刘晓光：汪总，中国目前的资本项目下开放，是不是一个恰当的时机？

汪潮涌：人民币资本项目下可兑换，是亚洲金融危机后的一个热点问题。中国金融市场有惊无险地度过了2008年的金融危机，这跟中国的人民币没有实现资本项目下的完全兑换有很密切的关系。放开的时间表能否一直延续下去？作为一个金融行业的从业者，站在第三方的角度来观察，我觉得人民币的资本项目下自由兑换是大势所趋，但是需要分阶段进行，不能一蹴而就。因为3万多亿美元的外汇储备，对中国来讲，就像一个堰塞湖，这个池子开口的大小决定其所带来的风险大小。中国资本项目下的开放应是有序的、逐步的、有节制的。因此我们应从小的角度试水，一旦出现了重大风险，还可通过政策措施进行调控。

刘晓光：胡晓明先生，互联网技术与金融的高度结合是不是"上海蓝海"战略的重要内容？

胡晓明：互联网和金融有两种不同的组合方式：第一个是互联网金融，第二个是金融互联网。在我们看来，互联网金融就是数据金融。为什么大家对互联网金融如此感兴趣？因为它带来了一些革命性的变化。

很多企业家都在谈金融的天要变了，什么是变天了？2020年后，这个市场会发生什么变化？我认为有以下四个变化。第一，数据。随着大数据时代的到来，可以优化配置、提高效率。第二，互联网变得无处不在，特别是移动支付的应用。第三，年轻人的消费，特别是90后人群的消费和中产阶级对财富的保值、增值，将成为炙手可热的金融需求。第四，接下来的10年，小微企业只会增长，不会减少，这其中也蕴藏着很多机遇。

互联网金融是一片"蓝海"，阿里巴巴平台跟金融机构也并非竞争关系。阿里巴巴平台上有将近150家银行为他们的客户提供支付服务，其本身只是作为一个平台提供者，与这些金融机构共生共存，相互依赖，共同前进。这是我们所看到的互联网金融的"蓝海"，可以称之为"生

态体系"。

刘晓光：从网络银行的角度来说，下一步是否存在金融牌照管制的问题？

胡晓明：这个问题比较大。今天对互联网来说是一个崭新的时机，对政府、监管部门同样如此，我们需要的不是政府补贴或是更多优惠，而是一个对包容性创新给予鼓励的政策，可以在创新"不闯祸"的基础上，给予我们更多试错的机会。

刘晓光：也就是不需要政府的审批？

胡晓明：需要政府审批，但政府需要在包容性创新机制上更开放。

刘晓光：虞锋先生，您认为以往的Pre-IPO（Pre-Initial Public Offering，在首次公开募投之前）投资模式还有可能持续吗？

虞锋：我认为，肯定不能持续。中国市场跟美国市场差别最大的地方就是，所有中国企业的唯一出口就是IPO，现在这一状况已经无以为继。另外，这对所有投资者来说也是一个良机。投资者在投资一个企业时，就会更加关注企业本身能否持续成长，这会给资本市场带来非常积极向上的东西。

刘晓光： 在这片"金融蓝海"下，基金和基金管理的运行模式会有什么变化？

虞锋： "金融蓝海"尤其对于上海的"金融蓝海"来说，我们所看到的商机，一个是科技和资本的结合。对中国来说，在移动互联网时代、数据时代，我们的意识和学习能力与美国站在了同一起跑线上，科技和资本的结合将会是一片巨大的"蓝海"。另一个是中国人富裕起来之后，财富需要管理。当前，中国人积极投资房地产、股票市场，在全世界买东西，导致艺术品、红酒价格全部暴涨，完全跟价值脱离。这一现象说明，一方面，中国人确实需求旺盛；另一方面，我们的财富真的没有出路。这对我们来说，就是一片"蓝海"。

Gwenn Delamai： Artemis公司其实是做投资的。我们创始人的愿景是，不仅仅做大公司背后的股东，而且还要有一个灵活的架构来做投资，要以开放的心态来做投资。我们会关注不同细分的市场，也会关注不同的地理区域，我们的整个投资组合目前是多元化的。

整个金融行业的创新，其实需要金融环境具备极高的成熟度，能够让我们开始营商做业务。目前，很多国际集团已经具备成熟的生态系统，

同时，在成熟的金融环境下，我们也会使用新的工具，用审慎的态度关注并充分了解新的衍生物或者新产品，我们希望用长远的投资视角充分利用一切。

刘晓光： 赵驹先生，您认为上海"金融蓝海"战略中应该重点发展哪些领域？

赵驹： 我们这些国外金融机构拥有成熟的技术，只要能够在中国市场中坚持下去，"蓝海战略"就能够有所收获。这些年，因为受到国内金融环境，以及可操作产品减少等方面的影响，境外金融机构的团队人数越来越少，我们也从原来的雄心勃勃，希望在各个领域比如金融衍生品领域、交易领域做更多的事情，发展到策略逐步收缩的阶段，在国内与证券行业竞争，在境外与投行竞争总会觉得心有余而力不足。

刘晓光： "金融蓝海"在哪里？最后的结论是：一方面在于迅速发展的互联网技术与金融的结合；另一方面在于不断创新的金融管道、金融工具和金融产品。

股市大猜想

中国股市目前成为仅次于美国的全球第二大股票市场，但极端震荡仍是中国股市的典型特征，从涨停到跌停，过山车般大起大落，令人咋舌。中国股市为何如此不稳定？究竟是谁推动了暴涨和暴跌？股市是否需要"拯救"？

在"2015亚布力中国企业家论坛夏季高峰会"上，嘉宾们针对本次股市所产生的震荡，以及对股市未来的走向进行了深入探讨。参与讨论的嘉宾有黑石集团大中华区主席张利平，诺亚财富创始人、董事局主席兼CEO汪静波，天明集团董事长姜明，上海景林资产管理有限公司董事长蒋锦志，中国国际金融股份有限公司董事总经理陈镳，大成基金执委会主席、党委书记周健男，安徽长江徽银金融集团总裁孟凡安。本场论坛的主持人是正略集团创始人、董事长赵民。

赵民：我想向各位嘉宾提出第一个问题，面对此次的股市震荡，大家有何看法？

张利平：由于我有海外工作的经验，我想从海外的角度阐述一下我是如何看待此次国内股市大震荡的。第一点，这次内地股市的大震动，我个人认为是中国经济结构性调整当中的一个插曲，这确实给中国的经济和财富带来了影响。

第二点，此次股市震动所造成的损失可以看作是为中国资本市场发展交的学费。在参加这次论坛之前，我阅读了很多资料，从海外很多文章中可以看到投行的经济学家以及股市分析家对此次中国大陆股市震荡的一些看法。他们的意见基本是一致的：首先，中国股市的发展时间非常短，还处于"婴儿时期";其次,中国股市的结构不成熟,70%是散户,30%是机构,结构很单一、很透明。散户较多的投资市场容易受到"羊群效应"的影响,"羊群效应"会导致股市的下跌。

机构投资者当中很多是场外的配置,由于网络的发展,股市中在场外配置的杠杆非常巨大,这也表明中国在发展资本市场的过程中,监管方面仍有不足之处。从海外角度来说,既然一个市场已经建立了,就应该允许买家和卖家共同进行这场"游戏"。

第三点,面对此次股市震荡,大家都在探讨中国政府应不应该出手管理。我认为这次中国政府出手是及时的,而且是必要的。因为中国有大量散户进入股市,老百姓将原本存入银行的钱转移到股市,将地产领域赚到的钱也搬到股市。如果股市不加节制地走下坡路,老百姓的个人资产、效益将会变成负资产,这将导致社会的不稳定,任何国家政府在这种情况下都会出手管理的。但是由于中国资本市场的发展时间较短,管理手段也许并不成熟,但这些都是我们必须经历的成长过程。

汪静波:我们公司是面对个人客户、散户的,我认为此次股市的震荡从某个角度来看未必是一件坏事。股市震荡前的五个月,我们能够感受到个人投资者的疯狂,他们将大部分资产投到股市里,每个人都认为自己是"专家"。我认为危机是催化剂,如果没有市场波动,很难从机构投资者市场中得以转变。

如今互联网金融大潮来袭,很多做互联网金融的人都是曾经做互联网出身,我认为无论是何出身,只要做金融,核心始终是风险控制的能力。我对中国长期的经济发展很有信心,中国已经摒弃了靠关系赚钱的时代,进入了靠专业赚钱的时代。我认为此次股市的震荡是必须要经历的,而且越早经历震荡，中国经济发展的长期风险就越小。是否需要救市呢？答案是肯定的，但是救得太快了，应该再慢一点，应该让个人投资者们跌得再惨一点，否则不能让个人投资者获得深刻的经验教训。假如股市震荡能够持续更长时间的话，也许对于资本市场的健康发展更有利。

陈镔：中国股市的环境包含三方：供给方、监管方、需求方。中国股市在长期发展过程中形成了一些问题，这些问题在此次股市危机中集中爆发了出来。我希望危机可以转化为契机，让我们看清问题，更好地发展。从中国股市的需求方角度来讲，中国居民的资产配置在股市方面的占比与美国相比还是比较少的。但是中国股民存在着结构性问题。中国的大部分股民没有通过专业机构来进行资产配置，每个人都认定自己是"专家"。此次股市震荡就展现出了这个问题，即有大量散户存在的股市市场是不稳定的。

需求方存在的问题在一定程度上将导致监管方面的问题。中国股市的监管机构像"保姆"，对很多问题的规定、审核做得非常细致。在股市好的时候，监管方积极推动各项改革以及一些市场的调整等。我认为一个好的监管方式是在宏观方面进行制度的设计，弥补漏洞，并加强事故后的监管、追责、处罚等工作。

我所在的中金公司是从事投资银行业务的，作为供给方我们也存在问题。在如今的市场及监管环境下，我们应该把重心放在如何将股票做到合规、合要求，而不是把重心放在如何出售股票上面。中金公司在国内、国外都发行股票，在国外市场，我们更看重的是股票的可销售性；而在国内市场，我们则主要关注股票的瑕疵有多少。如果是一只优质公司的股票，该股票在市场上很受欢迎，但是瑕疵多，我们是不敢发行、也不愿意发行的。这种情况导致了紧张的供给和需求关系，这种事前的强监管导致证券公司推出的股票并不一定受欢迎，但是它也能够售出，因为国内需求较大，股票的销售不是问题。

经过此次股市的调整，我们希望在未来的发展中，由需求带来的监管方面的包袱，以及事前强监管对供给方在股票质量方面的不良影响在将来都能得到调整，纠正原来的误判，形成一个新的良性机制。

周健男：作为一个机构投资者，在这一轮的牛市和随后的波动过程中，我们感触确实很多。我认为最大的问题不在于价格的波动和变化，而在于当出现急剧下跌情况的时候，整个市场缺少流动性。2015年6月12日股市市场见顶，达到5170多点，随后从15日开始一路下跌，到7月9日达到阶段性的低点，即3300多点，这期间只用了不到一个月的时间。令我印象最为深刻的是，7月8日星期三，由于市场缺乏流动性，那天对我们来说是最惨烈的。7月8日当天，全市场一共有2780只股票，其中停牌的有1316支，占了47%；跌停的一共有917支，占了33%；一共有80%的股票是缺乏流动性的，随即我和同事们一起开会，探讨如何应对这个危机。

如果7月8日当天有大量赎回的话，对于我们的公募基金来说，挑战是很大的。在现有的制度安排下，我们无法到银行做同业拆解，我们只有靠卖掉手里的股票来减少损失，但是我们手里的股票只有20%能出售。流动性的问题对我们来说确实构成了极大的挑战，它是交易制度里面最为严重的问题。

赵民：对公募基金来说，重点不在于股价多少，而在于是否有充足的流动性。接下来，我们听听孟总是如何面对流动性的危机的。

孟凡安：如今股价多少只能靠猜，没有其他办法。我在银行业从业31年，因此我的主要业务不在资本市场。银行很关注市场上面的两个问题：风险控制和流动性。我认为这次股市出现较大波动，其主要原因是流动性出了问题。流动性的问题不仅出现在资本市场，银行、企业以及个人都需要高度重视这个问题。如果个人出现流动性问题，那就意味着我们将要破产。

我认为，本次股市波动中存在的问题主要表现在以下三个方面。

第一，股市当中存在很多场外配资，大家可以看一下股市每天的走势图，基本上都是在尾盘跳水。尾盘都是场外配资，到止损线的时候强制平仓，所以导致股市急速跳水。我认为随着民间金融的发展，大家对场外配资采取了比较开放的态度。

第二，刚才张利平先生讲到了"羊群效应"，我认为很有道理。股市有点像众筹，股市里面存在大量的"粉丝"，这些"粉丝"很信任股评家。股评家提到哪只股票会涨，大家就都去买哪只股票，这只股票就一定涨。股评家讲哪只股票会跌，"粉丝"们就赶快卖，所以这只股票一定会跌。

第三，股民的心态对股市的影响也是很大的，我们国家的资本市场中70%的投资者是散户，这些散户当中大部分人是不懂得该如何投资的，他们能做的往往是跟风。股市好的时候，大家蜂拥而上；而在形势不好的时候，大家会疯狂抛售。

姜明：我原本是做企业的，刚刚转型做投资。中国股市发展时间较短，这就像小孩学走路，总会经历曲折。因此股市波动有利于我们吃一堑长一智，也更有利于信息的公开和透明。中国股市为何不稳定？我认为股市的不稳定是由于"中国特色"导致的。"中国特色"存在六个特点：其一，股市制度的设计具有"中国特色"；其二，监管部门的监管水平具有"中国特色"；其三，中国的投资结构以散户为主；其四，中国人存在"赌"文化，吴敬琏曾说，中国股市就是一个大的赌场；其五，现阶段股民心态浮躁；其六，中国股市发展时间较短，对风险的防范和控制能力略显薄弱。

那么，是什么推动了股市的暴涨

和暴跌？我个人认为原因如下：第一，市场本身的自我驱动；第二，政策是"导火索"，关于流动性的政策，以及配资的政策都是"导火索"；第三，杠杆加速器的催化，也与去杠杆的平仓有关系。股市是否需要拯救？我认为在中国这个环境下是需要救市的。从2015年6月12日开始，股市从5000多点一直跌到2000多点，跌幅达到44.95%，接近45%，所以救市是必需的。中国的资本市场发展时间较短，我们对资本市场的驾驭还不能够做到轻松自如，我们经验不足，仍需要学习。但我个人始终看好中国经济，也看好资本市场。

现在的大众创业、万众创新不仅能够解决就业问题，而且更可以调整经济解构，它可以促使中国经济由"中国制造"向"中国创造"转变。过去的10年如果说是地产的时代，那么未来10年将是股权投资的时代。

赵民：我跟姜明董事长已经认识很长时间了。我认识他的时候他是在投资集团公司做房地产，现在又转向资本市场。他清晰地知道过去10年是房地产的时代，而未来的10年是属于资本市场、股权的时代，所以投资房地产不如投资股权。有请下一位嘉宾发言。

蒋锦志：我想谈一下对这次股市大跌和救市的看法。世界上很多东西都是相通的，人性的东西也是相通的，有时候你读懂了人性就读懂了市场。刚才大家的谈话中说到中国的股市是大涨大跌，其实美国纳斯达克曾经从5000多点跌到1000多点，这个跌幅比中国的股市要大得多，只是我们这次的时间周期比较短。大部分人只看到了国内股市，其实香港市场跌的也很多，而且香港很多股票一天能跌30%、40%。所以放眼全球，股票涨跌这种现象有时候是市场高度投机的反映，人类的贪婪和恐惧行为一直都

存在，这时，专业机构对市场的重要性就显现出来了。

中国股市与世界其他国家的股市相比，散户的交易量比较大，散户的占比为70%以上，有时候交易额能占到80%以上。中国的"赌"文化深入人心，澳门的赌场比拉斯维加斯的赌场大很多倍，人们存在"赌博"心理的时候，人性往往被加倍放大，这将导致人们在股市当中表现得不够理智。这与中国原来的证券市场制度性的设计有关。比如涨跌停板的制度，它是助涨、助跌的制度，有很多人利用这个制度，期盼股票大涨。

这次股市危机暴露出一些制度对流动性的限制。在香港，股市在一天内跌30%、40%，两天内跌80%。香港的基金公司对此并不感到担心。因为香港的散户面对长期下跌的股市可以选择在自己承受不住且股市继续下跌的时候赎回基金。但内地涨跌停板的设计限制了股票的流动性，令散户无法赎回，这对市场流动性的限制很大。

此次股市危机暴露出的第二个有关制度层面的不足是：在国际市场和中国香港市场上都有市场的自我稳定机制。如果市场没有自我调节机制，必然会出现暴涨暴跌的情况。中国香港股市和美国股市在这方面就很有制度保障。比如中国香港和美国的上市公司，他们通过董事会讨论后，就可以决定发行股票，并且在股票下跌时可以选择回购股票。在回购股票方面，中国内地虽然有鼓励政策，但是从制度上对回购的数量有规定。例如回购数量超过5%就要停止回购，且半年之内不能交易，这就影响了股民回购股票的积极性。制度如何能够激发市场的自我调节能力，这是制定制度时需要解决的问题。

中国股市的特点导致中、小板股票的估值在世界范围内比较高，内地股市在5000多点的时候，创业板是100多倍市盈率、10倍的市净率，与美国纳斯达克5000多点的时候估值差不多，且比日本还高。在股市暴跌前，我与汪静波女士就探讨过，我们认为中、小板股票的下跌是必然的事情，因为它的价格高得离谱了，这种状态是不可持续的。股市这几年一直都是高杠杆，这与互联网金融没有得到很好的监管有关。很多做PE（Private Equity，私募股权投资）、VC（Venture Capital，风险投资）的人都是互联网出身，他们认为涨跌停板10%的时候，需要用8倍的杠杆平仓。但是，他们没想到10%是没量的，无法实现平仓。这就导致行业内总是出现高估值加上高杠杆的现象，股票下跌的时候自然会产生"多米诺骨牌"的效应，会一路持续下跌。

许多国家的股票市场在流动性出现问题时政府都有救市的先例。美国就曾在2008年采取过救市的举动，但是它救的不是市场，而是金融机构。香港在1998年有过汇率股市的"保卫战"，后来还挣了很多钱。我认为在市场流动性有问题的时候，国家肯定是要出面的。作为市场监管机构，应该按照党的十八届三中全会所述的："让市场自我配置。"比如IPO怎样尽快放开，让上市公司定项增发更自由，涨跌停板制度也可以继续探讨，让市场发挥主流配置作用。我认为如果这些制度能够更加完善、更加适用于现有市场，那么中国证券市场内在的稳定机制就诞生了，整个市场未来暴涨、暴跌的情况就会有所减少。但是涨过头与跌过头这种情况会一直存在，这是人性的贪婪和恐惧造成的。

赵民： 听完蒋总的发言我想提一个问题，内地的股市"赌场"大，还是澳门的股市"赌场"大？股市"赌场"最大的赢家是谁？

蒋锦志： 这个问题需要考虑是从长期角度还是短期角度看待股市赢家。如果你在此次股市危机前去做统计，就会发现没炒过股的比炒过股的挣钱多，炒一两年股的比炒六七年股的挣钱多，这是大概率事件。这要看你从怎样的时间点来看待这个问题了。如果从五年、十年这样的长时间来看，肯定是炒股时间越长的人赚钱越多。所以从长期角度来说，散户的消失和散户比例的降低将是必然趋势。

赵民： 今天七位嘉宾对我提出的第一个问题都发表了意见。看看听

众朋友们，对于刚才七位老总所谈的观点，有没有想要提问的？

钟玉： 我是康德投资集团董事长，也是上市集团公司康德新的董事长钟玉。这次我们经历了股市的两次大振荡，2015年7月股票暴跌，我们不得不停牌，我的投资人让我平仓。从8月21~25日，股价跌了30％，比7月的时候跌得还狠，我们不得不采取一些措施挽救。在座参与讨论的嘉宾们都是股票方面的专家，我想向大家提一个问题，希望你们能猜一猜股票的整个走势，以及2015年和2016年股票的走势。我听到的关于股票走势的谈论有三种：第一种，中国股市从此走向熊市；第二种，股市稳定向上，在熊市中振荡，不会再出现暴跌和恐慌了；第三种，股市从熊市逐步走向慢牛，2016年市场会一片大好。

张利平： 这次中国股市的震荡，对国际资本市场和国外投资者来说存在两个负面的影响：第一，国际市场对中国金融市场和资本市场发展的信誉产生疑问；第二，中国政府在救市过程当中运用的手段不够成熟，国际上认为金融市场上最基本的合同精神受到了极大的损害，这可能会推迟中国资本市场发展的步伐。中国目前向世界银行争取人民币作为特别提款权，股市的震荡对此将带来负面影响。

中国的监管部门目前在积极采取措施，同时也在反省，想从中吸取教训，也许会重新修订中国资本市场的"游戏规则"。我最担心的就是由于这次股市的波动，制度的修改会使中国资本市场的"游戏规则"倒退发展。我认为监管当局在吸取教训的同时不应该倒退，而应该坚定不移地往前走。因为中国经济作为世界第二大经济实体，已经成为国际经济重要的组成部分，所以中国金融市场必须配合中国实体经济走向全球。作为全球化的第二大实体经济的扮演者，股市作为支撑中国经济发展的重要部分，这个为中国经济注入新鲜"血液"的系统应该保持完善，并且勇往直前，更加开放。中国企业在以往的发展过程中迈出的第一步是从传统银行借款，现在中国企业不仅可以从银行借款，还可以从股市筹款，这是比从银行借款更容易的资本积累平台，我们应该让这个平台更完善地发展。

中国股市从2015年6月中旬暴跌到现在，已经跌了40％左右。但是中国股市的平均市盈率仍然是世界证券市场中最高的，市盈率平均为50倍。美国由于最近经济情况较好，所以美国市场的平均市盈率在20倍左右，这已经是市盈率偏高的情况了，正常的市场市盈率是15倍左右。股市的稳定依靠上市公司的利润支撑，如果宏观经济不好，企业的业绩也就不会很好；如果说好，那一定是造假。在这个逻辑下，如果股市能够维持高收益率，就要求企业的利润必须高。

我认为大家对股市前景的看法仍比较保守，中国经济在30年高速发展后，发展速度放缓一点是正常的，企业利润在高速增长后，脚步放缓也是正常的。我相信中国政府将针对股市流动性问题做出正确的决策，并会在市场极度不稳定的时候出手维护市场稳定。中国有着巨大的外汇储备——3.7万亿美元的储备，因此我们有足够的"子弹"能够维持中国股市的良好运转。但是作为股市的参与者，大家要有清醒和聪明的头脑，要清晰地认识股市，并能够思考如何从股市当中得到回报。如果在市场价格过高时，你参与进去一定会受损，所以我认为大家还是谨慎为好。

汪静波：钟玉先生提出的问题挺难回答的。公司本身的业绩很重要。比如，目前在创业板上市的公司估值都很高，但是很多公司确实表现出良好的业绩。假如社会的创业环境越来越好，很多年轻人投身创业，中国股市资本市场基本面提升了，那创业板必然就有发展。假如股市仍然是依靠传统的房地产业、制造业来支撑，那么创业板就很难发展起来。

我们也是一家上市公司，股票也跌到过一个很低的价格，但我们从来没有认为这是一个危机，需要停牌。实际上市场中存在很多杠杆，如果没有杠杆，对股东来讲也不存在危险。所以我不知道为什么有的公司会选择停牌，其实他们还是融资了，然后被平仓了。

汪静波

陈镔：我先回答钟玉先生的提问，我认为目前股市的走向应该选择第三个选项：从熊市逐渐走向慢牛，2016年形势一片大好。在短期的股票市场中，政策方面可能还会有进一步的调整。在这种调整下，我们希望监管机构能够继续向前，解决以前积累的问题。在监管方面，特别是在一些市场结构性、制度性建设方面取得进步，随后市场才能够向更高的指数发展。我相信从长期来看，市场将会越来越好。

周健男：如果看短期市场的话，从买卖二级市场股票的角度来看钟总这个问题是有意义的，但是从短期来看回答这个问题的必要性不是太大。我认为不要把股市跟赌场做比较。现在的资本市场确实存在诸多问题需要我们去解决，但是资本市场对实体经济的支持作用已经体现出来了。钟玉董事长的企业实际上就是非常典型的代表。他的公司从几十亿元的市值增长到六百亿元的市值，而且可能还要进军千亿元的市值，他们公司就是通过资本市场这个平台逐渐壮大起来的。其实我们发展资本市场，就是希望中国有更多的企业能够在这个平台上发展壮大，从而引领中国经济迈向新的台阶，而且资本市场还给大家提供了一个很好的法治建设环境。

在30年的经济发展过程中，资本市场当中的法治建设是做得最好的，它的规则体系建立得比较完备，比其他方面的市场更为透明。虽然资本市场的发展比其他市场更加完备，但是也存在着诸多问题，我们建设市场的任务也很重。但是反过来看，咱们的潜力也是非常大的。我可以用两个字来回答钟玉董事长的问题，那就是"信心"二字。即使股市明天还会继续下跌，我们也不要恐慌。我常与我们公司的基金经理聊天：如果明天地震，我们无法躲避的话，我们今天晚上该怎么办？我们应该跳舞、喝酒，用乐观的态度面对不确定性。因为未来的不确定性太大了，波折与起伏都是再正常不过的事情了。因此，我们应该乐观地、努力地发展资本市场，将资本市场支撑实体经济的作用发挥到最大化。我们要相信中国共产党的执政能力，也应该相信监管部门以及市场人士的智慧。有了大家的智慧，我相信中国的资本市场肯定会越来越好。

赵民：我们请坐在后面的嘉宾也来就刚才的讨论发表一下意见。

武克钢：我在很久之前就预估过股市能够涨到5000点、6000点，当时的经济改革股是将房地产行业作为一个大资金池，但是房地产业的股票如今不能再继续上涨了，不然不利于实体企业的发展，因此我们就需要更大的资金池。这个资金池肯定会比房地产行业的资金池大，但是很多人都忽略了房地产业有实实在在的砖瓦石料，这种实体物质会让老百姓投资起来比较放心。资金池超过了几百倍的市盈率，这种情况下有很多人说这是改革股，是红利股，随后很多人都涌入股市，实际上这种情况跟实业企业没关系。

我最近发现有一批80后、90后的孩子，他们就像是股市里面的一批"游击队员"，能够看到股市中庄家的底牌。看不清底牌的时候，身在股市里的人往往赢了不许走，输了必须认栽。股市在3500~3800点时，这批小孩看见低点就抄底，他们赚到利润就走，发了大财。看来能够看清股市底牌的人，才可以在股市这个大赌场中获得收益。

股市如果没有一个较为稳定的规矩来约束行为的话，我是很难投入很多的。因为一件太没规矩的事情，往往太不可思议。对于今天这个"股市大猜想"的题目，我认为如果能够建立起一个符合人类有股市文明以来的基本规则，那我们才可以进行猜想；如果不建立这么一套稳定的规则，那我们的猜想就只能是幻想。

孟凡安：对于钟董事长提出的问题，我认为从短期来讲股市会稳定向上，会出现熊市震荡，不会再出现恐慌；而从长期角度来看，股市将从熊市走向慢牛，2016年股市形势将一片大好。结合刚才武克钢先生的发言，我也认为股市需要底牌，这样短期内市场才不会出现恐慌；但从长期来看，随着中国经济触底反弹、中国资本市场进一步的规范，我想股市一定会朝好的方向发展。

我认为实体经济要发展很简单，就是要依靠降息。降低企业财富成本，很多企业都是被民间融资给压垮的，因为他们无法从银行融资。他们把高利贷当成最后的"救命稻草"，结果却是"丧命草"。银行的资金流向哪里了？它们通过各种渠道进入了资本市场。

我在银行工作了31年，对银行的业务比较有经验。我认为现在投资股票不如投资银行的理财产品获益稳定。股市暴跌后，股民们只好认栽。银行理财产品绝对不是刚性兑付，但是它会比股市的损失小很多。银行理财产品的合约后面加了一个条款，那个条款的字迹写得极端小，写的是：投资有风险，入市需谨慎。购买理财产品的投资人很狡猾，在他们产生损失的时候，他们会说条款里最后一条字体太小我看不清楚，因为我眼睛不好。而银行不会因为投资人的这个理由就赔偿他的损失。投资人如果状告银行，他们会提出给政府打电话、上访，说买了某种理财产品吃亏了，那应急办就给银监局打电话，银监局就会给银行打电话，银行就会给行长打电话，一层一层地处理此事。银行可能会派客户经理到投资人家里拜访，带点礼品，其实就是为了把投资人的损失补回去，安抚他们别闹事。所以银行理财产品虽然不是刚性兑付，但是实际上可以做到刚性兑付，因此我更倾向于推荐大家去购买银行的理财产品。

姜明：我比较赞成孟总的观点。股市在短期内会稳定上升，但是不排除会出现熊市震荡。我认为短期内应该是4个月左右，股市的现状就是这样；从中长期来看，股市会逐渐走向慢牛，形势应该较为乐观，一年以后都会维持这一状态。

蒋锦志：在回答钟总的问题之前，我先给大家汇报几个数字吧，我认为有时候问题的结论不一定重要，而推理的过程更为重要。刚才大家谈论到了估值的问题，现在中国股市沪深300指数是11.7倍，PB（Price to Bookratio，市净率）是11.6倍，市盈率是11.7倍。大家都担心银行不良资产多，而且银行在A股的市值权重也比较大，如果把银行的偏差扣掉，沪深300指数是6倍，PB大概是2倍左右。创业板是60倍，中小板是31倍。美国标普的估值是17倍左右，欧洲为16倍左右，美国PB是2.6倍，欧洲的是1.7倍。所以从这个估值来看，很多人对中国GDP的数据存在争议。上市公司的盈利数据相对来说可靠一些，上市公司的股东回报率，中国沪深300指数的ROE（Rate of Return on Common Stockholders' Equity，净资产收益率）是15％，美国也是15％左右。透过这些指标来看，其实沪深300指数与全球比较是相差不多的，这些指数加上了银行的数据，若除掉银行估值会低很多。

我们看香港恒生指数H股，700左右的市盈率、1倍左右的净资产，PB的数值几乎创下了2008年以来的新低。所以从这个角度来看，我认为这次股市大跌以后，很多有质量的公司、发展较好的公司，会迎来比较好的投资机会。通过刚才的数据可以看出，中国股市的不同板块，市盈率差别较大。当然，并不是说创业板是60倍就没有一只好股票，可能也有极少数增长非常快的股票，特别好的公司市盈率无穷大也是可以的，这与比例问题有关。从长期来讲，一个国家的股市走向是与公司盈利走向相关的，市盈率的发展关系到大家对未来的信心。如果国家在法治化、市场化的改革上能够将党的十八届三中全会制定的方针贯彻执行下去，国企改革也能够顺利执行的话，那么我对中国资本市场的长期发展是有信心的。我认为估值并不高，主流的蓝筹股估值也不高，随着市场的发展，我对蓝筹股是有信心的。短期内并不容易看清走势，我们总会选择当下优质的公司，但这些公司能不能经得住长期考验，还是一个未知数，因此我们很难对短期市场进行预估。

刚才探讨的问题中有一个问题是关于澳门"赌场"跟中国"赌场"的区别，我也想发表一些见解。其实这几年中小板和创业板的发展很快，如今北京的中关村、深圳等地的创业集群很多，我认为这与良好的出口业务有关，如果没有很好的出口量，那么谁会去创业呢？赌场本身就是"零和游戏"，但股市不是"零和游戏"。在股市中，一家公司的盈利增长了，大部分人都能够得到好处。这就是两者的本质区别。

赵民：听完大家的发言后，我发现大家都是看好股市长期发展的。换句话说，不管是上市公司还是做股市的，大家不能把自己的饭碗砸了。我与股市没什么交集，我是比较客观的。嘉宾们发言的时候会偏向于自己公司的立场来发表看法，我认为只看好股市长期的发展是没用的，我们还是要关注股市短期的发展。

邹林：我是重庆金夫人集团的副总经理邹林。我们公司的主要业务是婚纱摄影。公司在全国有310家店，年营业额为27亿元，直营店的年营业额为13亿元。现在公司所在的当地政府希望我们公司上市，上市到底好不好，对企业有没有帮助？这始终是个疑问。请你们给我提个建议。

汪静波：公司上市以后可能对公司的品牌会有所帮助。我们公司上市以后就发展得更规范，也更能促进公司发展，并且公司可以聘请更好的职业经理人。上市以后公司的治理结构会更好，但如果你们选择不上市的话，业务压力就不会很大。

陈镔：公司上市以后会涉及成本的问题，成本分为无形成本和有形成本。有形成本就是中介机构等产生的成本，无形成本就是披露出来的那些成本，为企业造成一些压力。我认为公司是否选择上市，需要看您这个企业发展到了哪个阶段。如果企业发展到了较后期的阶段，需要有一定平稳的现金流，有一定平稳的业绩表现，并想向更高阶段发展，这种情况比较适合上市。在这个阶段之前，可能更适合做一些私募融资，在小范围有针对性地找一些投资人满足资金需要，这样公司各方面的成本会低一些。

"牛市"的根据是什么

　　这一轮"牛市"无疑已经开启了，这只是个短期的"货币现象"，还是基于经济基本面的改善？对此，众说纷纭。每一轮牛市开始时，我们总要判断它的依据，因为我们总在盼望一个健康、长期的股票市场、资本市场。在2015年亚布力年会上，由亚商集团董事长陈琦伟主持，中国光大控股有限公司执行董事、首席执行官陈爽，怡和管理有限公司董事兼怡和（中国）有限公司主席许立庆，中国国际金融有限公司董事总经理梁红，IDG技术创业投资基金合伙人李建光，景林资产管理有限公司董事长蒋锦志对这些问题进行了深入的讨论。

　　陈琦伟：今天我们跟大家一起聊一聊"牛市"的根据。经济当中好消息可能不太多，"牛市"其实是指股市的利好，但是现在大家对房市也有期待。所以，现在是"复杂的中国"，这个有一定的道理，压的消息有，涨的消息也有。所以，正是在这样的经济形势，这样的大背景下，大家很关心2015年会是什么样。2014年对很多人是好的，但是对经济界、企业界未必是好的。

　　陈爽：中国市场还是一个比较年轻的市场。在所有年轻的市场当中，

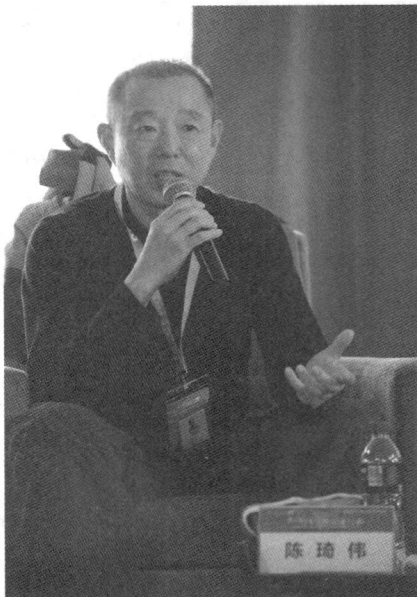

陈琦伟

实际上政府作为主体在学习，投资者在学习，上市公司也在不断地学习，这是市场的一个特点。我们每年都在讲大的走势，因为市场年纪轻，所以呈现出的一些特点也让我们觉得很难琢磨。总体来讲，我国在政策层面上的不确定性还比较大，投资者的投机性也很强。另外，从上市公司的角度来讲，消息是否充分披露，披露的消息是否真实，都需要投资者自己做出判断。

这种情况下，投资的逻辑很难找到，如果一定要找的话，政策方面可能值得憧憬，比如深港通、沪港通，还有资本市场本身的改革措施出台后，政策层面上也可能会有一些憧憬。另外就是资金层面，我国的资金一直很充裕，但它无法进入股市，如果这个口子打开，充裕的资金可能会大量进入股市。还有情绪层面，经过这么多年的压抑，现在股民的情绪可能会有一些反弹。

中国市场本身是一个年轻的市场，需要慢慢长大、成熟。2014年沪港通的开通，包括2014年3月2日开始的一系列对冲，使我觉得两地市场会建立起一个共同的市场前景，那就是依靠外部力量来推动中国公司的改革和发展，让它更加市场化。这还是有很大意义的。

蒋锦志：如果说此次股市是"牛市"，我认为它也只是一个分化的、结构式的"牛市"，而不太可能是一个全面的"牛市"。我喜欢从比较的角度来看中国的市场，因为我们在境内、境外都做投资，而且境外投资比境内多。

我们先来看中国股市现在几个板块的估值。2015年沪深三板的预期估值是12.7倍，银行不算在内的话就是17倍。美国股市的估值是17倍左右，欧洲、日本是15倍左右。因此，如果将银行包括进去，沪深三板的估值就比其他国家低20%~30%。另外，与其他国家相比，中国经济的增长更强劲，未来一段时间人民币的购买力也会越强，虽然有可能仍然低于美元。从这个角度来看，蓝筹股是安全的。投资首先要考虑风险，因此，安全方面的一些边际变化也值得我们关注。另外，我国中小板的市盈率是50倍，创业板的市盈率是80倍。过去30年，每年中小板上市公司的业绩增长比主板还要低，主板是12倍，所以这两个板，尤其是创业板有点像2000年的互联网泡沫。短期内大家可能看不到这个风险，但是长期来看，这是一个巨大的风险点。

许立庆：怡和是控股集团公司，主要是投资各个实业，现在国内的投资金额达到了500亿元，2014年我们投资100亿元购买了永辉超市20％的股份。2011年我重新加入怡和，之前在摩根大通负责亚洲的投资业务。

2005年我刚接任摩根资产亚洲CEO，有一天纽约总公司转了亚洲协会的一份邀请函给我，亚洲协会相当于美国关于亚洲的最大智库，为此我准备了很多的资料，希望跟大家交流一下中国的经济、政治发展。那时候中国经济发展得很好，在全世界各国的经济增长中位列前茅，并且会持续领先，大家对我的演讲也听得很愉快。但是有一位先生提了一个问题，这个问题难住了我。他说，2003年、2004年，中国经济的增长率非常高，位居全世界第一，但是为什么中国的A股市场在全世界处于倒数的位置？

为什么会这样？首先，那时候中国股市最大的问题是股权分制的问题和流通股的问题。表面上看，中国股市已经实现了市场化，但实际它并不能真正反映中国经济发展的真实情况。回国后，我跟证监会的一位领导谈到这件事，他说我们当然知道，也一定会采取一些措施。2006年我国股市采取股权分制，2007年股市出现了一拨涨幅，此次涨幅使股市的基本面甚至整个市场发生了很大的改变。首先，长期来看，股票市场能真实地反映经济状况，但在短期时间内股市实际上跟经济的关联度并不是很大，比如，现在欧洲的经济一塌糊涂，但是欧洲股市表现还不错。

其次，非一流的资本市场不可能支撑起一流的经济。钱颖一院长研究过法治的重要性，实际上法治与经济成长的相关度最高，即法治越完

善，经济成长越好，因为资本市场最讲究法治。在某种程度上，资本市场就是买空卖空，不存在实体交割，行为基本上是合同的延伸。所以，如果产权、法治不清楚，整个资本市场绝对不可能成为一流的资本市场。我国十八届三中全会也讲到，要让市场在资源配置中发挥决定作用，如果我们的资本市场能有效发挥作用，能把资本投入到最有发展潜力的企业上，那么我们可以想象一下，我们的上市公司、民企可以增加的收益会有多少。

现在，我国民企贡献了60%的GDP、80%的新就业，可是它从银行中能拿到的融资实际上只有10%，从债券市场能拿到的融资只有15%左右，所以，对民营企业而言，直接融资就变得非常重要。2014年，李克强总理在国务院常务会议上的讲话提出，要把发展多层次资本市场当作国家的一个战略来考量。资本市场的发展对于中国进一步改革和发展的重要性也从中体现了出来。

总而言之，没有法治就没有一流的资本市场，没有一流的资本市场就不会有一流的经济，没有一流的资本市场也不可能有一流的创新。

梁红：我是中金公司的研究顾问，我们在2013年11月发布2014年投资策略的时候，有三个观点：第一，中国的A股和H股在指数上第一次会有两位数的正回报；第二，中国股市有可能会跑赢其他主要国家的股票市场；第三，主要上涨的板块是屌丝逆袭，重周期的国企蓝筹股。

这三个观点发表之后，社会上的争议比较大。在我看来，其实逻辑特别简单，就像刚才陈总提到的市场与宏观经济的关系，股市基础面情况并不代表这个经济中最重要的行业、企业发展不好。我们看2006年前的A股，除了股权分制的问题外，经济、能源、电信等任何重要的经济公司板块都依然存在，只不过是因为股权分制的问题，好的企业都在香港地区上市，A股只是国企脱困的地方。2002年我国H股只有2000点，今天是12 000点。庆祝H股成立10周年的时候，仪式比较低调，因为即使在宏观经济很糟糕的情况下，它仍然翻了1倍，到现在更是翻了很多倍。当时我们把最好的企业，用最低的估值放在了海外。但从今天来看，A股更能代表中国经济的未来，这是第一个基础。

第二个基础，股票投资中最难也最简单的是什么？是猜今天的价格，投资预期和现实的差别。2007年，我国股市处于6000点，A股、H股以及海外资本市场，总规模有GDP的140%。2014年，在A股没有上涨之前，我们的GDP比2007年翻了3倍，但是股市估值比2007年便宜，A股、H股、海外资本市场加起来还不到GDP的60%。我们所有的龙头公司都已经上市了，但估值依然这么低，这就是预期和现实之间的差距。所以，我们当时在2013年做判断的时候说这是第一年，下面还是看预期和现实之间的差距。前几年，为什么中国的股市要低于其他主要国家？我觉得我们存在以下三个方面的问题。

第一，全世界都在增加流动性，QE（Quantitative Easing，量化宽松）无商量。但我国为应对2008年全球金融危机采取了过度刺激，2009年之后经济涨得很快，通胀很高，房地产价格也很高，所以，为了应对通胀，我国从2009年7月开始一直在采取货币紧缩的政策。两者相比较，流动性的差异就体现出来了。

第二，政策不确定。无论是美国还是其他发达国家，他们的货币政策的目的都非常简单，那就是刺激经济，其他层面的问题全部由市场解决，决策也全部由市场做出，但我国政策的不确定性比较大。

第三，选择股票的实质其实是选公司，中国的公司实际上可以分为两种，即民企和国企。民企的首要目的是挣钱，它们很关心回报，但同时它们的规模也很小；而国企的公司治理很差，回报也很差。

但这几年，尤其是2013年以后，这几个问题都得到了一定程度上的改善。首先，通胀已经不存在了，紧缩货币政策可以不用再执行了，而且当时美国已经放出要加息的消息，流动性上的差异将逐渐缩小。其次，习近平总书记上任后他提出的诸多改革目标都比较明确和具体，虽然有人认为其中的一些改革难以实现，但从今天的结果来看，形势还是比较乐观的。最后，我们重新启动国有企业改革。从2003年开始，国资委改变了对国企的考核目标，只能容忍很小一部分国有企业不盈利，但2/3的国企必须盈利。我总跟投资者说，我们只是小股东，不管是在民企还是国企，但现在大股东急了，他们要求改变，要求降低成本，要求分红，这种情况下我们为什么不跟他们一起?

2014年10月,我们提出了"股债双牛"。我们看到,大家对于这些改革还在纠结,还在讨论,但是有一件事已经很明确,那就是通胀已经不存在了,相关的货币政策、财政政策也已经取消。房地产行业自2014年10月开始下跌以后,最后一个让央行纠结的"牛"没有了,所以一定会降息降准。这样大家就都会懂股市的道理,2013年的理财产品可以获得8%~10%的回报,但2015年回报在5%以上的产品都非常少。我们肯定是新兴市场国家,跟其他发达国家走的路可能也不一样,但其中的逻辑很简单,就是现实和预期之间的差。

李建光:我们是做VC和PE的,主要管理海外资产,关注海外并购和上市。我们有一支人民币基金,近四五年投资了很多不错的公司,但是这些公司要想在国内上市简直比登天还难。所以,我们天天盼着A股好,盼着我们这些公司有机会上市,这样才能给我们的投资人一个交代。股市是实体经济的具体反映,可能中间有时间差,但是若实体经济不好,股市反而表现很好,这是非常难以理解的。所谓"牛市"的根据,我觉得就是:政府希望它是"牛市",它就是"牛市"。

平时很多朋友问我股市会怎么样,2014年11月、12月的时候,我说大体会往上涨,但是也会有很多剧烈的波动。为什么会有这种特征?实际上,很多非市场的东西在里面起了很大的作用。比如,我们的股民非常喜欢新的概念,即使完全不值钱的东西,如果被套上光环,马上也会变成"珠宝",股票紧跟着上涨5倍、10倍,市盈率就可以涨400倍、500倍。所以,从相对微观的角度我也看到了一些A股市场的机会,我们也在尝试做一个跟A股有关系的并购重组基金。所以，我更建议大家多注意这种机会，赚了就跑。但是长期来说，我对A股市场非常悲观。

陈琦伟： 现在的这个牛市大家已经不否认了，但再往下走的依据在哪里？在市场本身还是政府？这决定了我们2015年的投资策略，到底应该是价值投资因素更高还是投机因素更高？

许立庆： 如果大家认为中国经济改革会成功，目前的这个改革路线图也对的话，那就没有理由对A股悲观。我在香港地区常常碰到一些很奇怪的研究人员，他们非常看好香港地区经济的发展，但非常不看好中国内地经济的发展，我觉得这有点人格分裂。因为如果中国内地经济发展不好，那么香港地区经济怎么会好呢？很多人会说，中国已经成为全世界最大的经济体，如果中国是全世界最大的经济体，那么也应该匹配最大的资本市场、最大的股票市场，这才是合理的匹配。

秦朔： 在全世界股票市场里面，有哪个股票市场是依靠比较强大的国有板块从公司治理到公司业绩，能真正支撑起一个强大的资本市场？如果从世界500强的角度看这个研究，中国公司除了台湾、香港地区以外，基

本上都是全行业整合，像平安、华为这样的公司非常少，还不到10家。刚才听各位嘉宾的发言，此轮"牛市"的依据很大一部分在于国企改革，那么它能不能给我们带来长期的希望？

梁红：我们有大量国有资产。从完全计划经济到市场经济，我们走了30多年，这本身是史无前例的，没有人可以跟我们比较，但是我们可以跟自己比，从而看一下国企改革有没有获利。为什么大象会起舞？因为它很累，很多中字头公司当年都是亏损的。1998年、1999年，中国经济最差的时候，国有企业大面积亏损。但是从2002年到2007年，代表中国经济的H股从2000点到1万点，这绝不是由小的民企带来的。中石油上市的时候股价只有1块钱港币，当时中国国企改革第一拨上市的时候，几乎是在用净资产计算后的价格销售股票。

对今天任何成熟的股市来说，70%左右的板块绝对都是能源、金融、通信，而不管这些板块里民营企业或者国有企业的比例，所以中国投资投的还是变化。某家铁路上市公司2012年的招待费有8亿元人民币，八项作风出台后，这项招待费变成了利润。所以，此次国企改革又跟上次完全不一样，上次是亏损，这次是挣钱不够多，还有就是挣的钱到底是从哪来的。所以，投资的逻辑在我看来挺简单，最难的反而是选股。争论越多、反对声音越多的时候，机会就越大，风险就会越少。

许立庆：中国的情况就是这样，政府的影响力很大，新加坡也类似。新加坡的股市规模很小，股市里最强大的是政府官员，但差别在于新加坡是国有资本而不是国有企业，国家只是一个股东，所有的运作都是依据市场规则进行。所以，如果我们能把国有企业变成国有资本，国家以股东的身份来运营，而不是行政干预的话，我想中国国有资产的效用是完全能够发挥的。

陈爽：我有一点不同的看法。过去国企改革虽然带来了国有企业的发展，但是在现实的改革环境下出台的很多措施是不是真的会带来国有企业的重大变化？在这一轮国有企业改革的过程中，它是不是真的能按照市场规则去做？如果不是，我们凭什么信任它？

【互动环节】

秦朔：我的一个同学在投资银行做投行部总经理，前一段时间他跟我讲，他做了30多年定增等业务，这一两年很多民营公司的老板邀请他加入，但是他发现了两点：第一，民营企业的老板对员工不太好，老是当着其他人的面骂员工；第二，民营企业特别唯利是图，比如先将企业股票价格拉高，然后定增，定增来的钱用于投资，投资如果亏损，那么就再想办法进行包装，进行定增。所以，在选择民营企业的时候，我们需要寻找一家具有可持续成长的、与我们的价值观相符合的企业。

蒋锦志：从投资角度来说，我们首先要考虑公司治理问题，说得通俗一点就是投什么样的人，什么样的团队。之所以A股市场上出现秦朔先生说的这个现象，我觉得其实是因为整个市场鼓励和纵容了这些东西。上市公司随便制造一个故事，股票就能涨30%。如果有著名的机构入股，不管它以什么方式加入，加入的力度多大，股票都会涨3~5个百分点。所以，过去几年A股市场更倾向于博弈的回报，这比真正做基本面投资挣得更多。比如，从2015年1月1日到现在，创业板里的很多股票都翻番了，但我们做基本面投资的时候，我们需要根据自己的投资理念和投资组合来选估值合理、公司治理较好、团队较好且能够跟中小股东利益保持一致的公司。

提问人1：我一直研究公司治理，特别是国企的混合所有制改革。梁总非常看好国有企业，但蒋总认为最赚钱的是创业板和中小板上的企业。那么对于国有企业的混合所有制改革，蒋总最担忧的是什么？您认为最可能失败的地方在哪里？

蒋锦志：刚才梁总说到，预期与现实之间的差非常重要。假设原来国有企业的股票价格是合理的，这种合理性如果要维持，关键是在未来5~10年内国有企业的利润能否大幅增加，短期内看则是混合所有制改革能否刺激当期的利润增加。但是这里面需要解决两个问题：选拔机制、激励机制问题。从长期来看，没有真正的职业经理人制度的企业不可能成为优秀的企业。对国有企业来说，就是要看企业家是从官员转变而来，还是真正凭借水平和能力选拔而来，这个选拔机制和激励机制是否正确。如果没有选拔机制、激励机制的改革，其他方面的改革都只能起到短期改善的目的，但对企业来说，未来5~10年的发展主要是依靠开源，当然节流也很重要。从目前国有企业改革的情况来看，节流的目的已经达到，但开源应该怎么做？怎么产生优秀的职业经理人，为中小股东服务，为企业服务，而且把企业带上新的层次？在这一点上，我们还需要再等等。也许我国领导人能把国企改革上升到很高的高度，现在大家看到了一些现象，这些是短期现象还是中长期现象？这都还需要观察，政府的政策也在变，我们现在还不能过早下结论。我们需要具体问题具体分析，从短期来说，我觉得市场的预期是向好的，这对公司的发展还是有利的。

梁红：从宏观来看，1993年、1994年的时候中国经济中国有控股占90%多，今天是60%，5年以后比例会降到35%，这就与北欧一些具有社会主义特色的国家差不多了。那么这个改革的受益者是谁？中国股市重估的核心是谁？是银行股。

秦朔：蒋总研究公司治理，研究管理团队的稳定性和管理团队的长期激励问题，以及这个管理团队是如何进步的。这个逻辑可能跟我们想象中的现代西方管理比较接近，因为西方很多蓝筹公司，特别是像GE、IBM这样的公司，每个领导人的任期都很长，GE每个CEO的任期可能是15~20年。但从中国A股市场上的很多大型企业中找不到这样的逻辑，可能两三年就会换一个领导人，而且领导人以前可能并不在这个行业里任职。从这个意义上讲，万科、美的从几百上千家公司中脱颖而出，这本身就证明了他们的管理能力、领导能力和创新能力，但国有企业改革中，通

过垄断、整合，他们也能有业绩的改善，但这并不能证明什么，所以我们还有很多方面的改革需要推进。

当然，国有企业里也有大量优秀的管理者，只是在这样一种体制环境、制度环境下，他们没有办法发挥得更好。所以，从一个媒体的立场，我很希望梁总在坚持自己的逻辑的时候，对国企改革的呼吁更多地集中在竞争力建设上，而不是边际成本的改善上。状况确实是在不断改善，每年也都在进步，但是因为没有对标的竞争对手，大家对于最终的目标没有明确的定义。即使是从国有资产增值的角度，企业如果能按照更好的管理、治理要求规范自己，那么未来它的议价空间也就更高。

许立庆：国有企业是股票市场的一部分，而它扮演的权重也在慢慢下降，即使是原来我们认为的垄断性企业，随着科技的进步，它们的垄断性地位也在被逐渐打破。原来我认为电信行业一定是国家垄断，但腾讯在香港地区的市值超过了3个电信公司的总和。今天若中国经济转型要成功，国有企业就一定要转型，如果国有企业无法转型成功，那就会有其他人代替国企所扮演的角色，这样我们的经济才会继续往前发展，否则是走不下去的。

梁红：其实，在现阶段投资国企并不是投资国有企业的未来，而是它的估值重估，市场上2/3的国企控股公司的价值是被低估的。另外，我们还需要考虑资产配置的问题。中国老百姓的储蓄非常高，2013年100块钱的储蓄中只有1块钱被放在了股市，剩下的钱都投在了房产上。未来如果我们将储蓄投一点到PE上，这个力量将不可低估，所以，2014年全球管理基金基本上没有跑过指数，我们认为根本没有道理。当时一个海外投资人对中国的一家国有银行做了一个研究，说这个不能投资，因为他不清楚这家银行未来是否还是国企。他的老板听了之后说："我同意你的观点，但是如果我们对世界最大的、增速最快的经济体的关注度是零，那么这是错误的。"

秦朔：我完全赞同梁总的说法，大家将投资都集中在不动产上，而不动产最后都变成了惰性资产。

提问人2：从2014年下半年开始的"牛市"，大家都清楚其中的逻辑：市场估值非常低，政府宽松货币政策的可能出台，另外就是我们还有关于改革的一些预期，这些都支持了A股市场的强劲表现。投资者也认识到市场的向好，认为接下来会有更多IPO。到目前为止，这个逻辑支持大家给股市一个更高的估值，但这是在盈利被持续下调的情况下，那么什么时候我们可以看到股市估值和盈利的双高？

梁红：当盈利上来之后，中国A股绝对不是这个估值，现在两者中的任何一个都没有到位。但是我们看到，中国股票市场已经迅速发展，成为了主要的股票市场之一，而且我非常不同意一个观点——政府把股市搞成这样，政府还没有这个本事。所以我觉得，双轮估值的出现，关键是要

看改革和短期货币调整，但是我们在盈利面上已经发生了非常大的变化。2015年还有一个需要大家清楚的趋势，那就是非金融行业的增速会远远高于金融业。

蒋锦志：其实一个市场是不是会往上走，第一要看估值是不是长期逆增长，第二是取决于市场的盈利和增长的预期及变化。很多人提到了这个变化：一是利息下调，利息便宜本身也是一个涨的理由；二是利率变化，这个预期差会导致人心理上的变化。刚才梁总也讲到，以前的社会资金都配到了信托、房地产，过去5年流入股票市场的资金并没有增长，但是之后每年的增长量都很大，这些都在变化，跟国外资本市场的资产结构配置完全不一样。越来越多的民营企业，如做房地产的、做实业的，认为实业不好做了，于是将资本往股票市场上流。到现在为止，沪深三板12倍的市盈率放在全世界都还是便宜的，再加上上面说的边际变化，我对蓝筹股的未来还是非常有信心的。80倍市盈率的东西在短期可能也还好，但长期来看，更多的是博弈性质，反而风险比较大。

2015年，我们还是要寻找既便宜又有比较大的增长的企业，而这只股不行就换另一只，这对股民是不利的。在资产配置方面，还是更应该看重沪深三板，因为中小板和创业板的估值高，这对个别公司而言可能有道理，但是整体上而言是没有道理的。从行业来看，各个行业我们都会看，但关键是要看未来哪个行业在估值上更安全且增长也不错。我觉得，在中国有一个板块长期被低估，那就是跟中国中产阶级消费相关的行业，尤其是高端消费品。近两年，这一行业受到了反腐的影响，但是中国中产阶级的人数和他们的消费能力一直在保持增长，这就是发展的好机会。

民营资本的出路

　　民间资本越来越快速地介入金融服务领域和民间金融机构，形成了独具中国特色的民间金融业，其在推动民间资本合理分配与运作的同时，更有助于中、小实体企业渡过经济难关。特别是2013年允许成立民营银行等强劲措施出台后，民间资本的舞台和空间急剧加大。但由于改革力度和政策稳定度等原因，民营资本仍在摸索中前行。

民营经济发展与金融的关系

文 金 煜 ▶ 上海金融业联合会副理事长、上海银行总行行长

民营经济是整个国民经济的重要组成部分。从整个总量来看，民营经济对GDP的贡献超过60%，投资占比也超过60%。从行业来看，民营经济是未来经济扶持的重点，也是创新的主要力量。有数据显示，在战略新兴产业中的节能环保、新一代信息技术、新能源、生物产业等重点领域，民营企业占比超过70%。65%左右的发明专利、70%左右的技术创新和80%以上的新产品都是由民营经济创造的。

从金融市场来看，民营经济是重要的参与者。在上市公司中，民营企业占比超过50%，其中中、小、微企业占比超过75%，创业型企业超过95%。在互联网金融方面，民营企业则占据更加主要的地位。这些特点决定了民营经济和金融改革是相辅相成、共同促进的关系。

民营经济的发展需要金融改革的实践突破。未来银行的改革，包括民企在初创期的融资难、成长期的投资收购等问题，都需要政策的支持。同样资本市场改革需要民营资本的大力推动，改革重点仍要聚焦市场化。银

行业对内开放的主要对象还是民营企业，重点包括民间资本参与现有银行等金融机构的重组改制，发展中、小银行。基于以上这些认识，从银行的视角来看，利率市场化将对民营经济的发展起到正面推动作用。这一结论可以从以下几个方面进行论证。

首先，银行发展。利率市场化使得银行更多的资源和服务投向民营经济领域，从而了提高民企金融资源的可获得性。但中国的中、小民营企业占比超过90%，从国际经验来看，利率市场化必将使得银行整个经营资产开始下行。从2013年年末起，我国小、微企业贷款余额大概有3.5万亿元，占银行贷款的17%~18%。90%以上的小、微企业尚未和银行发生任何借贷关系。对比亚洲其他已实现国家利率市场化的国家来说，日本超过四成银行贷款投向中、小企业，韩国也是如此。实际资产、客户朝下走，也是银行应对利率市场化、优化资产结构的一个重要对策。

其次，利率市场化推动银行业加快服务升级。银行也在进行网点转型、提高网点综合服务能力、扩大区域覆盖面，其中的重要目的之一就是使得经营职责逐步贴近客户，进一步对接民营企业的金融服务需求，提升信贷和非信贷的专业化服务水平。

从市场角度来看，利率市场化也会推动国内债券市场的发展。美国2013年债券市场容量大概有40万亿美元，较1980年，也就是说与利率市场化之前相比，大概增加了15倍。国内债券市场总的规模到2013年年底达到了30万亿元，为美国同期债券市场的1/8。中国的企业债券中，民营企业占比比较低。以债务融资工具为例，2013年我国的企业债券发行量是2.9万亿元，民营企业占比为7%。因此，伴随着利率市场化推进的债券市场的发展，实现多元化融资渠道的空间依旧巨大。

从要素市场的角度来看，利率市场化将助推各类金融要素市场的创新，为民营经济的发展提供更加有力的支持。

第一，民营企业将有更多元的投资渠道。各类要素市场发展和风险对冲市场形成，使得银行能提供更为丰富的各类投资理财组合产品。同时，民营企业也可以成为这些市场的直接投资者，目前市场投资者比较集中，不够分散，也不利于市场的发展。

第二，金融风险管理工具显得更加丰富，利率市场化将加快形成利率风险管理等相关的对冲和交易市场。目前的利率相对来说波动较小，但是利率风险的管理工具也比较少。利率市场化以后，市场风险会相应增加，但是市场风险的管理工具也会相应增加。

第三，利率市场化会优化金融资源的配置，又离不开民营经济的支持和参与。其具体可以体现在以下两个方面。

第一个方面，加强征信体系的建设。不少民营企业担心利率市场化以后可能会抬高融资成本，出现这个现象的重要因素实质是信用体系尚不健全所带来的信息不对称。要解决这个困境，就要形成跨行业、跨领域的信用信息整合平台，包括小、微企业的法人征信和企业的自然人征信的相融合。只有更多的民营企业参与，才能使民营企业信用转化为支持自身发展的资源，从而打造定价合理的多元化信用市场，从而进一步提升市场体系的效率。

第二个方面，构建多层次的金融服务体系，利率市场化应该发挥资源的配置功能，以利于各个市场主体的参与。目前，由于各类金融服务、中介机构不完善，不同阶段的民营企业的金融需求得不到良好的满足，这也成了制约民营企业发展的"瓶颈"之一。所以我们应该积极培育小贷、租赁、保理、PE、VC等新型机构，它们也是未来整个金融服务民营经济的金融体系的一个重要组成部分。市场准入开放，民营经济将成为这类机构的主要资本来源。作为被服务的主体，民营企业的需求也将成为这些服务体系建设的一个风向标。

所以，利率市场化是一个系统工程，而实现优化金融资源配置、促进中、小企业发展，也是系统性的工作。相信金融改革、民营企业发展，都是趋势所在。利率市场化必将进一步推进民营经济和金融业的更好结合，同时，也会促进彼此共同发展。

民间资本将走向何方

随着民间资本越来越快速地介入金融服务领域和民间金融机构，已形成独具中国特色的民间金融业，在推动民间资本合理分配、运作的同时，更有助于中、小实体企业渡过经济难关。特别是2013年允许成立民营银行等强劲措施出台后，民间资本的舞台和空间急剧加大。但由于改革力度和政策稳定度等原因，民营资本仍在摸索中前行。

"2014年第二届外滩国际金融峰会暨民间资本的曙光与迷雾分论坛"，由亚布力中国企业家论坛创始人、主席田源主持，邀请了华泰保险集团股份有限公司董事长王梓木，时任北京首创集团有限公司董事长刘晓光，北京国际信托有限公司总经理王晓龙，时任泸州老窖集团董事局主席谢明，中国工商银行私人银行部总经理马健，中泰信托董事长吴庆斌，时任德意志银行亚洲区投资银行主席蔡洪平，以及清科董事长倪正东等嘉宾共同探讨这一话题。

田源： 本场论坛我们要讨论的是民间资本进入金融行业的问题与挑战。以"曙光与迷雾"来命名我们今天讨论的主题，说明我们对民间资本的走向还看不清楚。希望通过现场八位嘉宾的分享与讨论，使我们看清民间资本的走向。

2013年开会的时候，我记得马云先生有一个非常重要的演讲主题词——搅局者，这个词其实表示民间资本、民营企业近年来得到了极大的发展。2014年3月11日，银监会正式宣布，有5家民营银行获得设立资格，正式进入筹备阶段。在天津、上海、浙江、广东等地，共有10家民营企业参与了第一批民营银行的筹备工作。我们呼吁成立民营银行的声音及建议已被政府采纳，接下来会有更多的民营银行进入筹备阶段。目前，民营资本投资参股银行的比例在逐渐扩大，但从市场整体的角度来看，民间资本在中国银行业的比重仍是比较小的，大约只占银行业的10%。这是我们讨论问题的背景，我们要在这个背景下探讨民营资本未来的发展将会面临哪些问题与挑战。

在今天上午的会议上，郭广昌董事长提出金融、银行业需要制订公平的规则、阳光的执法，并与屠光绍市长进行了良好的互动。现在，我们继续围绕这一话题进行探讨，希望在座的八位民营企业家谈谈你们对民营银行、民营金融的看法。同时，也希望几位嘉宾讲一讲你们认为政府应该如何处理民营银行加入市场以后所产生的新问题，以及如何找到好方法去解决这些问题。

刘晓光：中国企业家都经历过一段艰辛的历程，都有过想进入资本市场，想拿"金融牌照"的经历。1996—2001年，很多企业花费了很大的精力去排期货、基金的经营资格，后来又费心地等待着小额信贷、担保的资格。我想发表几个我个人的看法。

第一，今天论坛的题目是"民营资本的曙光和迷雾"，参与本场论坛

的嘉宾很多都来自国有企业、国有控股企业，或者是大的机构，说明大家关注民营资本和民营经济的发展。

第二，民营银行或者其他金融机构在下一步的发展过程中，可能比较亟须正规化的金融机构，而不再是类金融的东西。市场上能够存在"民营+民营""民营资本+民营资本"形式存在的银行，不要总是与国有资本混合在一起。

第三，建立指标体系，比如全国性的大民营银行有一两家，各省也应该给民营银行一两个指标。如果实现了"民营资本+民营资本"的系统，跟国际对标，按照市场化、国际化的原则发展，是非常有意义的事情。

第四，规范化。要做就要做到规范，不要打上不好的烙印。民营金融机构要注重自身修为，不能剑走偏锋。

第五，民营金融中要有相应的地位。在银行范围内，民营金融占13%左右。在公募基金范围内，民营金融占15%左右。在证券保险范围内，民营金融的占比可能还要多一些。

第六，目前市场上出现的一些问题，主要还是制度设计造成的。一个是行业审批，一个是资本金的充足率，当然还有一些所谓的歧视，这些都要打破。

第七，民营企业最具创新性，金融业是创新的东西，像阿里巴巴、余额宝，也应该允许他们来试验。

第八，监管要更加能够顺应中国民营资本的成长和发展。在发挥民间资本作用的过程中，我们实际也可以列出一个负面清单，看看哪些阻碍了中国民营资本的发展，将来怎么把它消除。

田源：谢谢晓光所谈的几条建议。现在请梓木讲一讲。

王梓木：民营资本参股金融企业，尤其是国有金融企业，有什么好处和社会价值？在我看来，主要体现在两个方面。

第一，民营资本参股国有成分的金融企业，可以通过改变股权结构，完善公司治理，进而培养真正意义的企业家和金融家。让这个企业由过去的政府主导，变成由企业家主导。

那么，什么是真正意义的企业家？在我看来，就是能创造企业价值，

同时，要能够以独立人格承担企业的责任和风险，并且分享企业的收益。用这样的标准去衡量国有企业的企业家，他们的独立人格都不那么强，分享企业收益机制也不具备。所以，国企的企业家很难达到这个标准。国有企业的领导人经营的企业产品和服务是市场化的，但是他们的遴选和收入分配，是非市场化的。尤其是国企的最高领导人，他们的权力往往是政府、党委所赋予的，所以他们还面临着"寻租"的考验。收入分配不太合理，政治上面临"寻租"考验，所以国企领导人就处于一种窘境，甚至被当成高危人群。

我们看政府官员在反腐风暴下，一个一个地倒下，我们也担心国企领导人会不会连续反应，尤其是和政府接轨的领导人。过去中石化、中石油领导人都出了问题，究竟谁之过？除了他们自身的问题以外，有没有体制、机制上的原因？我们讲混合所有制，其实就是通过这个办法，切断政府官员的寻租机制，提高国有企业领导人的市场化水准，增强国有企业的活力和竞争力。过去我曾说过，混合所有制或许是"一剂药方"，它可以医治国企的病、救央企的命。

　　最近我看到一篇文章，文章中提及混合所有制从来就没有成功过。从晚清到现在，公私合营没有成功，后来搞了几次，也没有取得成功。我想我们不能草率地予以简单的否定。公私合营是国有资本改造私有资本，现在按照这个目标是成功了的。现在的混合所有制是双向的，更多是市场起决定作用，用民营资本改造国有资本。不同阶段的趋势和目标都不一样。

　　民营资本通过参股金融企业，改善其公司治理，提高经营效率和效益，从中可以获得较好的投资收益。这是民营资本参与金融企业的第一个好处和社会价值。

　　第二，民营资本通过参股金融企业，进一步整合资源，发挥协同效应，这是第二个好处。但一定要注意建立"防火墙"，民营资本参股金融企业，乃至控股金融企业，必须尊重金融企业自身的发展规律，不能简单地把金融企业当作自己的融资平台，否则就会出现重大问题。假如把金融资产都放在一个"篮子"里，那么会造成很大的风险。

　　田源：王董事长是一位非常资深、非常有经验的专家，谢谢您的发言。蔡总现在国际投行任职，您对民营资本的发展有什么建议？

　　蔡洪平：最近央行给民企发了很多"牌照"，应该珍惜这个来之不易

的局面。从国外大银行的发展轨迹来说，我有几个建议。

第一，不要走原来中国传统商业银行的老路，这是一条死路。银行股的价值很低，ROE、ROC（变动率指标）都没法与国外银行相比。我们银行十年前就已完成了三张表，分别是：资产负债表、损益表和现金流量表。紧接着我们完成了上市，上市以后，估值达到2倍市盈率。以前全球都看好中国的银行业，但如今中国的银行业没有以前繁荣。这并不是老外唱衰中国，而是我们的ROE、ROC指标确实太低了。我相信10年以后，不会有大型国有银行存在。到2020年，中国工商银行还会存在吗？会存在，但是它的国企出资比例将会很低，也许已经成为一个公众公司了。

第二，不要走重资产的老路，而应该走轻资产的发展道路。银行应该开拓更多的服务业务，而不是只专注于做资产，甚至盲目地追求资产。对公上，不建议抢国有企业，而应该让民营企业和中、小企业发展，围绕中、小企业和创业者的生产经营活动提供服务，包括融资、对冲、风险管理、财富管理等。同时，银行应该围绕年轻人的消费开展服务，从信贷贷款开始。

第三，立足年轻人。我们很多人都不服老，但是我们不得不承认今后的世界属于年轻人。我们需要研究年轻人的行为特点。刚才巴曙松讲得很清楚，如果不把年轻一代研究清楚，就不要做银行了。现在养老产业的贷款业务，应该是保险公司专注的业务，因此银行的服务业务应该围绕80后、90后的消费、创业展开。

第四，借助互联网。在互联网大潮的冲击下，一般的民企不用超常的办法和革新的做法，是无法做出骄人业绩的。现在各家企业的市场估值大家都能看到，腾讯的估值是1万多亿元；阿里上市后规模将会更大；我们工商银行的估值只有不到2000亿元。我们应该看清现状，充分利用互联网，因为互联网金融代表着中国的未来。我们只有利用互联网这个"跑道"，才可以超常发展。

关于银行的股权问题，我认为民营企业可以入股银行，但是不主张民营企业一股独大，一股独大的银行与老的国企没有区别。上周我在钓鱼台做了一个演讲，我讲的内容是关于中国企业的特色。我认为民企很有意思，凡是大股东自己在公司持股的比例越小，公司的市值越大。例如任正非持股3%左右，马云持股9%左右，马化腾持股12%左右，但这些公司都越做越大。反而一些小老板自己持股70%、80%，企业却越做越小。所以我认为民企老板们的股份不要占比很大，企业的运转与发展依靠的是管理层，把股份留给公司的英雄们，留给未来的创造者们，这些管理层的人才将引领企业勇往直前。如今我们赶上了互联网大潮，民企进入银行业的同时一定要吸纳优秀的金融人才，以及80后、90后的优质新人，他们当中可能将诞生出新型的银行家。今后的传统商业银行、投资银行，都将畏惧他们三分。民营企业如今赶上了市场环境及政策的好时机，我们应该善用良机，努力发展，创建更优质的服务型银行。

田源：蔡总提出一个概念——伟大的80后、90后。下面有请中行私人银行部马总谈谈你的看法？

马健：今天论坛的题目很有意思，迷雾和曙光是两个自然现象，我想这种自然现象也寓意着民营资本参与金融改革如同自然界的现象，我们可

以透过迷雾迎接曙光。

民营资本在中国的经济发展和投资拉动过程中的地位及作用非常显著。尽管我们现在在民间投资和参与行业投资过程中，也有一些"玻璃门"和"弹簧门"现象，但实际上民营资本参与金融改革的案例，已经是客观存在的。已经上市的民生银行是一个比较典型的民营资本参与改革的典范，而且从过往的实践来看，民营银行发展得很好；从长远来看，民营银行有着很好的发展前景。

民营资本参与改革应该做什么？应该怎么做？这是我们需要进一步研究的重要课题。金融行业是一个垄断行业，或者是说一个壁垒比较高的行业。有两个重要原因造成这一现象。

第一，金融行业和其他行业所不同的是，它本身是经营风险的企业，所以它的风险要比一般的商业企业要高很多。是否有风险的识别能力和经营能力，是我们进入这个行业首先应该考虑的。

第二，银行业实际上是高度竞争的行业，竞争非常残酷，如今市场已经是一片"红海"。民营经济进入这片"红海"当中能不能开辟出一片"蓝海"，关键要看民营企业做什么样的银行？有没有自己独特的经营定位和市场定位？有没有自己独特的客户群体和产品优势？我想这是下一步要重点关注和研究的问题。

田源： 现在有请另外一个国有企业，同时也是一家上市公司——泸州老窖的谢明董事长发言。

谢明： 我有三个观点。第一，中国民营资本的发展首先要研究产融融合的问题。银行利率较高和实体经济盈利水平较低的时期是民营资本选择进入实体行业或者是选择发展方向的最佳时期。这种资本和产能的融合，我曾经尝试过，并取得过一些成果。泸州老窖虽然是国有控股的企业，但泸州老窖的主业务只占集团总业务量的50％，另外50％是金融业。比如说我们控股的华西证券，拥有35个股东，我们只有30％左右的股权；在我们控股的商业银行中，我们只拥有19％的股权；在最大的全国小额贷款公司中，我们只拥有15％的股权。这些股权虽然占比不多，但它提供的利润和社会价值却能够达到泸州老窖集团的50％。我认为民营资本要选择一个好

的产业作为产融融合的切入点，在这个切入点中实行供应链整合和价值链分享。民间资本往往找不准这个切入点，在投资方面总是有些急功近利，缺乏目标性和标的物。我们引领泸州酒业集中区，其中116个企业户全都是民营资本、民间资金。总计160亿元的投资，泸州老窖只占20亿元。在充分竞争的行业中，一股独大不是好事。因此从2006年开始，我们就开始进行国有股减持，尝试民营化的经营模式。

第二，民间资本进入行业后，应该与国有资本享有同等待遇。党的十八届三中全会提出市场化配置资源，但是民间资本进入金融行业的时候，往往有一个不成文的审核条件，就是对民间资本的资质要求得特别严格。我认为监管部门应该把民间资本进入金融行业的标准适度放宽，给予民间资本更大的空间，鼓励它们进入地方金融行业。

第三，民间资本寻求出路，就是要在迷雾中寻找曙光。在寻找曙光的过程中，民间资本应该是改革创新的引领者。民间资本应该尝试创造出一种新的消费文化，通过消费文化引领我们的衣、食、住、行，以及消费的变革，通过这种变革指导实体经济的发展。在引领变革的过程中，民间消费文化要给中国消费品的提供者们一个机遇期，让他们利用机遇生产和制造出符合高端消费群体的产品及服务。作为消费品的提供者，应该诚信经营，以益取利，与政府达成契约精神，为民间资本发展开拓更广阔的空间。

田源：泸州老窖只有30%的资金投入金融业，但有50%的利润来自金融业，这证明金融业还是能够盈利的。全国12家银行的利润占全国上市公司利润的50%，所以非常多的民营企业希望进入银行业。下面有请清科的倪正东先生发言。

倪正东：很多人认为民营资本容易受到不公平待遇，但是在福布斯排行榜上，排在前面的基本上都是民营企业家。其实改革开放30多年来，民营经济的比重越来越重，民营企业家的发展空间越来越大。以互联网、移动互联网、电商为代表的一批70后、80后、90后的创业者们，他们创造财富的速度一代比一代快。

我从事的是股权投资行业，我代表股权投资行业里面的民间资本发出声音。在过去的15年中，这个行业管理的资本大概是5万亿元人民币，目前可投资本是2万亿元人民币。我所在的企业投资了一万多家公司，上市和退出的公司共计3000家左右，目前还有1万多家公司没有退出。在我们这个行业，最热门、最有激情的两个领域：一个是并购，另一个是天使投资。

我们这些企业家前辈，应该多关心80后、90后，关心第四代创业者，我认为把资金投到他们身上，更具有活力。以80后、90后为代表的移动互联网行业出现了很多有潜质的公司，这也让民间资本能够获取更多的财富回报。

现在，整个股权投资界最大的障碍就是上市太慢。一年只有一百家左右的公司能够取得上市资格，实在太少。希望证监会能够适度放宽政策，让我们这些创业公司能够有上市的机会，让股权投资者们能够更好地变现，这比其他的优惠政策更加重要。

田源：倪总是清科的董事长，他的公司对中国PE和VC行业所做的统计是非常全面的。下面有请中泰信托的吴总发言。

吴庆斌：党的十八届三中全会中提到的混合所有制参与存量金融牌照的混合过程，是民营企业最大的曙光。混合所有制是近来我们都很关注的一个问题，尤其是金融领域的混合所有制更是受到各方关注。我认为对于混合所有制来说最大的"迷雾"是如何进行混合？如何在混合后运营良好？对此，我发表两个观点。

第一，混合所有制的"最后一公里"，同样需要顶层设计。党的十五大提出了股权的多元化，其实就是混合所有制，党的十六大也在提这个观点。在这个过程中，面临着对国有资产流失的质疑，虽然提出了股权多元化，实际上在顶层设计过程中并没有给民营资本进入国有企业体系的明确路径。模糊的规则，造成寻租和国有资本的流失等问题。党的十八届三中全会又提出了混合所有制，希望能够制定出明确的操作办法。

由于制度模糊，民营企业不敢与国有企业混合，即使民营企业用很高的成本与国企混合，但是遭到国有资产流失的质疑，就很容易让民营企业遭受损失。民营企业并不是总想占国有企业的便宜，搭国有企业的"顺风车"。我们只是希望混合所有制的"最后一公里"可以设计出更规范的制度，令规则更透明，这将更利于国企、民企的共同发展。

第二，混合所有制实施后，尤其是民营资本进入金融领域后，政府需要管好"两只手"："一只手"是国有资本的手，"另一只手"是民营资本的手。以前我们总是希望管好政府的"手"，实际上过去很多民营资本的"手"进入金融领域后，形成了很多不好的东西。因此在混合所有制之后，政府要管好"两只手"。这"两只手"该如何管理？国有资本在民营资本进入后要建立"拳头"和"防火墙"，"拳头"便于对民营资本进行管理，"防火墙"则是防止民营企业提出不合理需求。

田源：谢谢吴总提出的管理"两只手"的观点，接下来有请王总发言。

王晓龙：民营资本在金融方面受到了极大的歧视。第一，民营资本为社会提供了就业机会和税收，稳定了社会，但是在享受金融服务方面却远远不如国有企业。第二，融资成本不同，同样的融资项目，银行对于民营企业的利息就上浮，对于国企就降低。第三，民营企业进入金融行业的门槛很高，不仅是所有制和权利的问题，更重要的是民营资本进入金融领域时在政策方面会受到很大的限制。

中国的金融行业以其垄断的姿态侵蚀了大量实体经济的利润，这种现象如果长期存在，将对中国经济的运行产生危害。作为金融从业者，我认为金融行业依托自己的垄断地位侵蚀实体经济的现象不能再持续下去了。变革是必然的，变革的核心是要将服务面向实体经济，这是金融经济的本质。但是服务过程中如何多层面的向实体经济进行服务？比如解决金融产品供给、企业负债过高的问题。通过增加金融产品的供给，降低融资成本问题。通过增加金融服务产品的供给，调整所有制结构中民营企业不能

涉猎的问题。通过提高金融服务水平，使民营企业在整个服务过程中能够获得公平待遇。我觉得金融的改革，特别是金融实体的改革，不面临这些实际问题，空谈改革，是无法实现的。金融改革的实行并不容易，没有外力的冲击更是难上加难。如果没有余额宝动了银行的"奶酪"，今天的金融变革不会如此快地实行。金融机构的改革迫在眉睫。金融机构在改革过程中，一定会涅槃重生。到底多少企业能够在变革中站稳脚跟，目前还是未知数。但是这种变革，是必需的。

作为一个金融机构的从业者，我有两个观点：第一，我们不能再像过去那样轻松地赚钱了；第二，弯道超车也罢，剑走偏锋也罢，国有企业和民营企业将共同迎接历史的考验。中国经济的运行过程中不能只看到"曙光"，而忽略了"迷雾"，不要被金融经济的虚假繁荣迷住了眼睛。

田源：谢谢王总。您这是要革自己的命啊！王总是国有控股金融机构的老总，他的发言是要告诉我们，金融从业人员一定要有危机感。晓光，刚才听了你的发言，现在我想要向你提个问题。你刚才讲了一个词——"民营资本+民营资本"的循环，请你来详细阐述一下。

刘晓光： 在地区性的、全国性的金融机构中，混合所有制的实施应该是国有资本占的比重高，还是民营资本占的比重高呢？我想，我们应该大胆实验，尝试纯粹的"民营资本+民营资本"的模式，以此做出一套银行体系，且允许这套体系与国际的银行体系进行对标，进行大范围的改革。这样做也许能够提高混合所有制的效率，并且挑战一下现有的国有企业体制。

田源： 你的意思是说企业的股东里面不能有国有资本的股东？

刘晓光： 我说的"民营资本+民营资本"只是小范围的实验，并不是说所有银行都要这样的，但是民营资本应该大胆试一试。

田源： 这次银监会批准的五家银行都是"民营资本+民营资本"。

刘晓光： 我觉得这批新批准的五家民营银行有强大的动力，有"把一分钱掰成三部分花"的约束机制，同时机制又很灵活，如果能跟国际上好的银行对标，学习他们的体系，那将会很有前途。

提问1： 今天的论坛主要探讨的是民营经济，其实民营企业与国有企业在金融服务上享受的服务完全不同。所有民营企业的老板，不管资产量、身价有多少，向任何金融机构借款，公司在承担还款责任的同时，金融机构都要求个人承担无限连带责任。而国有企业向金融机构借款，就不会出现金融机构要求国有企业老总承担无限连带责任的现象。市场经济发展了很多年，不管是股份公司还是有限责任公司，都是以资本负有限责任。金融机构要求个人承担无限连带责任，依照《公司法》来讲，是不太合理的。只有当金融机构对民营企业进行服务时，不再要求个人承担无限连带责任，而是要求以公司资本承担责任，民营经济在金融市场上才能够更好地发展。

提问2： 现在流行"连带连保"制度，我认为这个制度是对有限责任制度的倒退，是历史的倒退。它挑战了有限公司的制度创新。因为有了有限制度，才成就了很多公司的成功。但是"连带连保"制度将银行的责任转嫁到所有民营企业身上，造成了地区性的经济萧条和金融风险。我认为这是一个不完善的制度，是对有限责任制度的倒退。各位嘉宾怎么看这个问题？如今的会计事务所和律师事务所都是无限责任制的，但是由于事务所的扩大，他们采取了特殊后果人制度，这就限制了有限责任的无限化。

蔡洪平：我认为这是一个奇怪的现象，我们不去评述这个现象的对与错。与国外相比，中国有三个奇怪的现象。第一，全世界都在降息，两周前欧盟宣布负利率。而我们的利息还没有降，民营企业的贷款利息还维持在百分之十几以上。这么大的国家，这么大的一个经济体，百分之十几的贷款利息，不利于我们的经济发展。第二，个人贷款"连保连坐"。银行进行风险控制，对个人信贷实行"连保连坐"，这对大部分创业者是不利的，也是不公平的。第三，如果不是余额宝的出现，我们的利息差依旧会很大。如今利率市场化在加速，希望这种怪现象不要再发生了。

田源：今天的讨论非常有收获，大家对民营企业发展过程中的各种问题都阐述了各自的观点。归纳起来，第一个观点，要高度重视80后、90后，这是未来的主力，也是我们未来的主流消费群体，新的民营银行要从年轻人身上找市场；第二个观点，民营企业不要一股独大，我们要规范地运作；第三个观点，"连保连坐"制度的合理性有待继续探讨。

民营资本的焦虑

在市场的压力下，我们已经看到金融体系局部乃至整体的变革趋势，新一届政府也在不同的场合强调加快这一变革，可以预期中国将迎来一个金融大开放的时代。这一金融大开放时代的内在逻辑是什么？它将呈现什么样的特征？这个产业链条上各方的利益将如何调整？它们都准备好了吗？

在2014年亚布力年会上，均瑶集团有限公司总裁王均豪，信中利资本集团创始人、董事长兼总裁汪潮涌，时任德意志银行亚太区投资银行执行主席蔡洪平，上海市嘉定区区常委、副区长费小妹，怡和（中国）有限公司主席许立庆，中国国际金融有限公司董事总经理王东，诺亚（中国）控股有限公司董事长兼CEO汪静波，就这些问题进行了深入讨论。亚商集团董事长陈琦伟主持了该场讨论。

陈琦伟：金融是一个全球化现象。在全球形势下，自2008年金融危机以后，金融大格局并没有形成，现在仍然在进行技术性调整，还处于比较混乱的状态。中国的金融改革对中国来说是一个大题目，过去十年，特别是过去五六年，金融领域累积起来的问题超出一般人的想象。在这种情况下，如何调整？如何改革？就成了重中之重的问题。在这样的背景下来讨论民营资本的发展问题具有特殊的意义。大家都认为过去的二十几年中国财富的增长很大一部分是民营资本的增长，但是民营资本增长的力量究竟体现在哪里？除房价上涨、资本外流外，民营资本在中国的经济增长过程中，能起到怎样的决定性作用？在市场上具有决定作用的情况下，按理民营资本就应该具有越来越主流的作用，这究竟是否会成为现实？未来的金融改革，包括大的政策改革会不会为民营资本提供这样一个发展方向或者机会？请大家畅所欲言。

王均豪： 2013年6月，亚布力在上海举办了金融论坛。在那场论坛上，我提到，虽然我不知道金融改革的理论，但我相信金融终有一天会改革，我在做一个梦，一个金融梦。当时他们都说我是在做白日梦，但我一直相信会有这一天，金融业会对民营资本开放。因为我有过类似的经验。当年我们进入航空领域就是这样，我们用了16年的时间才等到允许办航空公司。所以我相信金融领域的开放也只是时间的问题，而且党的十八届三中全会之后，很多改革正在一步一步地实施，比如反腐，持续了快一年，这是大家所没有预料到的。再比如民航业。民航业本来已经对民营资本关闭，但这次又打开了大门，福州已经批准了一家，广州也批了一家，民航业的改革开始了。我相信金融业也会如此，也会开放，至少会让我们民营企业来做试点，所以我们正在准备。正如在航空界一样，我们进去了之后至少发挥了一个泥鳅效应的作用，从最初的不被认可到现在的接受，这就是试点的作用。民营资本进入银行业也是如此。所以，对此大家要有所期待。不要等，不要靠，要积极主动地寻找市场的机会，这是我们民营企业的优势，我们的力量就在这里。

汪潮涌： 中国的金融业在世界版图上称得上大，全球十大银行中我们占了六个，前三年全球市值最大的银行都是中国的银行，而且自2008年金融危机后，欧美银行风雨飘摇，而中国的银行则仍然高奏凯歌，每年的增长利润都在百分之三十几。但是我要说的是，它大得不好，大得畸形。党的十八届三中全会后，我感到很振奋。因为高层已经看到了大银行对中国经济所带来的后患，甚至是弊病，或者是伤害。

我对中国银行业观察了很长时间，我从20世纪90年代中期就开始参与中国银行的体制改革。当时朱镕基总理依赖于国际大投行和咨询公司对中国国有行业，一个一个地进行摸底，并设计改革方案。第一个改革的行业是民航（1993年），第二个改革的行业是电力（1994年），第三个改革的行业是电信（1995年），第四个改革的行业是石油石化（1996年），银行业的改革大概是1998年、1999年。当时中国银行业面临的最大问题是不

良资产巨大，所以2001年四大资产管理公司剥离了中国银行业2.2亿元的不良资产，那是壮士断腕的做法。从2002年开始，中国银行业就轻装上阵了：引进国际战略投资人，海外上市，红筹股、H股、A+H股……一路走来，到2008年金融危机的时候，中国银行业安然无恙，傲视全球，中国银行业可以说是渡过了难关。

随后几年，中国银行业获得了长足发展，但是有点发展过头，标致是什么呢？中国的金融资产大概是145万亿元，接近150万亿元，其中92%是银行资产。这是非常畸形的一个金融结构，银行一家独大，保险、证券、资产管理加在一起仅占8%，而且对这8%份额里的成员，各方面的评价都是影子银行、银行脱媒，好像银行受到了多大的威胁。所以我觉得中国银行业的改革应该从两个方面入手：其一，过去除了国有控股、外资战略投资人，再加上上市的部分外，民营资本在中国十大银行里是微乎其微，甚至几乎不存在，因此要从所有制的角度进行改革，也就是要改革银行的所有制；其二，从业态上进行改革，把资本市场发展起来，也就是经常讲的要将间接融资和直接融资的比例调整过来。银行是间接融资的载体，它的业务形态属于风险业务型，它所有的产品都是短期，而短期银行产品对实体经济的支持非常有限。在中国，除了大型国企可以顺延，其他中、小企业从银行获得的基本上都是一年期贷款，即使这些中、小企业的资金再紧张，银行也不管，这对企业的创新、研发和投资都非常不利，同样企业也就不敢做证券投资，因为银行的钱都是短期的。

资本市场在中国发展了20年，风风雨雨，起起迭迭，存在的问题是没有给真正需要资金的企业提供好的股权融资渠道，也没有给企业，包括地方政府通过公司债来募集长期的、具有固定收益的债券资本，更没有像西方那样，为了解决银行和金融资产的不匹配而通过资产证券化来发行MBS等金融产品。资本市场在中国规模小，股权产品、股票产品远远超过债券市场。这就决定了中国资本市场的失灵，中国资本市场仅仅发挥了资本市场融资、变现、交易、投资和对冲风险五个功能中的融资功能，所以从世界经济金融版图来看，中国金融业最大的短板就是中国证券市场的侏儒化，这是必须解决的一个问题。

保险、资产管理、PE、对冲基金等都需要有长足的发展。所以我觉得未来民营资本参与中国金融行业的眼光不要紧紧盯着银行，其实银行最赚钱的日子不应该再继续存在，可能已经成为明日黄花。因为最高层一定会把银行的暴利压下来，银行会放开存款利率，而不仅仅是放开贷款利率。中国的银行为什么那么赚钱？就是因为它两三个点的垄断性利差。在这种保护性利差下，银行获得了暴利，获得了超额利润，但却伤害了实体经济，伤害了储汇的利益，伤害了中国的消费能力，因此银行业的改革绝对是最高层非常重视的一项。所以我觉得民营资本现在进入银行不一定是什么好事情，因为最好赚钱的时代已经过去了。即使民营资本进入银行业，就能够解决中、小企业贷款的问题吗？不行，因为民营资本同样嫌贫爱富，同样希望贷款给大企业。

15年以前，中国电信业四大公司独占市场的时候，我们说一定要投资电信增值服务，当时互联网最早出来的是SAP（Service Accessing Point，服务访问点，即上层访问下层所提供服务的点），电信允许互联网公司做，但最后没有想到，ISP（Internet Service Provider，互联网服务提供商）的执照放开之后成就了百度、腾讯、阿里巴巴等一批中国互联网企业。从这一经验来看，未来我们一定要投资金融行业的增值服务。因为增值服务是非管制的，或者管制比较松的一些领域。同样，未来15年在中国金融增值服务里也可能会出现金融行业里的百度、腾讯或阿里巴巴。另外，我觉得我们不要把这个执照看得太重。因为执照是特权，同时也意味着责任，意味着监管。在欧美市场等经济发达的地方，金融行业的监管最严格，而真正严格的监管环境下要想获得高额利润非常困难。

我们做PE就做得很开心，因为PE没人管。如巴菲特在美国就没人管，巴菲特很聪明，他选择的是金融行业里最高端的一环，所以我们要向金融产业链的高端走。27年前，当我进华尔街的时候，我就决定不进保险公司。因为在留学的时候，三天两头就有美国的保险人员向我推销保险，看着人家很辛苦，也觉得这个生意真不好做。于是我对自己说，劳动密集型的行业不做。银行也属于微利和劳动密集型行业，投行则属于阳春白雪，高盛、摩根属于挣大钱的，PE、硅谷的VC赚的钱比投行还多，最后一看，对冲基金赚的钱更多，高盛、摩根的总裁在华尔街的薪酬是最高的。

从这个角度看，只要机制到位，对冲基金所带来的效果会立竿见影。其价值体现在它能够替别人赚钱，如果不能替别人赚钱，它就拿不到那么高的报酬。所以我觉得未来中国金融业发展的最好机会就是金融增值服务。如金融数据、资产管理、第三方募资机构等，这些都非常有价值，尤其是资产管理。改革开放30余年来，中国老百姓和企业的主题是创造财富和积累财富，而未来30~50年则是财富的保值、增值。所以我们要创业，要投资。我非常看好财富管理领域里的金融增值服务。

陈琦伟：金融业有风险管理的需要，但是金融的风险管理是专业规则的需要，而不是政府的理念。所以在体制之外，我们更需要创新。刚才胡祖六博士提到专业投资、创新投资，包括财富管理、资产管理可能都是民营资本大有作为的地方。请王总讲一讲，从你自己的体会来看，金融业本身的发展会给民营资本带来更多机会吗？

王东：汪总刚才提到的电信改革，当时正好是中金公司成立，我们有幸从电信做到石油，做到银行，做到保险，经历了整个国有体制改革的过程。我本人还有幸参与了电信和银行的改革，因此对整个机制的调整有一

些切身体会。金融改革从一开始就是整个中国市场改革的重要组成部分，从国有银行改革到后来的利率市场化，我们在这方面取得的进展其实还是比较多的。比如目前绝大部分银行的资产都实现了重组，网点减少了，利率市场化也在逐步推进，贷款利率的上限已经打开。金融改革也一直在推进，包括民营资本对现有国内银行业的参与，这个参与程度并不低。大家看一下数据，2012年民营资本在股份制商业银行、城商行中的占比为50%左右，在村镇和民生银行的占比达到70%以上。民营资本虽然有这么大的股本参与，但是它们参与决策的能力一直受到限制，这是机制上的问题。未来民营资本在金融领域将怎样参与呢？我觉得还是要看一下未来整个金融改革有哪些重要的工作要做，以及未来的发展方向。

我认为未来金融改革基本上将会围绕着党的十八届三中全会提出的一些金融领域的重要工作展开。金融改革不是目标，而是关系到各行各业、方方面面的前提和基础工作。那么有哪几个方面的重要工作呢？我认为，第一，稳增长、抗风险。这是维持整个经济体系运行和保持改革成果的前提。第二，调结构，创新局面，实现产业升级。第三，人民币国际化。这三个方面的工作非常密切地联系在一起，金融改革也要和这三者密切联系在一起，而且要为它们服务。只有理解了这三个方面的工作和金融改革的关系，我们才能对金融改革有一个更深入的理解。

如果要实现稳增长、抗风险，在未来一段时间之内，金融改革就不能有任何改革举措触发系统性金融风险，这是一个基本前提，这样至少在近期内要保持基准利率的稳定和社会总融资成本无大幅度的变化。但是又不能控制利率成本，而必须使利率能够实现市场化、差异化的分配，并且从这个角度去促进调结构、创新，实现产业升级。因此所有的改革措施首先要解决金融资源有效分配的问题，实现市场化的分配。其次要解决矛盾，解决国有企业和民营企业由于资金分配不公所带来的矛盾，还有就是引导资金向新的城镇化、消费升级、技术革新等新增长领域发展，这也是金融改革的目标。另外，所有的金融改革措施都应该能够提升国内银行和金融业务的竞争能力。因为人民币国际化的最后目标是中国整个金融市场的开放，金融市场开放以后，如果国内金融业不具备竞争能力和风险管控能力，无法应对跨国资本流动和套利资金所引发的系统性冲击，那么中国的金融市场仍将是不堪一击。

围绕这项工作，我们判断，未来的金融改革工作应该从四个方面推进。第一，做大市场。我们市场化融资的规模还太小，基本上还是信贷融资，就是间接融资，因此必须做大市场，这样才能够满足未来金融改革对广度和深度的要求。在这方面，除了放开股本融资市场外，在控制信贷规模增长的情况下，还需加快做大债券市场，因为债券市场是未来金融市场实现现代化的一个很重要的基础。其一，只有债券市场做大了，大型国有商业银行才能把业务重心从现在的信贷业务转到市场化投资上，现在我们有一百二三十万亿元的商业银行资产，其中债券市场只有二三十万亿元，而实体经济在债券市场当中发挥的作用很小。其二，只有债券市场做大了，这个市场才能够倒过来刺激商业银行去为中、小企业提供信贷业务的服务。而当大型国有银行把资产业务转过去，腾出来的信贷业务空间才能够给中、小银行和民营银行提供一个新的业务发展外界空间。所以扩大债券业务非常重要，但从制度建设、监管方面来讲，还应该做很多的工作。其一，债券业务审批一定要放开。欧美发行债券不需要审批，最多是披露，而我们需要审批，这样企业没有办法有效地把握这个变化。其二，要深化广度和深度，要逐步适当允许国际金融机构参与国内债券市场，他们的参与能够提高我们整个债券市场的容量。

第二，要深化利率市场化的改革。利率市场化是大家讨论了很多年的一个问题。贷款利率的上限在监管上已经放开，这是好不容易取得的一个成果，下一步就是存款利率的上限放开。但是利率市场化的改革不仅仅要有制度和政策，制度和政策能否有效运用是关键问题。因此除了有制度和政策以外，最重要的是什么呢？是加速国有银行体制的改革。国有银行在股权结构和治理结构上一定要改革，如果不改，它的激励机制就不可能使它产生业务创新和承担风险的能力和意愿。

第三，要给中、小企业参与金融业的自由度，要为他们创造条件。针对中、小银行网点不够的问题，我觉得在满足监管条件下，应该加快网点的审批。目前中、小银行发展跨区经营，网点审批仍然是一个约束，民营资本参与的程度也有限制。另外，对于金融领域的新兴事物要有一个包容的态度，包括互联网金融，这些东西都是在新技术条件、新经济条件下产生的新生事物，只要合法、合规，我们就应该给它一个发展的空间。

第四，要加强金融基础设施建设，即加快存款保险制度和企业破产程序的落实，除此之外，政府还要打击地下金融业务。因为不使它有效地合法、合规，银行业务的发展不可能有保障，也不可能有一个有效的、合理的竞争环境。

在这几个大改革方向上，对于民营资本如何参与，我没有太多的想法，但是我提点自己的认识：要看到挑战和风险。传统银行的利差业务是一个恐龙级的业务，民营资本现在进入一定要有风险判断，这个风险可以归纳为两个方面。一是监管的压力。银行永远需要监管，政府看得见的手永远在那里，而且中国有一个特色，那就是政府不仅监管，而且还要参与运营。在这样的环境下，能否为民营银行创造了一个公平的环境呢？这是一段时间内需要解决的一个问题。二是业务风险。目前民营资本参与银行业的比例并不少，有些银行也做得很好，特别是民营银行，它们以中、小银行为主，机制很灵活。因为它们要跟大行竞争，而且一般都是区域化运营，本土优势明显，还有地方政府的支持。但是发展一段时间以后，问题就出现了，那就是管控体制治理和运行流程管理明显跟不上网点扩张和规模扩张的速度。这是很多民营银行面临的问题，在这样的情况下，它们如何去抵抗金融市场的风险？另外，产品的同质化程度非常高，大家都去做利差业务，为中、小企业提供融资服务，不仅大银行不喜欢，而且小银行也不喜欢。所以民营资本进入银行业要想取得成功，就不能够走大银行综合性经营的老路，而必须做出特色，必须突出自己的核心竞争力。比如，招行最早做互联网，它通过互联网银行把自己的业务特色做出来了，而中信银行主攻个人外汇业务，民生、光大两家银行则集中做中、小企业融资业务，这就是特色。

王均豪： 王总的讲话让我思考一个问题，那就是监管的问题。"警察"永远在考虑抓坏蛋，那么我们能不能不做坏蛋，这样我们也就不怕"警察"了。类比到民营银行，我们要为自己的健康负责，那么我们为什么总想让别人来监管，自己主动做一个好孩子不行吗？我的意思是：我们按照标准来约束自己，自己主动考及格不就行了。

王东： 大家对办银行的热情非常高，我不是银行专家，想从我的理解回应一下大家。第一，在现有的传统银行业务领域，新进入者肯定会面临已有竞争者带来的阻碍，而且新进入者是在已有竞争者占有市场主导地位的情况下进入的，这样新进入的成本很高。第二，即使满足监管条件，这也意味着运营成本和竞争力将受到很大的影响。

陈琦伟：民营资本确实很累，我们给均豪加油。

王均豪：我们已经申报了民营银行，但是我觉得不累，我们肯定有自己的机制和优势，毕竟我们已发展了二十几年，各个行业我们都发展过，就像航空一样。七年前，所有人都怀疑我做航空，但三百六十五行，行行出状元，只要给我们一个机会，我们肯定会走差异化的道路，正如我们在航空领域走的中、高端路线。市场的开放是百花齐放，总有花开，总有花落，我觉得这是一个规律。

陈琦伟：事实上，民营资本办银行的阻碍很大，各地都有额度。另外，很多民营资本不一定像均豪这样有胆量和胆识，民营资本不是总想冒险和创新，它具有资本的所有性质，所以它会遵循很多规律。但不可否认的是，民营资本在中国已经有了很大的发展，具有相当的规模。想请问汪总，民营资本怎么看中国市场的机会？

汪静波：小时候，我记得中国有一个企业家叫作仰融，为什么叫这个名字？这是他的笔名，即仰慕金融的意思，这代表了当年很多中国民营企业家的思想，在创业之初都有一些资金饥渴。我从事金融行业将近20年了，前10年是在大型金融机构工作，后10年是自己创业，我觉得现在已经进入了另外一个时代。这个时代跟过去不太一样，已经不能靠建立核心竞争力或者了解客户需求就能获得成功了。所以现在办民营银行会比较困难，不一定会赚钱。因为中国现有的银行已经非常庞大，它们可能满足了所有的传统需求，而真正能够逆袭的也许是跨界的金融机构或产品，比如余额宝、阿里小贷，这些其实都是银行脱媒。未来，直接融资的比例会越来越大，间接融资比例将越来越小，2013年间接融资的比例是60%，以前这一比例是90%，脱媒的速度非常快。

另外，我觉得财富管理也有发展空间。第一，中国正在走向老龄化，随着人们的年纪越来越大，消费也会越来越少；第二，改革开放30年后，很多人积累了非常多的财富，投资需求将会增多。所以我觉得财富管理肯定会成为比较朝阳的产业。日本在过去20年中经济一直持续下滑，但是它的财富管理仍然在增长，很多时候还保持着两位数的增长，这就代表了一个大的未来趋势。所以，未来民营资本进入的领域不一定是银行，而是资产管理行业，或者金融行业里的增值服务。对互联网的运用，我觉得它不仅仅是工具，而是整体思维模式的改变，如果没有跟上就会被颠覆。

汪潮涌：中国20%的人口拥有80%的金融资产，这20%的人基本上不用互联网金融，所以不会被颠覆，它只是一个渠道而已。

汪静波：这次我陪爸爸去度假，他已经七十多岁了，在看到理财通、余额宝后，他问我，为什么你们不是这样做的呢？每天可以计算赚了多少，今天到期明天就可以转存，如果我老爸都这样认为了，我觉得这就成为了一种普遍的认识，这是一个非常令人焦虑的现象。在这样的环境下，我觉得最重要的是怎么建立自己的核心竞争力？别看有些人宣传得很好，其实它的业绩并没有那么好。谁能够在市场上坚持下来，给客户赚钱，谁才具有市场竞争力。所以，未来的竞争还是产品的竞争。

王东：汪总提到了焦虑感，实际上这是民营资本克服目前困难的一个非常重要的武器，也是民营经济能够保持强盛竞争力的非常重要的东西。眼下，民营资本的焦虑感体现在哪里？新的业务，就是未来民营资本在金融业务领域里的发展机会，比如互联网金融。而国有资本没有这种焦虑感，所以这实际上是将互联网金融的业务让给了民营资本，包括余额宝等，就是为我们民营资本创造的一个机会。那么民营资本能不能抓住机会发展出有特色的业务？这就是对我们民营资本的挑战。

汪静波：我觉得，市场经济发展无关于所有制。在发展的过程当中，我们并没有感觉到国有和民营有什么不同，竞争到一定深度的时候，公司的核心能力才是关键。

陈琦伟：汪总这个体会讲到了本质。中国总有民营和国营的观念，但正如民营的煤和国营的煤放到炉子里都是一样燃烧的道理一样，市场经济发展与所有制无关。

王均豪：最重要的是企业有没有实现有主人的体验。我看到一个数据，在世界500强里，大股东是家族成员的企业，它的所有指标都好于股东是分散小股东的企业。我在均瑶集团20周年的时候举办了一个"百年企业之路的高峰论坛"，我提出要做一个"百年老店"的探索者，希望均瑶集团能够可持续发展下去。

许立庆：我曾经在怡和底下的金融公司服务过很长的时间，后面才转到怡和，从中我可以看到金融业跟传统业之间的区别和联系，因为怡和现在基本上没有金融业，只有酒店、度假村、汽车和餐饮。当初为什么怡和

会在发展很好的时候决定卖掉呢？因为监管成本越来越高，这让很多中、小金融机构没有办法生存下去。

回到本质来看，银行到底是什么东西？我们知道，银行业最基本的要求就是资本充足率不得低于8%，也就是在100元的资金里，银行自己要有8元。如果将银行当作一般行业来看，它的负债率就达到了12.5。怡和是一个传统的行业，它的负债率是多少呢？也是8%，90%多都是自己的资本。两者之间的差别如此之大，当然这个负债率只是商业银行，投行比这更高。银行扮演什么角色？是资金的持有者，是资金所有者与资金使用者之间的一个桥梁，早期的银行很简单，就是存和贷，中间赚一点小利差。

正是因为这样的缘故，任何人都跟银行脱不了关系，所以银行业就负有社会功能。银行出了问题，它的那些存款怎么办？举一个例子，所有的行业里只有银行业有这样的现象，那就是如果有一家银行要倒闭，其他的银行都会过来救它。为什么？因为银行都是靠信用在生存，所以如果有一家银行倒闭，人们就会对所有的银行失去信心，从而抽回存款，如此下去再大的银行也会倒闭。银行的系统风险是所有行业里面最高的，银行与银行密切相关，而且会影响到所有行业。

为什么所有的政府都要监管银行？除上面所说的之外，还因为银行本身就很微妙。银行负债率是12.5倍，风险很高。如果银行亏了，股东赔本8元，那么其余的92元谁来负责？回答是：社会来负责。在如此高的负债率下，管理者或股东就会有很强的冒险冲动。美国第十三任联邦储备委员会主席艾伦·格林斯潘下台的时候说，他犯过的最大错误就是太相信市场了。他认为银行的人比他还懂银行，所以他不需要管得太多，而正是由于他的这个理念而产生了2008年的金融风暴。回头看雷曼兄弟，破产前一刻，它的负债是40倍，也就是100元的资金里它只有2.5元，这样市场稍有波动，它自有的资本可能一天就没有了，破产的原因就在这儿。

事实上我想说的是，金融业或者银行本身就存在一个矛盾。一方面，他们承担了社会公益的功能，大家都认为它不可以破产；另一方面，他们有如此高的举债，这就成为他们冒险的大诱因，这就是所谓的"道德风险"。2008年以后，金融业事实上进行了很多次改革，但这些改革都是技术上的改革，并没有触碰到本质。为什么本质上的改革这么难？因为这一矛盾实在太激烈、太严重了。现在民营资本逐渐进入银行业，这就将问题弄得更复杂了，要想解决这一矛盾也就更具挑战性了。

当然，我相信金融大开放的时代一定会到来，没有一流的资本市场绝对支撑不了一流的经济。昨天复星的郭总讲到，国内一方面资金很多，另一方面融资成本几乎是全世界最高的。就制造业来讲，这是很矛盾的。中、小制造业的成本是8%，再加上10%的资金成本，如此高的成本如何能使它们跟美国的制造业竞争？所以，关键还是如何在体制上进行改革，至于所有权是谁，其实没那么重要。

陈琦伟：中国的民营资本非常年轻，面对成熟的国有资本，它们的差别好像很大，但是民营资本的成长也很迅速。下面请上海嘉定区的费区长讲讲她是怎么看待民营资本的？民营资本在她眼中具有什么样的力量？同时又有哪些不足？

费小妹：1993年，吴邦国到上海嘉定区调研，我们给他的汇报是发展民营企业。对此当时的争议很多，但在这20余年的发展中，我们始终在做三件事：第一，平台；第二，服务；第三，政策。2013年，我们嘉定区的

财政总收入是660亿元，在上海的区、县里排第二名，浦东排第一名。而在这660亿元当中，民营资本的贡献率达到了55%。为了将国有资本和民营资本更有机地结合，我们成立了嘉定创投，现在管理了150亿元资金。通过政府基金的引导，现在嘉定工业区的企业有一千七百多家。当然我们不仅仅看重在嘉定的公司，我们更希望有更多的投资人来投我们嘉定的企业。所以我们要把这个平台做好，让我们的投资人，让这一千个亿元的资金杠杆再放大，从而推动我们整个区域的发展。

陈琦伟：大家还有什么评论和高见？

汪潮涌：我觉得均豪申报银行还是有成功的可能性。其原因在于：第一，基于深厚的温州民营企业的基础，为解决民营企业的民间高利贷，使民间信贷合法化，这使得它本身就有客户基础；第二，航空业的客户，即使只有吉祥航空的客户成为他银行的未来客户，这就够这个银行吃一辈子了；第三，航空业是一个非常好的融资平台，飞机租赁可以用非常长期的、低成本的资金，也可以通过预收款补充银行存款。

陈琦伟：我们今天谈到了很多的内容，真的是面向未来的，大家可以有很多的期待，看看进一步发展的结果。

民营银行的挑战

2015 年 5 月 27 日，浙江网商银行获得开业批准，至此，国内首批 5 家民营银行均已相继开业，民营银行的春天似乎已经到来。民营银行的出现，将在很大程度上优化中国的金融生态。民营银行将给传统商业银行带来哪些挑战？在目前仍缺少相关配套服务机制的前提下，民营银行该如何规避风险，如何稳健发展？在"互联网＋"的浪潮下，其是否面临冲击，是否天生具有互联网精神，与互联网的结合又将呈现出怎样的形态？

在"2015 年外滩国际金融峰会"上，浙江网商银行行长俞胜法、上海华瑞银行行长朱韬、德意志银行中国区总经理高峰、中泰信托董事长吴庆斌、中国工商银行私人银行部总经理马健就上述问题进行了深入讨论。复旦大学国际关系与公共事务学院教授蒋昌建主持了该场论坛。

蒋昌建： 首先要祝贺五家民营银行的成功获批，最近获批的一家银行是浙江网商银行，我们的问题就从俞先生这边开始。在民营银行获批的时候，有很多人送上各种各样的祝贺，但他们也有着各种各样的担心。我们就从"担心"开始讨论。第一，担心所涉及的，无外乎时机的问题，比如说银行的存款结构最近几年发生了一些变化，一般存款比例在下降，同业之间的存款比例在增加。第二，民营银行对存款的保险金和一般的银行相比较，并不一定具有优势。第三，当然是俞先生经常面对的问题——账户的体系，尤其是新的银行，账户体系如何与一般的银行进行竞争？还有商业业态怎么在较短的时间内培育起来？你觉得哪些问题对你来说不是最主要的问题？哪些问题是我们要直接面对的？

俞胜法：五家民营银行有四种模式，这四种模式也是监管部门第一批试点的出发点，目的是对民营银行进行适当的定位。所以对我们来说，最大的挑战有两个方面。一方面，因为金融行业严谨的特性，尤其是在风险管控上的严谨性。民营银行涉足金融行业，在管理，尤其是风险控制的机制方面，对我们提出了很大的挑战。另一方面，就像主持人说的，因为民营银行是一个新进者，原有的金融机构已经形成了非常全面、强大的客户群体、产品体系以及服务体系，民营银行进入的时候，是一个纯粹的新进入者，从某些角度上来说甚至还是初学者。这两个方面对民营银行来说，都是非常大的挑战。当然民营银行也有自身的优势，比如民营企业的机制比较灵活，在管理方面，对客户的服务理念要比现有的金融机构更开放。另外，它的运作模式、运作机制也更为灵活，这也是我们民营银行的优势。

蒋昌建：好多朋友可能对民营银行运作的模式不是十分清楚，能不能用一句话概括网商银行的运作模式是什么？

俞胜法：我们网商银行的运作模式就是三点：轻资产、平台化、交易性。我们希望通过我们的服务能够把客户的两端很好地连接起来，当然我们也有自身的一些特点。我们这家银行是纯互联网银行，不是实体网点，这方面可能是我们和其他银行的差异所在。

蒋昌建： 您刚才提到平台化，是不是意味着您的银行会和其他各类银行展开合作？

俞胜法： 银行业发展带来的最大变革体现在对它的渠道的掌控能力。在自由化以后，金融的场景化是非常重要的，渠道的能力对所有银行来说，都是对它们下一步发展的极大挑战，但是这个"渠道"并不是我们传统意义上的渠道，不是网点、机器设备、客户经理，而需要由我们来将之建设成一个平台化的模式。

蒋昌建： 刚才俞先生说到民营银行的四种模式，接下来请问华瑞银行的朱韬行长，你能不能讲讲华瑞银行目前的运营模式？

朱韬： 我们将自己定位为服务型，那么我们服务的对象是谁呢？第一是服务小、微大众。第二是服务科技创新。科技创新的企业将是华瑞银行重点服务的对象。第三是服务自贸改革。服务那些民营企业和中、小企业当中大量存在的但被大型金融机构普遍忽视的跨境金融服务、跨境投融资服务、跨境资产配置服务，这将是我们华瑞银行三个主要的服务定位。

蒋昌建： 网商银行跟传统的银行不一样，不会铺网点，不会打造传统的渠道模式，华瑞银行在这方面是否有新的考虑？还是跟传统银行的做法差不多？

朱韬： 我不太赞同把民营银行和传统银行对立起来，本身我们就是一家人，我在华瑞银行创建之初觉得需要解决三件十分急迫的问题。第一，如何建立一个中、小型民营银行自身的信用，就像100多年前上海民营银行的初创阶段那样。第二，如何建立起我们在客户当中的服务口碑。第三，如何建立起我们价值创造的专业能力。而这当中首要的问题就是先从哪里下手？都是先从金融机构自己的圈子里开始的。如果银行都不认同你，那么客户更是不可能认同你的。所以我们不能把自身和传统的金融机构放在两个对立面上，我们本身就是同样的一个群体。事实上在过去将近100天的试营业当中，出乎意料地得到了上海金融圈内各类金融机构的高度关注和积极支持。到目前为止，已经有突破20家以上的主流中资、外资银行跟我们建立了授信合作关系，我们现在取得的同业授信额度已突破了200亿元人民币，这当中除了主流的国有大型银行、股份制银行、城商行之外，还有部分东南亚地区的外资银行。所以我觉得我们是一体化的，我们都是一个市场的共同参与者。

蒋昌建：你觉得目前民营银行要克服的最主要问题是什么？或者说最主要的挑战是什么？

朱辄：活下来。

蒋昌建：你觉得有可能活不下来吗？

朱辄：我需要说明一点。大家刚才谈到民营金融，在我到岗的半年过程当中，我们前前后后接待过大约20批民营企业家，他们都在问：我们的机会和挑战在哪里。我觉得有一点很重要，成功的、具有影响力的企业家有很多，但是一旦进入金融圈子，他们首先要解决一个心态的问题。再大的企业家进入金融圈子以后，都会变成一个小型金融机构的领头人，这时就要解决活下来的问题了。

蒋昌建： 活下来的问题着急解决吗？还是可以慢慢考虑活下来的生存之道？

朱韬： 这就要看各家银行的实际情况了。每家的董事会、股东大会对经营层、管理层的要求都是不一样的，职业经理人的要求就是股东、董事会对我们的要求。

蒋昌建： 接下来，有请我们的老朋友吴庆斌先生发言。中泰信托也经营了很多年，非常有经验，从您的角度来看，五家银行的四种模式中最适合金融业发展的态势，有可能是哪一种？

吴庆斌： 银行是怎么产生的？银行首先是一个信用中介，信用中介就是信息不对称情况下的交易媒介，比如我和你之间不信任，所以要借助网商银行。所以银行就是一个信息不对称条件下的产物，这是第一点。第二点，银行的核心是资金，没有物流，所见的全部都是数据。原来还有现金，现在现金基本上都没有了，银行卡都要消亡了，直接就是键盘敲了，之后可能就是刷脸了。所以从这种情况来看，结合银行的本质和互联网的本质来说，需要利用好银行信用的平台，然后再解决好信息对称的问题。

我们做民营银行不一定只是做银行，应该做的是金融的媒介、信息的媒介，让客户产生信任。通过互联网大数据的关系，降低客户之间的信用成本，提高信息对称度。大家在说做互联网金融，做什么都好，得账户者得天下。然而马云说真正的金融牌照是没有的，小贷公司、支付宝都不是金融牌照，真正的核心金融牌照就是网商银行。有了网商银行就有了客户的账户，这个账户是实实在在的，可以把你的身家性命都放在里面的账户。如果做互联网的这些企业把你的账户控制住了，掌握了你的客户行为，再推动你的行为关系、社会关联关系，我和你之间的关联关系等，再掌握资金，那可能最终的结果会很了不得。因为这个账户是你实实在在的账户，所有的资金都在里边。最终达到在控制账户的同时，还能够控制朋友圈的效果，那这就打破了传统银行信用中介的特性。如果沿着这条路走，我觉得是一件蛮恐怖的事情。

蒋昌建：如果华瑞银行、网商银行跟中国工商银行洽谈合作，假设你只能选一个合作方，你愿意选谁？给我理由，为什么？

马健：对银行来说，我们觉得民营银行现在确实面临着一个非常好的发展"春天"。但是我觉得"春天"是一个自然的现象，它不是只面向任何一个单位、任何一个经济体。对所有处在这个季节的人和组织来说，都同样面临着良好的发展机遇，这个"春天"是大家的。如果说民营银行能够蓬勃发展的话，同样以中国工商银行为代表的国有银行也面临着转型、改革的良好"春天"，这是我的第一个观点。第二，英雄不论出身，重在表现，银行好不好关键看你怎么做。第三，对我们这样的大型银行来说，我们既感到兴奋又感到有兴趣，兴奋的是中国的整个金融市场又增添了像民营银行这样的新生力量，我们看到这个市场可以更加活跃、更加有激情。同时我们也感到非常有兴趣的是，我们可以学习、比较和研究，甚至和他们一起合作，这是我的观点。如果要回答您的问题，二选一的话，我个人认为是这样，像华瑞银行，它本身在上海，同时它的几个业务特点和我们现在的整个业务现有模式和切入点比较容易合作。如果现在二选一的话，我们可以和华瑞银行先进行合作。

蒋昌建：的确，中国工商银行有它的思路，或者说有它对于商业的思维,先得者未必就能够持续下去,晚来者也未必不能持续下去,这是马先生的回答。接下来让俞先生回应一下,他如果不选择你,你能不能用一两句话说服他?

俞胜法:我不用说服他,我觉得他的选择非常正确。第一,因为马总是私人银行部的老总,从事的是高端业务。而我们的定位非常明确,不做高端,只做与小、微企业和创业者相关的业务,我们对客户的定位不一样。第二,因为我们运作模式的原因,合作时从传统银行的角度来说可能难度更大。所以我非常赞同马总选择华瑞银行,选择得非常正确。

蒋昌建:俞先生这是话里有话:第一,是我们的客户定位不一样;第二,就是告诉传统银行,你还是老思路,跟我们合作,你还不够格呢。接下来有请高峰先生。德意志银行是非常老牌、有经验的银行。听了他们这么一席话,高先生你对中国的这些民营银行,不管是五个银行四种模式,还是他们的想法,你的看法是什么?

高峰:银行的业态一直在变化,尤其是金融危机以后。银行都在变,不仅新进的银行,即便是传统的银行也要找到新的发展角度。我记得我刚入行还是"菜鸟"的时候,银行在国外也做证券,我就有了一个疑问:银

行和证券公司的核心竞争力究竟在哪儿？当时业内一个大佬愿意告诉我答案：银行的核心竞争力在于对信用风险的把握，而证券公司的核心竞争力在于对市场风险的把握。这个观点我一直记到现在。可是这么多年以来，你要是听到一个人是做银行的，只会说他是锦上添花，不是雪中送炭。如果是以信用风险管理作为核心竞争力，就要想弯道超车有什么跟以前不一样的地方。从传统银行的角度来讲，因为银行越做越大，它的信用最后完全是由一个系统来决定的，这个决定本身最后就变成了一个模型，导致有风险的时候大家都退避，没有风险的时候大家都去借钱，这是一个顺周期的思维。在关键的时候肯对外借钱的人反而不是银行的了。金融危机之后出现了这样一个思潮，国外的很多人都在思考，传统的社区银行为什么好呢？就是因为它对信用的把握能力。假设我是一个银行的老总，我和我的借款人一起去一个教会，我对他的了解比数学模型告诉我的要透彻清楚得多。现在是属于大数据的时代，将来不只是传统银行，包括新的银行，怎么运用大数据的技术对信用有更好的把握，我们可以做一个不同于别人的思考，这是第一点。第二点，银行的业务通俗来说无非是借钱，这需要稳定的资金来源。民营银行有一个天生的弱点，和一些国有大银行相比，稳定的资金来源这一点肯定是劣势，在流动性管理上对民营银行的要求比对一个大银行或者一个传统银行的要求要高。比如，前不久我们把《银行法》改了，在贷存比问题上需要更多地借助于资本市场，所以民营银行是最大声鼓吹要资本市场发展的，同时在风险和流动性管理上，民营银行比传统银行要遇到更多的问题。第三点，公司治理的问题。之前有一些媒体在担心民营银行会不会成为大股东的提款机。从风险管理的角度来说，如果走到这一步，那就是风险最大的集中点。因为出问题的客户偏偏是大股东，这时候需要你增资，两期风险叠加。总结而言就是这三点：第一，信用风险，怎么样把信用风险管理的能力凸显出来，要运用现代更先进的技术；第二，流动性管理；第三，公司治理。

蒋昌建：最近在救市的过程当中，银行股票的表现还不错，但是这不能掩盖一个问题，那就是银行现在的盈利也遇到了各种各样的挑战。过去银行可以靠贷款来盈利，但是现在经济不好，贷款有困难，该怎么盈利呢？股票市场好，配资或者通过一定的技术手段贷款给个人炒股，这也可以盈利，银行也可因此寻求利润。对于这种获利的方法，各位会不会采用呢？

俞胜法：我们不会这样去做。

朱韬：有所为有所不为。这个业务是个好业务，但是华瑞银行现在不为。

马健：我们是为我们的高净职客户提供投融资服务的部门。在中国资产大量转移的时刻，我们的客户有需求，我们就应该提供合适、合规的业务服务。

吴庆斌：首先肯定是有所为的，因为中国现在财富资产配置的问题出在我们在固定收益类、房地产上的总体配置过高，反倒在资本市场、证券市场配置比较低。我们的养老金也好，私人资产也好，如果在资本市场、证券化市场上的配置提高到30%~40%，这样的状况才是比较健康的。在这样的配置要求之下，作为金融机构和信托服务公司，我们是提供这类服务的。我们提供的这类服务当然和它的风险相匹配，包括在有风险的时候，要帮客户处理风险。

高峰： 我的看法是应该有所为。但是德意志银行在国内是不做这些业务的，有所为必须是在一个风险能够管理的情况下。比如，目前如果银行还没办法处理证券风险，你怎么为？

蒋昌建： 如果2016年论坛上有一个专门针对民营银行的论坛，你觉得民营银行"春天"之后的主题是什么？

马健： 我觉得应该是借势、造势和顺势。

吴庆斌： 我觉得我们应该谈到民营银行的客户关系管理。

高峰： 一年以后，如果我们能在解决中、小企业融资难的问题上有所突破，应该说民营银行起到了很重要的作用。

朱韬： 如果要起一个题目的话，我建议叫作"多姿多彩"或者叫"五光十色"，那才是"春天"。民营银行不该是一个主题，也不该是一个特色，中国民营银行的发展才刚刚起步，这个历程可能需要几十年甚至上百年。也许未来中国民营银行有几十家、几百家、上千家，但一定是每一家的服务存在差异化，每一家有自己的核心竞争力，那才是真正的"春天"。

俞胜法：一年以后民营银行肯定不止五家，如果2016年要做一个民营银行主题的话，我认为是它的发展路径问题。设立一家民营银行，我们要非常明确自己的定位和发展路径到底是什么。

吴庆斌：我觉得2016年我们开五家也好、十家也好，明年这个时间点这些银行的资产负债表会完全不一样。如果这五家银行的资产负债表还是一样的，或者跟中国工商银行、中国民生银行的差不多，那我觉得可能问题就大了。

银行必须建立良好的风险文化

文 牛锡明 ▶ 交通银行董事长

作为银行工作者，我们的工作重点还是在风险管控上。实际上，"一带一路"本身也蕴含着风险，在"一带一路"的实施过程中，我们能不能把风险控制住也是一个很重要的问题。所以我想从风险掌控的角度谈一谈自己的看法。

中国社会主义市场经济具有周期性。银行业是亲周期行业，利润和风险的周期性明显。2002—2014年，依托中国经济的快速增长和银行改革，银行业的净利润从300多亿元上升到1.55万亿元，12年间增长了50多倍。

但是，阳光总在风雨后，风险总在利润后。看银行利润要联系银行的资产质量。20世纪90年代银行业曾出现过4万多亿元的不良资产，银行的不良贷款率曾高达40%以上。2002年以来的10多年里，银行利润大增，近几年的盈利都在1万亿元以上，不良贷款率也降低到1%以下。但自2012年以来，银行业又进入"风险暴露期"，不良贷款率已突破1.8%，不良贷款额已达到1.8万亿元，不良资产双升的趋势短期内不会改变。看10年，银行有巨额利润，但看20年，银行也有巨大风险。在盈利高涨时，我们往往看不到潜在的风险，这就是银行利润的当期性与风险滞后性的错配。

风险文化就是正确认识利润与风险这对辩证关系的文化。利润是风险的回报，风险是利润的代价。风险文化是银行经营的根，是银行管理的魂。风险文化必须印在银行家的脑子里，融化在银行家的血液中。对银行的风险文化可以有多种解读，但我认为必须有以下五点认识。

第一，必须认识到利润当期性与风险滞后性的错配。利润与风险是错配的，银行家必须深刻认识这一规律。不要以为今天赚的钱就永远是利润，不一定，也可能会是明天的亏损。看银行不能只看一时一事，要看一生一世。从中国银行业的实践看，资产质量呈现出这样一个变化规律：1992年信贷大投放，1995年逾期贷款大量增加，1998年形成巨额损失。2009年信贷大投放，2013年以来不良双升，2015年已形成大量损失。信贷大投放后"3年出现不良、5年风险爆发、7年大量损失"的"357效应"体现了利润当期性与风险滞后性的错配规律。

第二，"鸡蛋不能放在一个篮子里"。我比喻为"好苹果要吃一半"。既然是好苹果为什么不全吃掉？其实好不好你看到的只是表面。你看表面上是好苹果，但你看不到里面，里面可能是烂心的，这说明信息不对称，使你不知道它是不是真正的好苹果。从银行经营上说，你吃苹果不要独吞，当你把所有利益都吃进去的时候，风险也全部吃进去了。

第三，按照"全覆盖、全流程、责任制、风险文化"的要求建设全面风险管理体系。银行的风险源自方方面面，"黑天鹅事件"并非偶然事件。由于银行的资金像血液一样来自方方面面，也流入方方面面，因此银

行的免疫力就非常重要。风险管理体系建设就是免疫系统的建设，这要耗费银行家的巨大精力。银行家必须将风险文化、风险理念贯穿到各个方面，把风险管理的机制深入到各个领域，风险管理的责任落实到各个环节，风险管理的要求落实在行动上。

第四，"依法合规、稳健经营"是银行经营的基石。依法治国落实到银行就是要依法合规、稳健经营。百年银行不是跑得最快的，而是跑得稳健的。做银行家必须有耐力，能力与耐力相比，耐力更为重要。万事皆有规矩，无规矩不成方圆。做事要有规矩、有程序，不能想起来就干，不能干了再说。流程建设必须坚持"一条操作线，一条监控线"，两条线才能控制住风险。业务操作必须换手，不能一手清，换手才能真正落实监督。

第五，资产质量十年磨一剑。不能期望资产质量管理短期就见成效。真正要把资产质量管好，没有十年工夫是做不到的。因为它不仅仅是管理方法和工具问题，还是风险文化和理念问题；不仅仅是管理者的问题，还是全体员工的问题；不仅仅是银行的问题，还有客户和社会的问题；不仅仅是空间问题，还有时间问题，等等，总之，这是一项系统工程。

当前大家都非常关注金融风险，但其实在当前的金融风险中，大家比较关注的是两点。第一点是股市的风险。短期内，股市上升到了5000点，接着回落到了3000多点，然后又回升到4000多点，再落到2900点，目前是在3100点左右。我认为，中国的股市保持在3000点左右是正常的，是一种理性的回归。股市本身应该有市场的规律，我们应该按照市场的方式配置股市的资源，更多地通过市场去保持股市的健康发展。从交行来看，我们也有一些资金进入了股市，但是从目前评估的情况来看，股市处于3000点左右的时候，我们的资产是安全的。第二点是银行的不良贷款率实不实的问题。这是一个长期以来大家议论的问题。我可以告诉大家，银行的资产质量、水分年年有，2014年也不是特别多，银行的不良贷款率确实存在着一定的水分，但这个水分是在风险可控的范围内，不会发生系统性的金融风险。那么是不是中国的金融没有风险？绝对不是，我觉得现在中国金融的潜在风险还是比较大。因为现在中国的金融总量已经达到了200万亿元，而且它的结构也不是特别好。那么，在未来的发展中，怎样控制住金融风险，从而不发生系统性金融风险就显得越来越重要，因此我们国家在"十三五"期间必须认真研究金融风险的防控问题。

风险文化是商业银行经营的根基。风险文化在几百年商业银行经营管理的历史长河中得以继承和发展。建立风险文化并非一日之功，靠潜移默化、熏陶浸泡，不断总结、继承和发展。西方商业银行发展的经验告诉我们，一个银行管理得好不好，要看历史积淀。百年银行才有历史，有历史才有积淀，这是银行风险管理的基础。这种积淀不是一天、一时、一事能形成的，得靠时间、靠磨炼、靠经验。西方商业银行几百年的历史积淀了风险文化，而只有在风险文化中才能培养出世界级的银行家。所以，有了历史的积淀、文化的熏陶，才可能出现优秀的银行家。

给民营银行的七点建议

文 谢　平 ▶ 原中国投资有限责任公司副总经理

我很荣幸地参加了此次"外滩国际金融峰会"。最近民营经济的发展，在金融领域主要集中在两个方面：一个是民营银行，另一个是互联网金融。我今天主要讲民营银行，想给大家提几点建议。当年我在人民银行工作的时候，我始终支持民营银行改革。当年在北大开民营银行研讨会的时候，我也积极参加了。结果等了15年，现在终于有五家民营银行试点了，这是一个很好的开始。民营企业家能够在工商企业界做好，就一定能在民营银行领域做好。

对民营银行，我主要谈七点建议。

第一，民营银行的股权最好要分散。现在银监会也已经要求了，民营的每一家试点银行要有两个发起人，而且单一股东比例不能超过20%。实际上现在大银行的股权都非常分散，我们国家现有的，没有国有银行元素的有两家：一家是平安银行；另一家是民生银行。民生银行的股权本来也比较分散，事实证明也是比较成功的。这是什么意思呢？民营银行最好不要有一个人股权特别大，不论是国有股独大还是家族股独大，对银行都不好。

第二，股东一定要选一批真正称职的董事。这么多股东把银行委托给这些董事，董事的核心是正直、诚信、专业、敢于发表意见、真正的履职，而且还要增加一定的独立董事代表，就是说公司的控制权最终掌握在这些董事手里。大家都知道，我们国家在股东选董事上面是非常有争议的。民营企业家，你们作为股东，你们要办好银行的时候，不要老想着这个董事怎样代表我的利益，一定要选真正的能够独立发表见解的董事。这个我觉得非常重要，因为将来你要把银行委托给这些董事。

第三，一定要真正发挥董事会的作用。重大的议案一定是由董事会投票产生，因为我跟银行界打了这么多交道，我觉得公司治理在很多方面是不完善的，其中一个原因就是董事会没有很好地发挥一人一票的选举作用，特别是在对银行高管的选聘、任免上，这些东西一定要100％的交由董事会来自己自主选聘，这样这个董事会才能真正地发挥作用。很多银行之所以没有搞好，就是因为这个董事会没有真正地发挥作用，只能发挥一半，甚至一半作用都没有发挥出来。

第四，一定要选择一个独立的董事长。董事长不能受政府任何部门、任何大股东的控制，应该是真正代表全体股东的利益，特别是能够维护中、小股东的利益。这一点说得容易，做起来很难，很多人都想自己能够控制局面，把这个控制的希望寄托在一个跟自己相关的董事长身上。我发现每一个商业银行，每一个人都想让自己的代表人物当这个董事长。

第五，管理层一定要专业，管理层的薪酬要市场化，而且一定要有独立业务线条的风险官，风险官应该直接对董事长负责，这是银行业与一

般工商企业最大的区别。我们很多银行风险官做很多事情是在行长的控制之下，有时候很多事情暴露不出来。事实证明这样不行，所以后来很多银行改了，风险官直接对董事长负责，甚至于首席风险官直接对股东大会汇报，所以说把风险的管理一定要放在第一位。

第六，民营银行的股东要摆正位置。我们投资搞一个民营银行，主要是为了资产的增值、净资产的增值和分红，不要希望通过民营银行为自己的工商企业做任何关联交易、任何担保、贷款，或者是想通过民营银行使自己的股东能够获得优越于一般客户的利益，而且银监会、证监会对这方面管得非常严，所以作为民营银行的股东一定要摆正自己的位置。

第七，政府部门对民营银行不要做太多的干预，应该把它完全委托给金融监管部门来管，地方各级政府对于民营银行，特别是在人事等方面，最好不要管。对于很多地方性银行，地方政府最好不要有股东，不要当股东。我们知道地方政府非常喜欢在这些金融机构派代表、干部，这对民营银行来说非常不利。事实证明，让银监会来监管民营银行的这种法律制度安排，在各个国家都是有效的。如果政府其他部门，尤其是政府本身干预银行太多，那么这个银行一般搞不好，银行的经营还是主要靠银监会的监管和它自己的公司治理，而不是通过干部管理的办法。

所以我认为我们的民营银行，如果能够好好办下去，就一定要把试点办好。尽管资产总量不会很大，但我相信民营银行在很多单项指标方面会慢慢地超过国有银行。

全面看待影子银行的作用

文 吴庆斌 ▶ 中泰信托有限责任公司董事长

2014年"亚布力中国企业家论坛"的主题是"市场的决定作用——理念与行动"，然而谈起对利率市场化起到强力推动作用的排头兵——影子银行，大家却心态复杂。有人认为，如果金融市场不打破刚性兑付的话，导致无风险利率如此之高，资本市场将没有办法发展下去；有人则认为，对于刚性兑付的理财产品，没有违约事情发生，中国永远不可能有健康的资本市场。

我们应该如何辩证地看待影子银行？在我国的主流金融业务中如银行理财、信托计划、券商资产管理计划、保险资产管理计划、基金子公司、互联网金融、小额贷款与第三方担保等，均有部分甚至全部可纳入影子银行业务之中，如资产组合管理、资金池、期限错配、隐性担保与增信等操作方式都增加了交易结构复杂度、不透明度和潜在的兑付风险，部分涉及"刚性兑付"的业务在事实上形成了类银行的资产负债业务或资产管理产品，其放款功能与银行相似却不受商业银行监管协议的限制，出现了类同于国外主流的影子银行。

一、影子银行不断发展的现实基础

我国金融体系现状的形成，是金融市场各参与者之间不断博弈的结果，在一定历史时期，影子银行也可以算是金融创新的一个重要组成部分。影子银行体系的发展，是"市场在资源配置中发挥决定性作用"所取得的成绩，具有历史必然性，这体现在以下三个方面。

第一，利率市场化大门已然打开，随着政策的进一步出台，利率市场化改革将持续地深入下去，影子银行部门是商业银行体系之外利率市场化的先锋。

第二，由于我国过去长期货币政策较为宽松，M_2增速较快，增大了通货膨胀的压力，再者由于存款利率管制的存在，使得社会整体资金回报率偏低，因此家庭部门有着旺盛的投资需求，这也促成了影子银行的不断发展。

第三，优化银行资产负债表的金融产品没有出现，商业银行体系需要不断满足监管指标以进行存贷业务，因此对于资产证券化等影子银行类业务有着较大的需求。

二、影子银行的积极作用

1. 影子银行是宏观调控的"加速器"

以2008年年底出台的4万亿元投资为例，影子银行体系由于市场化程度较高，因此能迅速做出反应，冲在了整个融资体系的最前端，部分信托业务通过股权融资为项目提供资本金，并带动更多的贷款融资，**影子银行**

部门可以为企业提供资本金，并以此为杠杆再进行银行的信贷融资。虽然从某种程度上看，这种反应对信贷扩张起到了推波助澜的作用，但从另一个角度看，却极大地提高了信贷市场的活跃程度。

2. 影子银行是宏观调控的"缓冲垫"

而当出台带有"急刹车"性质的宏观调控时，由于银行为计划经济体系，对于监管指标的限定会产生类似于"一刀切"似的反应，为经济带来"硬着陆"的风险。而影子银行体系的市场化行为则不会因受这种政策过多的影响而造成信贷紧缩，而是迅速地根据市场需要与当前的政策环境，重新定位业务领域与创新方向，从而为整个融资市场提供一个"缓冲垫"，为资本市场注入了一种"柔"的因素。

影子银行对以信贷为主的资本市场做出了有效补充，在社会融资规模不断增长的同时，我国的银行贷款规模所占比重从70%降到约50%，影子银行功不可没。同时，由于利率管制条件下真实利率经常为负值，以存款为主的理财方式难以实现财富的保值、增值，但影子银行部门为投资人寻找到了这样的途径，为投资人创造了较高的回报，增加了社会财富。

影子银行部门也带动了监管层面对于整个金融体系的监管水平，央行的调控目标从过去的控制总体贷款规模，开始转移到我国的社会融资总规模，尤其是关注我国直接融资规模的进展。

三、我国影子银行"野蛮生长"中存在的问题

虽然影子银行的出现有其历史的必然性与诸多的积极作用，我们也必须意识到，之所以称之为影子银行，一是由于法律和监管对其没有具体的定义与确定的范畴，没有统一的口径；二是由于其体现的是一种新型的金融服务，让人感觉无处不在。由于影子银行特有的背景与特点，其在发展过程中不可避免地产生了很多弊病。2013年夏天的银行间市场的"钱荒"问题、2014年出现的信托计划"兑付门"事件都引起了业内和其他各界的高度关注。

1. 影子银行异化了资产管理部门的商业模式

之所以这么说，是因为影子银行的商业模式问题违背了金融产品风险

收益定价的基本准则。

影子银行部门当前存在的最大问题在于商业模式中的盈利方式无法准确定义，没有人能说清楚在融资过程中影子银行中介究竟赚取的是息差还是资产管理费，抑或是两者兼而有之。

剖析影子银行部门融资业务的全过程，我们不难发现，这类业务先通过融资方市场的市场竞争确定综合成本，再根据市场上投资人可接受的收益率水平确定产品的预期收益率，其差额便是资产管理方的收益，而投资人收益率与社会融资成本分别是与存贷款收益率高度相关的。因此影子银行部门的定价方式并不是风险定价，而实际上是基于资金在供需两端的差价进行定价的，影子银行部门所赚取的收益本质上是来源于供求两端的资金价差，即息差。

以市场上的理财产品结构为例，比如投资金额在1万~5万元的投资者回报率为3.2%，5万~10万元的回报率为4%，20万元以上的回报率为4.5%等。显然这种结构化划分的主要依据仍然是吸收存款的思路，若以资产管理的商业模式募集资金，那么应该是风险定价而不是根据资金规模定价。

由于当前我国利率市场化程度仍然不高，使得这部分资金价差存在着较大的利润空间，影子银行部门赚取的这部分利润实际并不是基于自身的资产管理能力，而往往是基于一些外部条件，如牌照红利、对投资者的信息优势——投资者往往无法通过来自于影子银行部门的合同全面了解项目的真实风险状况和收益水平，这为影子银行部门从中获取更多利益提供了便利。

当市场产生了巨大的投融资需求时，影子银行部门能成为最直接有效、便于复制并且能被投资人迅速理解和接受所依赖的盈利模式，其实就是存续已久的息差模式，而影子银行部门这些年的爆炸式增长虽然说明了这种模式是顺应宏观经济环境与市场需求的，但也暴露出一些弊病。

由于在融资过程中产品信息披露不充分，标的资产的风险无法完全转移到投资者手中，同时由于利率市场化程度不够，影子银行部门有着获取超额报酬的便利，因此在这种模式下发行的金融产品其风险—收益是不匹配的。在市场整体向好时,这种简单粗暴的发展模式能够得以持续;但是当市场环境恶化,这种扭曲的产品不但很难有生命力,甚至还可能产生较大的市场风险,并有演化成系统性风险的可能,因此这种商业模式必然是不可持续的。

为了能维持这种基于息差的盈利模式,金融产品的发行中介不得不承担补充部分信用以使风险—收益匹配的责任,这部分信用就是"刚性兑付"的成因。在经济上行、货币宽松的时候,这种商业模式运行相对稳定,但是当经济波动、货币收紧时,风险就会不断地涌现出来。影子银行部门过去虽然为我国的经济建设发展与社会财富增长创造了源源不断的价值,但是其利益分配与责任承担却不尽合理,这种被异化的商业模式不可持续,即将走到尽头。

2. "刚性兑付"的破解 "没那么简单"

"刚性兑付"作为市场默认的一项潜规则,其实并不是监管部门所规定的义务。有些人可能简单地认为,"刚性兑付"的破与不破是金融中介的一个简单的选择问题,但正如其复杂的起因一样,"刚性兑付"绝对不是一句简单的"兑付"或"不兑付"能够解决的,而是一个多方参与的相互博弈的过程,其最终结果取决于道德准则、商业信誉、经济利益、社会和谐等多方面的因素影响。

金融中介对于自身商业信誉和自身金融牌照价值的考虑,其中还牵扯到影子银行部门是否尽到了管理责任,有没有使市场风险转变为资产管理风险。一旦"刚性兑付"被打破,那么投资者的信心很可能会发生崩溃,公司信誉倒塌、客户大量流失是十分可能的结果,这种潜在的违约成本对于任何一家公司都是"生命不能承受之重"。因此不到万不得已,相信很难有敢于这样第一个"吃螃蟹"的公司。

监管部门的取向也将影响事态的发展,一旦"刚性兑付"被打破,如果可能导致区域性风险或系统性风险,这是监管机构所不能容忍的,它还将严重影响到市场中的投资者预期,其影响可能遍布全行业,监管部门是否允许这种情形出现是个值得探究的问题。

投资人对于风险的承受能力也是重要因素,一旦发生兑付事件,波及过多的小额投资人，往往会产生较大的社会负面效应，甚至会产生一定的社会稳定问题，这也将对金融中介、监管部门的决策造成影响。

地方政府对于地方经济的考虑也将产生影响。在当前的经济结构中，社会融资尤其是大规模的融资往往有政府的身影牵涉其中，当发生"刚性兑付"危机时，若地方政府选择任其发生，那么整个地区的信誉、投资者信心、与金融机构的合作关系都将受到影响，因此地方政府会动用其掌握的社会资源为出问题的资产进行补贴或增值，参与化解风险。这样就会让"刚性兑付"更加牢不可破。

宏观调控部门对于形势的判断将影响整个进程。由于我国影子银行的体系已相当庞大，"大而不倒"是宏观调控部门必须面对的问题。当前我国社会融资规模与真实GDP增量的比值约为5，一旦影子银行体系遭到冲击，导致直接融资规模下降了5个百分点，以当前我国直接融资规模20万亿元计，将会造成0.2万亿元的新增真实GDP减少，简单估计将对真实GDP新增规模造成较大的下行压力，影响整个金融体系的信心。宏观调控部门能否容忍这种潜在的巨大风险而不加干预，将会影响市场预期与各主要参与方的表现。

以上各个因素互相角力，多个利益方进行博弈，最终可能会出现若干局部性的"刚性兑付"问题。但从整体来判断，出现大面积刚性兑付风险应是小概率事件，其根本原因在于在现有的商业模式下全面破除"刚性兑付"可能会让金融体系和经济发展付出巨大的代价。

四、完善未来影子银行体系的路径

解决异化的资产管理商业模式问题必须寻根溯源才能达到标本兼治的效果，即转变影子银行体系的商业模式。从直接融资的本义考虑，在资产转移的过程中，最重要的无疑是其中的风险转移机制与资产定价方式，将合适的产品销售给合适的投资人，做到"卖者有责、买者自负"，营造良性的资产管理生态环境，具体的解决方法在于以下四个方面。

1. 加强客户的风险适应性调查

对客户做风险承受力的调查，在资产管理、产品营销的过程中，强化投资者的自主决策地位。通过判断客户的风险适应性，使得资产管理方提供的资产管理产品与服务同投资者的风险承受能力相匹配，让有能力的客户自主决策自己的投资产品。同时也使投资者理解和正确认识投资有风险、风险与收益对等的观念，做出与其风险承受力相匹配的产品，对自己的决策负责。

2. 完善产品信息披露体系

在现有的产品信息披露基础上，继续完善信息披露的工作。首先，对非标产品进行标准化改造。比如，模仿标准化产品如债券发行的募集说明书的样式在发行阶段充分披露产品的相关信息、揭示产品风险，为投资者的风险决策提供依据。其次，将产品置于广泛的社会监督之下，倒逼影子银行体系不断提高自身产品的标准化程度。

3. 坚持发展资产的风险——收益定价

通过引入第三方评级机构，公正、公平、公开地评估信用主体和产品的信用状况和风险等级，为投资者决策和市场定价确定技术基础。同时，应允许竞争性产品如市政债券、类高收益债券等的出现，不断丰富市场中的产品种类，弥合破碎的收益率曲线。以市场的力量，使得产品定价由风险程度而定，而不是基于供需两端的差价进行定价。

4. 建立有效的流通市场，让市场发现影子银行的价值

当非标产品标准化程度足够高之后，逐步为其建立统一的注册登记制度与公开交易市场。挂牌交易、市场定价，大量的交易行为将使价格随着市场的供求情况而波动，而市场的供求情况取决于市场中的参与者对产品现在或未来的风险—收益情况的判断，这种价格就可以体现产品的即期风险，也涵盖了产品远期风险的贴现价值，从而建立起新的风险定价方式，而不再是简单的依附于"刚性兑付"的预期。

通过这四个方面的转型来完善资产管理部门，为社会提供直接融资服务与资产管理服务，使得资产管理部门成为我国多层次资本市场的重要组成部分，充分发挥影子银行充分市场化与机制灵活的优势，摒弃赚取息差的盈利模式，实现以赚取资产管理费用为收入的盈利模式，使原有的影子银行部门转变成为真正的资产管理部门，完善金融资产市场的

风险收益率曲线，通过市场发现价值，推动中国的利率市场化进程。不能不正视这样的一种现实：若传统商业银行不推进利率市场化，那么影子银行将帮你完成这一进程；如果商业银行推动利率市场化进程，那么影子银行将面临很大的挑战。无论是哪种情况，资产管理部门都将继续促进金融资源合理与高效的配置，真正意义上实现市场在金融资源配置中起决定性作用。

互联网金融颠覆商业银行

2013年被称为"互联网金融的元年"。在这一年里，互联网思维如同一场当代的"文艺复兴"，影响并改变着传统的金融业态和格局。银行、券商、基金、保险等传统金融业机构开始积极谋变以巩固既有的优势地位。而阿里巴巴、腾讯、百度、新浪、京东、苏宁等互联网企业则开始在金融领域"跑马圈地"，并试图构建自己的业务模式。在这样群雄混战的情况下，面对来势汹汹的互联网企业"入侵"，传统金融业机构该如何应对才能维持并巩固其既有的优势地位，而互联网企业又该怎样面对即将到来的政府监管？一些P2P"跑路事件"已经让监管层注意到互联网金融所带来的信息安全和投资者保护风险。

在"第二届外滩国际金融峰会"上，就"互联网金融与野蛮生长"话题，泰康保险集团股份有限公司董事长兼CEO陈东升、时任瑞士信贷集团大中华区首席执行官张利平、平安银行行长邵平、众安在线财产保险股份有限公司总经理陈劲、陆家嘴金融交易所董事长计葵生、人人贷联合创始人杨一夫、葡萄牙Fidelidade保险公司CEO Jorge M.Correiav进行了深入讨论。复旦大学教授、知名主持人蒋昌建主持了此次讨论。

蒋昌建：首先有请处在风口浪尖的人人贷、有利网。请问杨一夫先生今年多大了？

杨一夫：我是1984年出生的。

蒋昌建：有利网的任用多大年纪呢？

杨一夫：他是1985年出生的。

蒋昌建： 我们本场讨论的主题是"互联网金融与野蛮生长"。作为一个互联网金融的从业人员，你觉得这个行业现在的发展呈现出一个什么样的态势？

杨一夫： 互联网金融目前还处于很初级的阶段，因此在这个阶段出现任何好的创新，以及所谓"不和谐"的事情都是很正常的。

蒋昌建： 我有三种理解：第一种是指企业出现了一些不和谐的事情很正常；第二种理解是企业在创新，但是创新遇到了种种体制和机制的阻碍，这也是一种不和谐；第三种理解是消费者的需求很多，但是企业满足不了这么多需求，供需之间也会出现不和谐。你所指的"不和谐"是指哪一个？

杨一夫： 可能都会有，但严格地讲都不完全是。从微观来看，中国一直拥有比较强的监管。中国老百姓包括监管层对于金融机构的破产和跑路，几乎是零容忍的。这样一个气氛带给大家一个相对不正常的认识，那就是大家会认为金融机构永远不会出问题。P2P下的服务机构不是金融服务机构，但是属于类金融服务中介，很多人会把它当成金融服务机构。在这种情况下，如果P2P出了问题，人们的容忍度就会变得很差。

蒋昌建： 你认为人人贷不是一个金融机构吗？

杨一夫： 人人贷目前还不是一个金融机构。

蒋昌建： 它是一个类金融机构吗？

杨一夫： 对。

蒋昌建： 按照你的定义，"互联网金融"应不应该包括人人贷这种模式？

杨一夫： 当然应该包括。

蒋昌建： 关于"不和谐"，你还有其他的解释吗？

杨一夫： 从微观看，目前这个行业确实没有设置一个合理的门槛，从而导致一些机构都想进入这个行业，包括那些想做事情但不具备对抗风险和持续经营能力的机构。但是从宏观层面来看，任何一个新兴行业总有这么一个发展路径。而且即使在很成熟的环境下，比如美国，就银行业来讲，每年也有几十家银行倒闭，金融危机下可能有两三百家会倒闭。所以我觉得这些所谓的"不和谐"我们应该接受，也应该正视。

蒋昌建： 监管部门要擦亮眼睛，不要一棍子打死，也要允许这个行业中存在着一定的风险，但是监管部门总是希望这个风险是可控的。

杨一夫： 我也是中途才进入这个行业的，我认为还是要识别问题的本质。一个新生业态，其实都是由自律逐渐走向被监管的。即使第三方支付，到目前为止也只是一个备付金的监管方式，没有很强的监管。

蒋昌建： 接下来来问下两家银行：一家是平安银行，另一家是瑞士信贷。最近几年，平安银行跟互联网结盟得比较快，跟腾讯、阿里巴巴有一个众安保险，跟百度也有合作，而最近跟京东的合作让人看得不是太清楚，但还是对你们平安银行的这种做法大加赞赏。平安银行在企业发展和变化过程中，选择大胆地拥抱互联网，你们是如何考虑的？

邵平： 这个问题问得非常好。平安银行是平安集团的一个重要子公司，我们的客户群非常多，平安集团有8100万个人客户，400多万个公司客户。我们现在作为集团的一个重要子公司，如何把我们现有的保险客户迁徙到银行来？从而实现我们一个客户一个账户、多种产品、"一站式"服务的综合金融目的。当前我们处在互联网时代，互联网时代的金融就不

能离开互联网。平安是全产业链模式，线上线下的客户都要服务。这就需要有一个触角，触及线上各个门类。各个门类的客户，都有合作的空间。所以平安银行以开放的心态和大家建立了全面合作的空间。

蒋昌建：接下来要讨论的问题可能有点不太礼貌，但还想直接提问。很多人都会把互联网金融跟传统的金融进行对比，您觉得您是在从事一个传统的金融行业吗？

邵平：我是互联网时代的金融。

蒋昌建：很聪明的回答。不分传统、现代，但是是互联网时代下的金融。既然平安银行是互联网时代下的金融，那么为什么没有像马云那样做一个像余额宝这样的产品？

邵平：这个问题也是两个方面。中国的商业银行目前都是依照中国的《商业银行法》注册、经营的，我们依法经营主要的金融业务。

蒋昌建：言下之意是？

邵平：很多互联网公司还没有牌照。正像刚才杨一夫先生所讲的，他自己不承认是金融企业，就是以牌照为标准的。

蒋昌建：作为一个商业银行的行长，当你看到互联网金融，像余额宝之类，虽然没有牌照，但是却做得风生水起的时候，客观地讲您的心情怎么样？

邵平：我感到非常高兴。

蒋昌建：为什么？

邵平：传统金融用传统方式没有服务到的客户，互联网金融服务到了。这是件好事。我们没有做到的事情，别人做了，这难道不是好事吗？

蒋昌建：但是这些本应是你们做的？

邵平：在互联网时代，我们可以用互联网的技术去武装和提升传统业务，改善客户体验，创新产品，让更多的客户享受到金融服务，这是我们要向互联网公司学习的地方。

蒋昌建：也就是说，要通过信息技术，把存量客户服务好，当然也要通过通信技术寻找新的增量客户？

邵平：传统金融和互联网公司，根本不存在谁颠覆谁，事实上谁也颠覆不了谁。

蒋昌建：请问张利平先生，我好像一直没有听到过比如瑞士信贷、花旗银行在纠结互联网金融，或者是互联网时代下的金融这些概念。您的心态是什么？

张利平：简单地解释一下，什么叫作互联网？以前我们没有高速公路，从家里到机场开车走泥路，要三个小时，现在有了高速公路，开车只需要40分钟就能到机场。实际上互联网就是一个"跑道"。互联网的产生，让服务行业多了一个渠道，它使得服务行业能更有效率地为消费者提供服务。海外对于互联网金融为什么没有那么激动？国内为什么反而激动？就是因为有很多"宝宝"出来了。支付宝带了很多"宝宝"出来，类似于支付宝的"宝宝"产品，应该是目前中国银行体系里缺乏多元化产品、理财产品的一个折射。这些产品出来以后，很多老百姓觉得它的回报比较高，于是都争相都买。但是大家也不要过分兴奋，从"宝宝"产品的角度来说，它们不可能成为金融业的"新王者"。

蒋昌建：为什么？

张利平： 随着"宝宝"产品的基数增大，它们的回报一定会降下来。

蒋昌建： 这个回报率的下降是政策和监管等使然，还是本生的发展态势？

张利平： 一个产品打开市场以后，它的回报率一定会降下来，监管是一个次要因素。所有大的商业银行，像平安银行，一定会追上来。更多类似的"宝宝"产品出来以后，边际效应一定会降下来。所以，我认为"宝宝"产品无非是中国当今金融改革的一个"搅局者"。马云在2013年的会上说他是一个"搅局者"，这里我加一句，他是中国金融改革的推动者，但不可能成为金融行业的一个王者，电商也不可能取代商业银行。

蒋昌建： 为什么？

张利平： 不管西方还是东方，不管是新兴发展国家还是发达国家，金融行业都是一个受到严格监管的行业，因为它们直接涉及老百姓投资的风险。同样它对于人才的要求也非常严格，这无法在一两年内建立起来，需要几十年才能成型。所以我相信电商不可能取代商业银行。

蒋昌建： 泰康人寿在保险方面做得非常好，但恕我直言，我在媒体上看到的关于泰康人寿搭上所谓互联网金融班车的信息并不太多。于是我想

请问陈东升董事长，您向来是很敏锐的市场机遇捕捉者，不管张利平先生前面所讲到的对于互联网金融未来发展的判断，还是在今后的18个月内，您觉得您会在弄潮的前列还是会落后？

陈东升：当然我们没有大张旗鼓地宣传，但这一年用一个词来形容传统的金融企业就是"纠结"。这个"纠结"来源于什么？来源于互联网金融在各个领域里的影响和应用。我们无法预测未来会是什么结果，在变化过程中，未来企业是不是还能在行业竞争中引领潮流？大互联网时代、大信息化的时代，大数据就是工业社会的"石油"。比如泰康推出的保险业务都可以在互联网上实现。举个简单的例子，现在全国人民都可以在泰康的官网上或者用二维码进行操作，获取免费赠送的每年100万元的航空意外险。不久前，泰康人寿保险公司又推出了高速铁路承保50万元，一年内免费。这就是互联网的原则：海量、获客。当然，我们能获得多少顾客，现在还是一个保密的数字，但绝对是一个爆炸性的数字。

蒋昌建：陈东升先生也把泰康人寿的互联网思维讲得非常清楚了，即"两手抓"。您如何在整个链条上利用互联网的技术？

陈东升：就是保险互联网，把所有传统的行为全部互联网化，非常大

的益处就是点对点，通过存在的大数据，做出个性化的保单。比如，我们可以根据蒋教授的数据，专门定制一个属于你的费率的保单，每个人的费率都是不一样的，过去无法做到每个人的费率不一样。此外，互联网化还带来了成本的降低，促使海量数据进行信息对称。

蒋昌建：众安保险公司成立的时间不长，几个月实践下来，通过互联网金融的路径，你们尝到的甜头是什么？有没有一丝苦涩？如果有的话是什么？

陈劲：对于众安保险来说，我们现在的人员组成基本上一半是来源于传统的金融行业，另一半则纯粹来源于互联网公司。所以从这个角度来说，我也不知道众安保险应该算是金融互联网还是互联网金融，但是我们知道我们的正确方向是什么。所以我想众安保险，其实要想做的第一件事情就是要让保险给人更多的温暖。把卖保险，变成买保险，让保险能够从很细微的地方体现出金融产品对人的关怀。我们讲了很多互联网技术层面的问题，包括它的去中心化、大数据、云计算等，所以我想众安保险能够通过应用互联网的技术和工具，把产品从末端转移到前端，让更多人能够通过极致的体验体会到保险是什么。

蒋昌建：你刚才说的温暖啊、体验啊，我觉得还是抽象了一点，能否说得再具体一点儿？我举一个例子，保德信给了我一点温暖，为什么？他觉得我的嗓音很好。他说蒋老师您是一名教育工作者，我要给你送温暖。我问他："送什么温暖？"他说："您的嗓音很好，我们要保一保您的嗓子。"我想，我这一辈子教学好几十年，没有人对我的嗓子投保，保德信的这个想法不错。那么你们从末端到前端的温暖和体验是什么？

陈劲：您刚刚讲的就是一个非常好的例子，即把一个人的健康保险进行了碎片化，对其中特殊的一项进行保险。我想陈东升董事长也举了一个很好的例子。大家买航空险买了20年都是20元一张，而泰康人寿做了100万元，50万元的网上送保险，使顾客在上飞机前做一个简单的操作就可以完成购买一个航空意外险。这些让人感受到了使用过程的方便。以前我们把金融产品看得太严肃了，还可以更快乐一点，在这个购买过程中能够让顾客感受到娱乐化的倾向。娱乐化是指可以通过有点类似于微信红包的形式来购买保险。我们希望通过这样的一些很小众的产品，提高保险的生活渗透率。

蒋昌建：很好。最后问你一个问题，你知道陌陌这个软件吗？

陈劲：知道。

蒋昌建：你的手机App中有吗？

陈劲：原来有，但现在已经删掉了。

蒋昌建：为什么我问这个问题？完全不是八卦。我们知道陌陌是一个陌生人社交的软件，这里就潜藏着一个危机，那就是陌生人见面以后，有可能存在一定的风险。所以请问两位老总，你们愿意跟陌陌合作，给陌生人社交软件线下社交行为提供保险吗？回答我：愿意或不愿意。

邵平：我愿意。

陈劲：我害怕。

蒋昌建：接下来，请问来自葡萄牙的朋友。您跟中国复星集团有着很好的合作，中国国情可能您不是太了解，您在欧洲听说过互联网金融这个概念吗？

Jorge M. Correia：Fidelidade是一个葡萄牙的大型保险公司，我们有

四个传统的金融公司，还有三个新兴的公司，新兴的公司会涉及互联网的业务。我觉得无论是传统的保险还是新兴的互联网保险业、互联网金融，其稳定性都是重中之重。

如果问欧洲是不是对互联网金融感兴趣，我们可以从以下几个标准来评判。首先就是市场准入是不是与传统金融行业有区别，是不是形成了新的市场机制，这是衡量我们有没有互联网金融市场的关键因素。另外，就是从事的业务以及交易方式是不是和传统的金融业务有区别，包括经纪人如何进行保险业务的经纪。还有就是价格。在过去的五年中，互联网保险的价格上升了35％。稳定性依然是决定未来互联网金融或者互联网保险业可否长足发展的关键点。当然，价格的上涨，肯定有助于稳定这个市场。但每上升1％的价格，市场上就必须有配套的服务，以及相应的风险控制能力。如果价格下降，为了保障最后的净收益，我们需要降低成本，并且还要提高运营效率。因此，我觉得只有稳定性才能保证盈利率，而盈利率才是决定我们是否能以长远的战略性眼光审视所谓的互联网保险或者互联网金融的发展。

股东和投资人可能会给你虚假繁荣的现象，说互联网金融是大趋势，给你投很多钱，其实他们只是在跟风投资，他们心里知道会有风险。但是对这些投资人来说，他不会从一个保险公司拥有者的角度上来考虑它的健康、长期发展，他们只是想短线赚快钱，而且投资人投资的任何一家公司都有风险，都有可能倒闭。所以为什么不能投资于互联网金融呢？他们会给我们带来一种错误的印象。所以从我的角度看，我们必须以更加审慎、稳健的态度来发展互联网金融和互联网保险。利润固然重要，但是要考虑到利润与风险的比例。另外一点，就是要加强网络建设。这个网络不仅仅是内部行业链条上的网络，还包括与代理商、客户，以及整个市场上相关的资源，比如与传统的金融机构合作，这样才可以消除可能会削弱盈利的障碍。

蒋昌建：你们是葡萄牙最大的保险公司。葡萄牙的队伍出征到巴西，有很大的保险业务可以做，您是否认真考虑过这个问题？

Jorge M.Correia：事实上，我们已经给葡萄牙国家队订制了保险产品，我们还有针对赔率的不同产品，有1比30和1比40的，每场比赛都有。当然，这次我们做了一个失败的投资。

蒋昌建：前不久，我们看到吴晓灵女士有一篇关于互联网金融的文章。她在文章里表达了两个基本观点：第一个观点是说，余额宝这个模式已经做到极致了，不可能再有突破性的进展；第二个观点是说，网贷包括众筹还是有很大的发展前途，但是也有"瓶颈"，比如征信系统、监管，包括合法运营的定义等。请问计葵生先生，面对互联网金融存在的这些问题，您的想法是什么呢？

计葵生：我们今天一直在讨论互联网金融的意义在哪里？它未来的发展是不是已经碰到了"瓶颈"？或者说还有很大的成长空间。我的看法是，互联网金融会解决中国现在的两个大问题：第一个大问题是融资困难的问题，中、小企业及个人融资困难的问题；第二个大问题是解决流动性的问题。中国现在有很多的资产，但市场缺乏流动性。关于系统风险，其实最关键的地方就是流动性。所以我觉得互联网金融的意义在于它直接跟实体经济有关系，它是一个投资与融资的平台——一个低成本、高透明度、高流动性的平台，这个平台可以解决中国现在经济改革中的一些核

心问题。如果我们从这个角度来看，其实可以把互联网金融当成一个多层次的资本市场，这样我们就可以利用互联网的一些优势来解决实体经济融资困难和流动性的问题。余额宝是一个开始，它带来了很多的启发。P2P这个行业告诉我们，如果你可以向微型企业提供服务，那么他们的需求是超大的；P2P也告诉我们，中国有钱人一直在寻找更多的新投资机会。所以我觉得，如果从多层次的资本市场来考虑，我们刚刚看到的互联网金融还只是一个2%的开始。未来的5~10年，它的发展在中国绝对会超过全世界。所以互联网金融是帮助中国整个金融改革加快速度的一个工具。

蒋昌建：张利平先生，您好像比他谨慎了很多。

张利平：互联网金融其实在推动中国金融改革步伐中起着一个非常重要的作用。互联网的产生不仅使中国的金融行业大大提高了效率，而且这个前景是很广阔的。我刚才讲的这些"宝宝"产品的前景，是从金融角度进行的分析，从这个角度来说，它们的发展已经出现了"瓶颈"。

蒋昌建：按照计先生所谈的，现在还只是2%的发力而已，他需要类似的"宝宝"产品后浪推前浪，前浪死在沙滩上。如果"宝宝"产品只有一年的生命力，后面的创新产品怎么跟进呢？

张利平："宝宝"产品是中国金融市场中理财产品中的一种，为什么大家现在热衷于"宝宝"产品？因为中国的金融产品太缺乏。为什么西方对"宝宝"产品没有那么兴奋？因为西方的金融市场上有各种理财产品。这是很简单的道理。

蒋昌建：所以将来会出现满足客户各种需求的产品。

张利平：不仅是互联网公司在搞"宝宝"产品，我相信更多的商业银行也会搞"宝宝"产品。不管是地区银行，还是国家的大商业银行，都会搞"宝宝"产品。

提问：很多民营金融企业和互联网金融企业发展得特别迅速，但是往往发展过快面临的风险也越大，这可能是因为商业模式不成熟，所以才导致了很多企业跑路或者消失。请问邵总、杨总，你们怎么看待这种现象？

邵平：商业银行对企业跑路的事情非常头疼。没有人在里面能做出表率，谁也不敢说自己做表率。大家都是谨慎的。

杨一夫：P2P这个行业里现在确实是鱼龙混杂的状态。我们觉得，需要从几个纬度的工作去推进。其中一个方面就是监管。我相信在半年左右的时间，政府应该会有一些监管细则出现。这些细则可能会帮助这个行业理清它们的竞争环境，让这个行业向一个更好的方向发展。

蒋昌建：监管，包括政策和体制上的限制，会让那些不太规范的行业离开这个领域，这是肯定的。那怎么保证人人贷不被洗掉？被洗掉之前，大家都在跑马圈地，如果你遵守规范，那么就意味着你的速度可能要慢下来。

杨一夫：这个问题非常尖锐。2013年，我们的确是用一个相对比较快的速度在做自己的业务，我们也收获了世界范围内互联网金融领域里最大的一笔单笔投资，超过了最近刚刚要上市的lending club获得的谷歌1.25亿元融资，我们拿到了1.3亿美元的A轮融资。这笔融资使互联网金融的泡沫被搅动了起来。的确我们有比较高的估值——让整个行业随便一个公司都期待几十亿元的估值，应该说那样做并不冷静，尤其是一些已经拿到融资的P2P公司或者快拿到融资的公司来说。现在很多人都有一个比较浮躁的心态。反过来，我们觉得在这个时间点需要冷静，需要静下心来。做金融，永远要保持一颗对风险的敬畏心，否则是走不远的。金融行业不是赢家通吃的行业，不是快鱼吃慢鱼的行业，而是剩者为王的行业。能活到最后，你才是最牛的。所以你不要期待自己长得多快，而要在自己的关键节点上把握好这些风险。

所以在融资到位之后，我们要做的事情就是放慢发展的节奏，在很多关键节点上引入一些世界级的人才。我希望这个行业能整体地冷静一些，不要那么浮躁。拿种庄稼的心态做金融，一点一点去做，不要想着做多快。另外，我非常同意邵行长的定义，就是互联网金融实际是互联网时代的一个金融，所以我们跟传统的金融机构没有任何的对立关系。我们的很多关于用户体验的改进，包括用户习惯的研究，传统金融机构一样可以加以借鉴，一样可以做。传统的金融机构对于风险控制有着几十年的积累。我们一样也要学习。所以大家应该是互相融合的一个过程。

蒋昌建：你不拒绝跟传统的金融机构合作？

杨一夫：不拒绝。

提问：我是互联网行业的分析师。我们最近在研究一个行业，就是互联网博彩行业。不知各位老总对这个行业能否有一个前瞻性的分析？即如果这个行业在中国大陆地区发展，监管的风险会不会非常大？

蒋昌建：谁能回答互联网博彩行业的趋势问题？平安的老总，您在这个行业打拼了很多年，请您谈谈。

邵平：这个问题我实在不好回答，我不是做博彩的。现在赌球的人很多，光说赢，没说过输。

计葵生：我提两个观点。第一，我们看到现在线上最大的博彩公司背后的大股东其实是从金融业出来的。为什么呢？因为博彩其实是一个大数据的应用，很多的比例其实要去看一些趋势与概率，这和很多风控模型的核心逻辑是一样的。第二，考虑到互联网在中国的发展，我觉得博彩不是最重要的。

蒋昌建：博彩是一个非常敏感的话题，这还是一个灰色的地带。2014年的主题是"互联网金融与野蛮生长"。2015年的主题是什么？如果还将

"互联网金融"作为主题词,比如互联网金融与什么?最后请各位嘉宾用一句话总结一下。

杨一夫:我觉得未来的金融是充满互联网精神的,互联网会用很多新的方法、新的风险评价方式来改造金融业。所有的金融都要与互联网结合,都要运用互联网时代的一些数据改善它的风险评价。在那个时代,可能互联网和金融就融合了,可能还不会那么快,但是会有这种趋势。所以不见得只谈野蛮了,可能还要谈一些新的技术。

计葵生:互联网金融和实体经济的连接。

陈劲:我觉得可能是互联网金融与可穿戴式设备。

Jorge M.Correia:互联网金融使生活更美好。

邵平:不论是互联网金融还是金融互联网,下一步就是互联网时代的金融。

陈东升:互联网金融和金融互联网,目前这两种形态还在互相融合、互相竞争。其实,目前成功的案例、成功的经验和成功的企业都还没有出现。所以我认为下次还会谈论互联网金融和金融互联网这样一个概念。

张利平:互联网金融的持续发展与监管。

互联网金融的未来

从央行暂停虚拟信用卡和二维码支付业务，到监管层与一些支付机构就网络支付业务管理办法进行"点对点"沟通；从携程网爆出"支付漏洞"事故，到四大商业银行纷纷下调第三方快捷支付限额……近期，互联网金融监管防范风险问题再次受到各方关注。未来，金融监管是否会全面开展？互联网金融究竟需要怎样的监管？而在监管之下，互联网金融将如何继续创新？

在"2014年亚布力夏季高峰会"上，就"创新与监管——野蛮生长中的互联网金融"话题，高瓴资本管理有限公司董事长张磊、怡和控股有限公司董事兼怡和（中国）有限公司主席许立庆、中泰信托董事长吴庆斌、中国国际金融公司董事总经理黄朝晖、量通租赁有限公司董事长穆毅、人人贷创始合伙人张适时展开了激烈的讨论。中泽嘉盟投资基金董事长吴鹰主持了该场讨论。

吴鹰：这几年大家谈互联网金融谈得比较多，唯一遗憾的是我们论坛里没有传统的银行。按老规矩，亚布力是一个思想碰撞的平台，大家可以充分争论，希望大家的讨论能碰撞出火花。首先请大家谈一谈对互联网金融的看法，以及对传统金融行业的看法。你们认为互联网金融和传统金融是可以共同发展，还是一个把另一个干掉？先请中泰信托的董事长吴庆斌先生谈谈您的观点。

吴庆斌：中泰信托体系是一个很传统的金融公司，第一，我们有中泰信托的基金，还有保险公司，同时我们还有两家期货公司。从某个角度来讲，我们是一个标准的小型信托公司，这也是很多互联网企业最渴望的。

作为一个传统的金融企业，核心的运营能力还是在资产的获取和风险的运营上。金融企业的核心，第一是找到风险，第二是运营风险，第三是解决风险。

在新的互联网浪潮来临的时候，大家都在讨论到底什么是金融互联网或者互联网金融。作为一个从业者，我认为互联网可以改变整个金融企业的盈利模式和商业模式。如果它能改变你的商业模式和运营模式，那么它就是一个新的业态。互联网已经改变了我们的生活方式和行为方式，生活方式和行为方式的改变是对人最大的改造。我们现在最大的消费就是信息消费，我们在互联网上有很多消费需求，包括娱乐和体验。在这个环境中，金融企业如果不全面转型，就很容易被所谓的互联网金融颠覆掉。所以在现在的前提下，不要再想什么是互联网金融，什么是金融互联网了。在新的社会环境改变、人的行为习惯改变的时候，你要改变你自己。

第二，金融最适合在互联网上开展。淘宝也好，京东也好，现在大家看好的企业都需要大规模的物流。但金融没有物流，金融是发现风险、评估风险和解决风险，实际上就是追求信息对称的过程。在大数据时代来临的时候，人们可以运用互联网工具，追求信息对称，回避风险事件，所以金融是最适合做互联网的。

第三，我一直在强调要为客户赚一辈子钱，作为互联网金融企业，要坚守自己的底线。金融企业发展了一两百年，中泰信托也有几十年的历史。新兴互联网企业不要太着急，太着急了容易出问题。因为金融有其独特的行业规律和内在价值。目前中国的P2P企业大概有1500家，试点200多家，我个人的判断是，众筹也好，P2P也好，包括现在的民间合伙制企业基金，真正面临的风险浪潮将在2014年年底到2015年三四月出现。传统企业已经发展了几十年，不要忘记金融本身运行的规律，要静下心来好好把金融的内在发展规律及风险控制想清楚。太着急的话，对整个行业来说都是致命的打击。所以我建议互联网金融企业在这种互联网生态环境之下，应回到金融企业以风险控制为核心的轨道上来。

第四，互联网金融一定要以客户需求为导向，以为客户创造价值为核心，以降低整个风险定价成本为核心，以提升客户体验为基础。沿着这三条路来推进互联网金融，肯定会有很大的发展。

吴鹰：下面请怡和的许立庆先生来讲讲，怡和是老牌英资公司，他们主要做金融、保险等投资。

许立庆：我首先讲一下金融业的特色。除了刚才吴庆斌先生讲的之外，我认为金融业另外还有两个特色。第一，金融业没有专利。高科技、医疗、药物等都有专利保护，但是金融业没有专利，这对互联网的影响就很大。第二，互联网金融的风险管控非常重要，也正因为这样，金融业在全世界范围内都受到严格监管。反过来，互联网有什么好处？快捷。互联

网也有两个特色：第一是快，第二是市场诚信常常被挑战。所以把互联网的特色和金融业的特色结合起来，你会发现互联网有其自身的局限性。因为金融业没有专利，而互联网又很快，所以就有很多人做。同时要有很多政策规定它，信用市场在互联网上又要有所保障。所以，我不认为互联网金融会变成主题。

可是互联网金融在扮演什么角色？它可以通过信息对称大量地降低银行业的操作潜规则。以前银行可以利用信息不对称来赚取客户的钱，现在不行了。互联网可以逼着这些银行把它的利润降低，这一点互联网肯定有话语权。可是基于我刚才讲的互联网的特性，我个人不认为互联网金融会变成主流行业。

吴鹰：现在请张磊谈谈对互联网金融的观点。你认为互联网金融有很大的前途，可以把这些传统的金融公司干掉？还是它们可以共同发展？我们知道张磊有一个很重要的投资，投了京东，京东的上市也很成功。我个人认为，张磊有机会成为中国的"巴菲特"，所以我们一起来听听他关于互联网金融的看法。

张磊：下面讲讲我对互联网金融的看法。第一，还是要回到本质，本质上互联网金融解决了哪些问题？我觉得它解决了互联网经济去中心化的问题。那中心化的经济行为模式是不是人类的最佳经济行为模式？大家也可以看到，在工业制造时代，或者叫工业化社会，中心化是最好的方式，因为工业化社会唯一的竞争方式是规模和效率。那么在互联网经济里面，在去中心化的模式下，只要你有一些粉丝，有人喜欢你，你就可以成为一个独立的平台，就可以在很小的范围内诞生。我觉得互联网金融去中心化了以后，可以让我们更好地理解不同的消费者。这里指的是广义的消费者，包括消费者，也包括小、微企业。去中心化对大型企业的意义可能不是太大，因为它们的产品相对比较标准化，而小、微企业和个人对去中心化的需求更多，更多元化。

我非常同意许总的说法。信息不对称，一方面导致传统机构赚了不该赚的钱，另一方面也导致很多需求没被发现，没被满足。以前大家用诺基亚手机感觉非常好，而乔布斯说："你们根本不知道自己的需求，我出一款手机来引导你们，让你们知道什么是好手机。"乔布斯不是来破坏现有的情况，而是以更好的消费模式，让消费者包括企业更好地理解什么样的东西才更符合消费者。在这个大环境下，我非常看好互联网金融，它充当的不仅仅是一个简单的"搅局者"，还是一种新型的、能更好地满足消费者需求的商业模式。我不认为这是一个零和游戏，而是一个正和游戏，一个把蛋糕做大的游戏。

吴鹰：现在嘉宾中出现了不同的观点，非常好，这是我所期望的。张磊觉得这个事情有前途，许总则认为这是一个有限的市场，我们再听听其他嘉宾的观点，请黄朝晖先生讲一下。

黄朝晖：今天上午听了杨元庆的讲话，我深有同感。联想面临的困境是许多传统企业所面临的困境，也正是我们中金公司所面临的困境。在客观上，杨元庆已经遇到了这样的客观挑战，怎么办？有两个选择：一个选择是继续按照传统的方式做，另一个选择则是跟着一起变。

通过网上交易来做证券交易及理财的这种趋势，实际上逼着所有的投资银行、证券公司做出回应。当这个模式在美国出现之后，中金就马上开始研究我们是不是要搞网上平台，也提出了报告。当时我们认为没有必要去做。这种模式不是自己打自己吗？如果把费率降下来，所有的网点不就全亏了吗？但是发展到今天，情况就不一样了。在这种趋势下，2014年

4月，我们开始试运营中金金网，并于6月正式上线，在全社会范围内运作，包括股票交易和理财。

网上理财相当于用比营业部低得多的费用做交易，再把更多的品牌放到网上去，所有费率都相应地下降了。但是我们很纠结，我们内部首要考虑的是如何定费率的问题。是否要定得很低，把大家都吸引过来。互联网肯定会对现有的业务产生极大的冲击，客户都不去营业网点了，客户或者在营业网点看好产品后在网上操作。那么我们是将所有研究课程免费开放给所有在网上理财的人，还是要收费？对此我们采用了比较保护传统经济的一个态度和方法：费率可以降一点，但是不要降太多；研究报告可以给一些，但是不要给太多。

那天我去找了小米的雷军说了这个事情，他说你这不叫互联网思维，如果是互联网思维就应该是零交易费、零服务费，对所有人开放，当你成了老大以后再收费。确实我们是传统企业，原来我们就是靠这些收费来生存的，如果采用零费率的话，员工工资都发不出来，确实面临着这种困境。但是前一段时间看到马化腾应对微信的这件事，他知道微信出来就会把QQ干掉，最后还是下决心改变。我突然明白像我们这样的传统金融企业，也只能跟马化腾一样下定决心，革我们自己的命。

吴鹰：下面请穆毅讲讲自己的观点。量通租赁是广东第一家外资租赁公司。

穆毅：我们公司是一家从事租赁业务的公司，也属于传统的金融行业，主要从事类金融业务。互联网行业出来以后对我们有没有什么冲击？到目前为止，我感觉还没有冲击，但是将来会不会有冲击？现在也不好说，我们也在观察，我们不抵触，而是温和地去接触。

我们的想法是能否在下游把租赁的债券通过P2P的形式，即网贷平台向外融资。从目前来说，我们有先天优势，因为我们的资产规模已经达到300多亿元，这些资产都是比较优质的，比较有信用的，应该讲风险是比较低的。但是唯一的问题就是收益率比较低。那么在网上能不能够卖一个好价钱？能不能卖出去？这都是我们要解决的具体问题。

刚才黄总讲了，雷军讲的那种"前面不收费"的模式，可能我们做

不到。我们要吃饭，所以要收费。雷军最后也是要收费的，可能收得还更高一点。门槛的设定都在自己手上，将来的话语权也在自己手上。我认为互联网金融的前景非常好、市场非常大。现在我们需要把互联网的这些优点都融入传统行业中去，以长补短。同时我觉得做任何事情，特别是金融行业，最关键的就是防范风险、评估风险。我有两句话要跟大家说。雷军说："站在风口浪尖上，猪也会飞。"但是任正非说："风停了，猪会怎么样？"我觉得，风停了，猪掉下来会摔死。

吴鹰： 人人贷这个公司成立至今只有四年的时间，是一个典型的P2P公司。人人贷这个公司设立的使命是实现个人的信用自主和金融自由。这句话很厉害，所以我们想请85后的张适时谈谈你对互联网金融的观点。

张适时： 我觉得互联网改变金融有三个步骤，这其中的理念是不一样的。那么到底互联网会不会改变金融呢？这个观点，我最后再说。

第一，互联网改变金融的用户体验。这时候互联网是一个工具，在工具下会有多少互联网金融的属性呢？比如金融没有任何改变，改变的是购买货币资金的体验而已。那在这样一个阶段下，我们会认为所谓的互联网金融公司是不存在的。因为只要有金融公司再加BAT就可以了，在这个阶段，金融公司做不了任何事情。所以，我们认为在这样的情况下，金融公司也不用改变什么。

第二，互联网跟金融结合在一起，风险管理的本质发生了一些细微改变。在这种情况下，我们认为一小拨互联网公司是有可能诞生的，包括现在的电商。电商已经拥有了用户的消费数据，像阿里巴巴、京东，他们对用户可以有一个有别于其他人的理解，因此他们在风险管理上、在客户关系上都发生了细微的改变。当这些细微改变扩大到足以改变整个风险管理理念的时候，所谓的互联网金融才往上走了一步，这时候互联网金融才是真正存在的细分领域。

类似人人贷这样的公司，如果只存在于第一个阶段，可能更多的还是协助销售，没有创造真正的应用体验。我买的就是数字，卖的还是数字，或者是一些文字而已，这还不像其他的电商，它们还有物流配送。所以在整个过程中，我们认为互联网没有办法做一个环境的改变。如果想实现这样的改变，就应该有第一步的改革，这样的改革肯定会发生。当然我们已经很努力了，但是还应该做出更大的突破。举一个例子，当一个客户去银行填写一个申请表，那他所有的信息就给到了银行。互联网做信贷的过程中也增加了这样一个步骤去管理风险。

第三，真正能把互联网思维结合在金融里面。做到这一点需要基础，就是心态的成熟。现在中国做的P2P和美国的P2P不完全是一回事，中国的P2P到目前还是用被包装化的品牌来做，还没有脱离整个金融风险。但是美国已改变了这种模式，在金融结构里面就拥有足够的利益。

无论处于哪个阶段，金融机构都有其存在的价值。所以我们认为互联网金融会带来改变，但不会是颠覆。从互联网思维出发，金融机构拥有大量的优势，必须将互联网思维和金融机构紧密结合，这是未来互联网金融的一个发展趋势。

吴鹰：我有点意外。你是从纯互联网金融公司做起来的，倒认为互联网金融公司不会对传统金融公司进行颠覆，这个挺有意思的。其实许总说互联网金融只是一个有限的市场，不可能做得太大，但是他也给出了传统金融公司的问题，信息不对称。其实信息不对称只是其中的一方面。刚才张磊讲得很好，在这个信息时代里还有多样性，小、微金融里还有很多多样性。多样性之外还多了一个坐标，即及时性，时间很重要。我们这儿有一位张树新女士，她做互联网很早，请她发表一下自己的观点。

张树新：虽然我算骨灰级的创业者，但就互联网金融来说，我只是一个资深观察者。我讲几个基本的互联网逻辑：第一个逻辑，就是权利的转移。从互联网创始的第一天，不管什么行业都跟终极消费者有关。

第二个逻辑，这个行业一直是量子跃迁。量子跃迁就是当到了某个用户规模的时候，它会打碎这个行业的原有业态，进行要素重组。1995年的时候，我就遇到过互联网业务要素的问题。乐视、小米，将来可能还会有更多的硬件生产厂商要面临这样一个态势的变化，也就是行业整个构成的要素基础颠覆了。这个行业虽然还存在，但是需要重新定位这个行业，然后决定怎么继续去做。

回到金融，我只想说一句话，什么是钱？钱就是数字。什么是比特？即数字化，互联网这个行业其实也是数字。金融这个行业有一天一定会被互联网行业全面改变，当然现在才刚刚开始，尤其在中国这样一个特殊监管的国家，还需要很长时间。但是说实话，我觉得不存在谁颠覆谁的问题，传统行业和新行业就像是"鲶鱼效应"，得加快彼此自身的变化。

我很同意张磊讲的话，你要发现自己的价值创造能力。如果你真的是替用户着想，你一定会改变思维，不会想谁对谁错，谁野蛮谁不是野蛮。那回到今天的这位85后张总，其实他没有讲得更具体，如果他讲得再具体一点就很有趣了。我讲一个例子，我曾经问过一堆大学生，我说："你们有银行账户吗？"他们说："没有。""你们有支付宝和微信账户吗？"他们都说："有。"如果我现在假设微信和支付宝都开信用卡，那么其他银行的信用卡生意自然就没有了，至少90后的生意就不是银行的了。

吴鹰：我跟马云先生一样，也是大自然保护协会的理事。当我们坐直升机去非洲第二高峰乞力马扎罗山考察的时候，有一个同事照了一张照片发出去了。我们在同一架飞机上的另外四个人都点了赞。我说这个玩意挺好，把这张照片页弄下来发给马化腾，我说："你看微信挺牛，我们在肯尼亚这个地方还能用微信，发个照片还能被点赞。"当然，用的网是当地运营商的网，我就说微信很厉害，它也会触发移动互联网的延伸。

所以我们讲移动互联网带来的"拉动效应"比传统互联网要大得多。以前同一个计算机可能是不同的人在用，但现在一个手机就是一个人在用，即使是你老婆，你也不会让她用你的手机。对于移动互联网，不同的地点、不同的时间有不一样的应用，用在互联网金融里面也会不一样。我很赞成张磊的观点，传统银行没法做，也不屑做。但是有了互联网金融，再建一个汇丰银行是不是有可能呢？

张磊：可能性更大。刚才我讲了，我们这一代人是做科技创业和互联网投资出身。1994年我大学毕业，看中国人民大学外面立了很多互联网企业的标志，感觉很美。其实现在看来，当时中国这一批互联网企业的失

败，要么是模式有问题，要么是做法有问题，但很关键的一点是，当时的中国互联网没有一个足够充沛的长期资本市场的支持。今天，我觉得这种长期资本就是要找足够疯狂的创业者。

互联网模式为什么可能性更大？原因是如果在一个已有的市场，一个已有的蛋糕里，你去切别人的，一定切不了很大。你跟人家抢？整个生态系统都是围绕着人家的模式搭建的，所以你不可能成功。我想讲的是，在一个真实的市场里，如果把需求多维度切换，每一种情景模式就会产生新的东西，把这些东西全部展开了以后，实际上会更多样化，以前我们可能根本不了解有这个市场的存在。以前以为这个市场不存在，也不觉得这个市场有需求。但当这个市场出现了"蓝海"的时候，或者当很大的新型市场出现的时候，刚开始是可以采用低价免费的模式吸引消费者，但是再往后看5~10年的发展，我们更多的是要开创出一个新的市场。

再看更远的将来，每一个人实际上都是一个系统，你的微信号就是你的系统，你想干什么，想听什么课，想去哪儿工作，在你的系统里都能找到。最后大家可能就得适应越来越没有隐私的状态。但是在这种情况下，这种新型市场开拓并不代表每个互联网金融的创业者都能赚钱，能不能赚钱最终还得看你能不能创造价值以及创造了什么价值。你是一个新的需求发展者、新的情景模式创造者，还是新的大数据、机器学习效率的提供者？是效率更高了，服务模型更好了，还是情景标准化了？互联网企业如果不能创造价值，那么它还不如传统企业。另外，还要看你创造的价值有没有独特性？有没有"护城河"？你多做一天是不是会使你的"护城河"多挖了一米？足够疯狂的人愿意往前看十年去挖"护城河"，不够疯狂的人可能只是"今朝有酒今朝醉"，只为今天挖"护城河"。

所以我总结两点：第一，大范围拓展新的需求；第二，有足够疯狂的创业者去挖更深、更广的"护城河"。

吴鹰：我们请吴庆斌来发表他的观点。

吴庆斌：张总刚才讲的观点我完全同意，但是我的看法与张总也有点差别。我在金融业服务了25年，金融业的人没那么笨，但是比做互联网的人笨。金融业是高举债，有信用风险，所以受到很多监管，会被要求：这个不能做，那个不能做。但是互联网金融做大了，最后也有风险，所以我完全赞成金融互联网，这跟互联网金融有一点不一样。

在大数据方面，金融对隐私、资料的共享限制非常严格。同样都是银行的客户，你从这个部门拿到另外一个部门，没有客户的同意是不可能的，所以更不要想用客户外面买东西的资料。因此这个情况就把金融业和其他行业做了一个区分。金融业存在了几百年，它只是以不同的时间、形态存在，所以我完全赞成金融互联网化，但是这和互联网金融是有区别的。

吴鹰：我给大家做一个科普宣传。传统银行业提出来的叫"金融互联网"，而互联网公司提出来的叫"互联网金融"，这其实有一定的差别，但是也没有那么大的差别，实际上把金融服务互联网化是核心。吴总举了一个例子，他说，客户的资料在同一个银行里很难跨部门去获得，而在互联网时代隐私也非常重要，不是说互联网行业不考虑隐私。

吴庆斌：2013年6月，阿里巴巴集团董事长马云指出，未来的机会一是金融互联网，是金融企业走向互联网；二是互联网金融，是纯粹的外行领导，其实很多行业都是外行打进来的。请问许总，假如今天我把业务在互联网上全面展开，那么你说我做的是互联网金融，还是金融互联网？

许立庆：你做的是金融公司，当然是金融互联网。我刚才讲互联网金融是不能存在的，它有它的特殊性。如果你做大以后，那些大的金融机构一定会反击你，他不会傻傻地站在那边。以微软为例，微软的系统好不好用？绝对不是最好用的，可是它为什么做得这么大？因为它把其他的都买下来了，避免受到威胁。但今天哪个银行敢出4亿元把其他的都买下来？这是不太可能的。所以，面对互联网，有些传统金融银行是挡不住的，这很正常。

吴庆斌：买不起互联网企业。

许立庆：金融业的特点是没有专利，刚才我们讲大数据，实际上大数据是机会也是挑战。现在大数据的问题是谁分析？很难有个系统的分析。我不是反对互联网，因为互联网最后肯定是促进金融进步的。

吴鹰：许总的观点有他的道理。我们请适时来讲讲，看看他有什么补充的意见？

张适时：我站在许总这边。我们一直在讲腾讯，比如说腾讯银行与微信自己去做金融，我认为这是完全不一样的。腾讯银行其实跟其他银行一样都是普通的银行。微信开发出来之后，就要做另外的东西了。他们做的是库存营销的客户建立，需要建立数据分析，包括税收、管理，整个一套很重要的东西。

吴鹰：不仅我们台上的嘉宾抢话筒，下面的嘉宾也开始抢话筒了。收到一个河南外包产业园的韩坤董事长的名片，也请您说一下。

韩坤：互联网金融一定没问题，一定会很厉害，为什么？最终还是要看市场。现在互联网金融在个人、家庭方面做得已经很好了，但是它在中、小微企业和产业中，却做得很不好。有很多产业需要发展，需要融资，我认为，未来互联网金融应该更多地跟真正的传统产业、真正的产业结合在一起。

穆毅：互联网实际上是做服务和创造价值的，传统企业通过互联网可以增值加分。我认为要先做互联网价值的链，通过链连起来再做价值的网，我们首先要解决这两个问题。不管什么行业，先把互联网融入进去做好价值链和价值网，这样企业才能发展得长久、有前景。

黄朝晖：这两种模式成功的可能性实际上都是存在的，现在看阿里贷已经做到一千亿元了。当然它最开始是通过和建行、工行的合作，后面自己搞了一个公司，实际上也进入了监管范围，信贷的趋势应该说相当好。关于金融互联网，我们可以看到平安做得很好，很典型。互联网公司的激励机制跟传统的金融公司不一样，可以有更强的激励机制。比如陆金所，它的增长情况、贷款质量和运营模式都非常好。

我同意张磊的判断，实际上中国很多地方的金融需求并没有得到满足，而互联网金融正好能够用低成本的方式来弥补这个缺口。所以，我是觉得两种方式都有可能成功。

吴鹰：现在大家发言很踊跃，台上嘉宾一争论，台下嘉宾就比较急，认为我们说得没有你们好，也有这种可能。但时间有限，我把我们嘉宾递

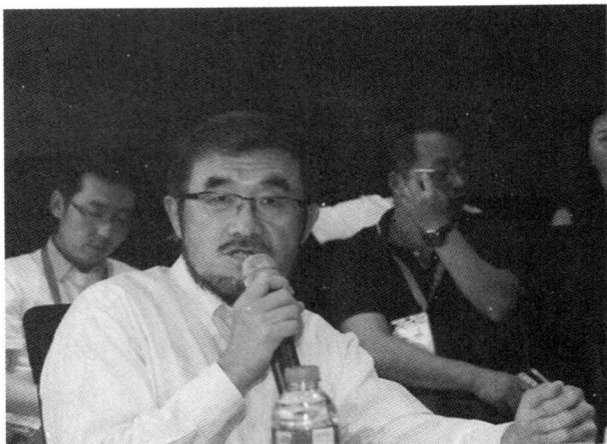

上来的纸条念一念。有一位嘉宾说，互联网金融必将一统天下，银行只是一个"仓库"而已，现场银行业的朋友可以反击。还有嘉宾说，互联网金融实际上是"夫妻关系"，金融是女的，互联网是男的，纸条上"男"字下面写了个数据，"女"字下面写了个钱，也就是说，互联网是多维财富，而金融是单维财富。还有嘉宾说，要创新金融运作体制，监管互联网金融。

实际上互联网金融或者金融互联网只是个名词，互联网领域不单单是一个技术的概念，互联网技术本身已经有三十多年的历史，这其中还牵扯到很多互联网思维。有一位很有名的企业家王建民先生，他在公开讲话里反对"互联网思维"这个提法，他说互联网思维不就是创新吗？不是只有互联网公司才创新。这个理解实际上是错误的。互联网不仅仅是创新的概念，创新是任何一个企业最基本的东西，没有创新，企业根本活不了。互联网思维的专注、极致和口碑都非常重要，传统金融的人如果不能用互联网思维去思考这些问题，就会遇到挑战。

最后，我总结一下大家共同的想法：互联网思维、互联网技术和互联网精神一定会改变金融服务，金融服务一定会给所有人带来更大的利益；对于人类的进步，我们要有信心。

余额宝的贡献

文 胡晓明 ▶ 阿里巴巴集团副总裁

首先向大家汇报一下余额宝产生18个月以来，大家的一些观点和想法。

其一，互联网金融和金融互联网。互联网金融和金融互联网的关系问题我从四五年前就开始纠结。特别是阿里巴巴在做试点时，我当时还是阿里小贷的总经理，在专业人才的选择上，应该是以互联网人才为主，还是金融人才为主？这个问题让我很纠结。

同样的，今天大家更多地是把金融互联网和互联网金融两者对立了起来。从今天大家谈到的一些问题中可以发现，其本质可能是以民营资本为主导的互联网金融和以国有资本为主导的金融互联网之间的一些观点的对撞。但是我认为，这两者是殊途同归的，最终一定会到一起。不能说互联网金融颠覆了金融互联网，或者支付宝、余额宝颠覆了所谓的银行，而是互联网金融，包括支付宝、余额宝，正在改变着我们的思想和技术。只要善于利用大数据，并且把客户利益为第一的导向观念加入金融产品当中，

互联网金融和金融互联网的本质是一样的。最终无非是把互联网作为工具，把互联网的思维加在整个金融的创新和体系当中。

所以，如果你要创业或企业要开展互联网金融，要切记：开放、透明、分享、责任的互联网思想必须贯穿到金融产品的创新和变革当中。很多人问阿里巴巴做了这么久，其法宝是什么？我在这里分享给大家八个字：海量、互动、专业、可信。这八个字是阿里巴巴一直在互联网创业、互联网金融创业，包括余额宝、支付宝、阿里小贷当中持续遵循的原则。

其二，激情与冷静。首先谈一下激情。这18个月来，金融互联网和互联网金融在持续讨论中不断得到发展，尽管很多银行对支付宝和余额宝有痛恨。可能在座的很多位也想听听我的吐槽，这里我可以这么说，不论银行和监管机构怎么看余额宝，我认为余额宝在这18个月当中对整个中国金融变革的作用是巨大的，其作用主要体现在以下四个方面。

第一，它让监管者看到，当我们实施利率市场化以后，银行和金融机构的产品创新对市场的影响有多大。今天的余额宝也就五六千亿元的规模，而中国居民的储蓄大概不到50万亿元，余额宝占比还不到1%。但是这一次的预演可以让监管部门看到市场的力量还是很大的。当大规模实施利率市场化改革后，到底用什么样的方法进行疏导和监管？国有银行、股份制银行以及民营资本主导的民营银行之间，包括金融机构和非金融机构之间，银行和非银行金融机构之间，是什么关系？我认为这是一大贡献。

第二，当余额宝出来以后，让金融机构看到了，通过产品体验创新和渠道服务创新，原来有这么大的市场空间。我自己也认为，只有客户体验第一，只有创造了让客户尖叫的产品，在金融改革、金融产品创新上，才有更多变革的机会。这一次，银行看到了，同样的，非银行的金融机构也看到了。我认为，余额宝对于所有的金融机构，对于未来整个金融产品创新、渠道创新上的贡献是巨大的。

第三，大数据、互联网、云计算渠道对金融产品创新的重要性。我相信，银行和非银行金融机构都被激活和点燃了。并且这种激活和点燃是正能量，不是负能量。有人说，互联网金融对金融互联网本身是一种颠覆，而我认为根本没有颠覆，它是一种思想的传承、是一种思维的拓展。

第四，以余额宝、支付宝、阿里小贷为代表的普惠金融，让老百姓真正体验到了它们的好处。这种普惠金融也只有在互联网、移动互联网、大数据、云计算下才能发生。我认为这是余额宝确确实实给大家带来的一些变化。这个变化远比余额宝五千亿元、六千亿元给所谓的金融机构带来的冲击要正向得多。我相信，在中国整个金融变革史上，除了支付宝、余额宝、阿里小贷，还有很多这样典型的金融产品，一定会写入中国未来的金融变革史。

当然，在余额宝、支付宝、小贷完毕以后还有没有其他金融产品创新的机会？我认为机会大把在。中国需要更多金融服务外包的机会，更多地通过互联网整合渠道的机会，包括像众筹、支付、预付费卡等，这些在我们眼里都是机会。所以，互联网金融充满着激情、充满了机会，只要我们愿意改变，愿意用互联网思维去影响我们的行动和策略。

谈完激情以后，我再谈一下冷静。在三年前，我一直在说，互联网、大数据、云计算，不断推动着整个产业的变革、思想的变革、金融业的变革。但是，在金融业当中，不论是互联网金融，还是金融互联网，有一些东西是不能绕过的，那就是风险、以信用风险管理为基础下的冷静和以信用风险管理基础下的资本约束。

很多人认为，P2P行业通过互联网、买家、资产委托人和贷款人，就能解决信用风险管理的对称问题。可我要说，大错特错。而且目前整个市场处于一片在资本推动下的疯狂增长期，我认为在未来12~18个月，一定会有一批P2P出现巨大问题，当然这个巨大问题不仅仅会给P2P公司，更会给整个社会的稳定和投资者的心理造成影响。

今天我们必须要遵守一个规律，那就是在以信用风险管理为基础下的互联网信贷风险的滞后性和收益当期的错配风险，如果没有进行资本约束和风险拨备，风险是巨大的。大家认为，P2P、互联网就可以被神化，其实信用风险一定不能被神化，必须要用更冷静的思维、更客观的评价和更加严格的约束来管理风险，我认为这就是冷静。

中国的支付清算已经走在了世界的前列。美国的信用卡，包括美国的借记卡、VISA和万士达的整个支付清算体系，都是发生在离线交易下的，所以它的风险率很高。美国的信用卡风险接近1.5%~2%。这是谁的成本？这是社会的成本，最后都要转嫁到消费者身上。但在中国，以中国人民银行为主导的大小额支付清算系统、票据清算系统，这些都已经让我们实实在在地消费着，其支付交易都是走在线、密码交易。中国比美国的支付清算体系起码要领先5~6年。

同样的，中国的互联网金融行业也比美国领先。很多人认为美国的经验就是中国的经验，我完全不认同。整个支付宝，现在我们每秒钟处理的支付清算的笔数是3.5万笔，这个能力谁有？美国的VISA有。但是VISA是建立在以IBM、Oracle数据库基础上的支付清算体系。今天对于支付宝来讲，我们不仅有能力用开元的方法和软件做支付清算体系，而且还有提升空间。

其实，对于阿里巴巴、支付宝最大的考验，就是每年"双十一"的子夜零点到凌晨零点十五分，这15分钟时间，来自全国的消费者瞬间涌入，必须要确保用户浏览商品成功、确保用户支付成功。如果没有这个新技术、新方法，是没有办法做到的。

所以，我认为美国的整个互联网金融行业不代表全球的经典。中国有自己对市场的理解，对于互联网金融技术的掌握，在这一点上，我们已经领先美国了。但是，我们在很多体系的深度上还没有国外做得好，譬如我们的模型和策略管理，这需要借鉴更多西方的经验。

所以，对于支付宝来讲，经过这18个月的发展，我们也提出将16个字作为我们未来的战略，分别阐述如下。

一是稳妥创新。面对整个信用风险管理，面对整个财富管理，必须要遵守资本约束和风险拨备，不能过度承诺。

二是服务实体。我们今天所有的金融都是围绕阿里巴巴平台的产业链，包括像中国的出口商、中国的内贸商、淘宝平台上的中、小卖家以及天猫平台上的消费者，服务于这些实体，服务于电子商务，我认为这才是我们要做的。马总一直说，让金融回归贸易，让金融回归生活。这就是我们一直持续在做的。

三是配合监管。任何行为都需要被约束，必须在金融监管体系下开展稳妥创新，这是我们所必须遵守的规则。所以，接下来我们才会围绕着相关的要求再去开展工作。中国有没有更多的金融创新机会？我认为有。因为互联网代表着一种趋势，我们对互联网的认知还不到20％，包括阿里巴巴，马总也一直教导我们，说我们必须对互联网保持足够的敬畏，因为我们对互联网的认知才刚刚开始。

四是有机统一。同样的，互联网影响了新闻、影响了游戏、影响了社交，未来对于整个金融的影响也是非常大的。所以，生活在这个行业当中，我一直认为我们跟传统金融机构是一种互补，是一个有机的组成部分，不可能出现互联网金融就能颠覆金融互联网，因为金融的本质是一样的。

中国是否会出现"巴菲特"

　　"巴菲特模式"就是价值投资模式,其最重要的特征是利用保险公司的浮存金来实现资金零成本。同时价值投资最考验投资能力,考验抓住资产错配机会的能力,考验研发能力以及对未来的判断能力。那么在中国追随者眼中,巴菲特价值投资模式有哪些普世原则?其在中国的发展又将如何?

从实业家到金融家

面对"新常态"时期经济结构的大调整和全球化金融市场孕育的机遇与挑战。中国的商业领袖们开始探索与实践企业的转型升级，以适应全球经济新常态。近期，越来越多的企业家顺应时势，站在时代变革的风口，嫁接互联网思维，跨入金融圈，特别是互联网金融圈。金融业迥异于实业，正如互联网行业迥异于传统行业，他们如何成功实现跨界？如何更好地理解并运用互联网思维？未来金融业特别是互联网金融的机会与风险在哪里？

在"2015年第三届外滩国际金融峰会"上，时任上海美特斯邦威服饰股份有限公司董事长周成建、广大投资集团有限公司董事长朱昌宁、杉杉控股有限公司董事长郑永刚、奥瑞金包装股份有限公司董事长周云杰、东润环能股份有限公司董事长邓建清、卓尔控股董事长阎志就上述问题进行了深入讨论。正略钧策创始人、董事长赵民主持了该场讨论。

赵民：今天我们的话题是"从实业家到金融家"，如果上个星期谈这个话题，大家的心情可能不一样，一个星期来，股市先是大涨，后又开始大跌。先请每一位嘉宾简单说一下自己上个礼拜的心情和现在的心情。

邓建清：我们北京东润环能科技有限公司主要做新能源大数据。很庆幸，上周我们做了二轮募资，如果再晚2~3天，可能募资就会遭遇"滑铁卢"，我现在的心情既忐忑又幸运。

周成建：我是美特斯邦威的周成建。因为我一直是做裁缝的，所以心情一直没有变化。我认为，只要坚持做自己，把自己的"小裁缝"做好就可以了。

赵民：股票的涨跌对你的心情没有影响？

周成建：股票有涨有落，和我做裁缝有点关系，但是没有绝对的关系。我认为资本市场有其自身的套路，我们工作的重点是如何把自己的产业做好，去适应未来市场的需要，这是关键的问题。

周云杰：我们奥瑞金包装公司是一家小的公司，或者说是一家小产业公司。大家对于包装公司的具体业务可能不是十分了解，其实市场上有很多大产品的包装都出自于我们之手，比如红牛、加多宝、青岛啤酒、旺旺、露露等。

阎志：我们卓尔控制有限公司有三家上市公司，两家在香港。在A股市场，我们也是先经历了三天大跌，现在又经历了两天大涨，现在大股东要求我不能减持，所以股市的涨涨跌跌也很正常。

郑永刚：股市前段时间涨得太疯了，上个星期跌了一下，我觉得很正常。从健康的资本市场角度来看，中国经济的慢慢企稳可能会给资本市场这一轮的升级转型带来一些非常好的效应。如果中国的A股这样疯狂地涨，又急速地下跌，对各方都会带来不好的效应。

222

中国是否会出现"巴菲特"

朱昌宁：近年来，我不做二级市场，为什么？因为我曾经吃过苦头。所以如果中国的股市仅仅是一个二级市场的话，投机的成分会多一些，而要将其变成一个真正的资本市场、一个融资平台，它可能还需要一段时间来慢慢成熟、慢慢成长。等到中国的股市真正成熟的时候，我再去买股票。

赵民：下面我们进入今天研讨的正题——从实业家到金融家。希望每位嘉宾都谈出自己的真知灼见。

阎志：第一，我觉得从实业家到金融家，这是很多做企业人的理想，但是在中国目前做到这一点的人还不多。目前像我们这些原来做实业的，现在想做金融或者正在做金融的人更多的是被逼出来的，因为做实业的利润太少了。我了解到，一些做实业的人交给银行的利息可能远远大于自己的利润。在这样的环境下，我们去谈实业和专注于实业是一件很奢侈的事情。第二，现在大家都在思考从实业到金融，这里关注更多的还是资产配置的合理性。实业很多都是重资产，如果配置一些轻资产的金融资产、金融项目和金融企业，应该是更为合理的配置。现在大家都能够从容地思考这些问题，这也说明中国的实体企业也开始成熟起来了。第三，实业与金融到了一定的阶段是需要融合的，金融家离不开实业家，实业家

也离不开金融家。在自己的企业内或者自己的产业布局内，有实业与金融的一个配置，或者是互动交融，这对于我们继续做好实业是一个很大的帮助。无论是实业家、金融家，还是实业家兼金融家，都是目前中国民营企业需要坚守的"春天"。

邓建清：我们是一家做新能源大数据的公司，目前我们已经得到了全国30％以上的日常新能源生产数据、发电数据以及设备的生产状况。公司在做新能源大数据的过程中，正在逐步与保险、银行、投资等领域做一些数据上的合作，希望未来使实业跟金融资本能够实现很好地对接，并不断提高效率，降低风险。最后，我期望有一天能够成立一个"绿色银行"，来支撑整个产业的发展。

郑永刚：我认为，第一，从一名实业家转变为一名金融家这是不可能的，其原因是：专业不同。比如，我若把郭广昌概括成一个资本家，那陈东升应该是一个金融家，我既不像资本家，又还不像金融家。作为金融业内人士，2013年我去参加了两次考试：一次是考董事长，一次是考CEO。我现在身兼保险公司的董事长，所以我是一名"新兵"，我需要向陈东升好好学习。到2015年年底，我就会辞掉保险公司董事长的职务，因为我觉得还是应该让专业的金融家来担任这个职务。

第二，实业是根本，资本是手段，所以说产业资本和金融资本的融合才会成就像郭广昌这样的国际化企业家。所以实业一定要做实、做强、做精。我们不能坚持即将被淘汰的过剩产业，应该做一些新兴产业，例如大数据、大健康、大旅游、大文化，这些产业未来的培育应如何结合资本市场？这对中国的企业家来说应该是一个巨大的机遇。例如，周成建的服装产业原本就做得很棒，嫁接互联网之后势头仍然良好。我1999年3月开始做锂电池的材料，现在我们是世界上最大的锂电池材料公司。另外，在转型过程中，你要选择自己能力范围内的事情去做。比如，收购研究所之后，我们只负责在上海浦东给研究所的人员买房子，帮助他们给孩子找学校，因为让他们安居乐业是我能力范围内的事。目前，奔驰、宝马、索尼、三星都与我们签订了长期合作合同，所以我们坚决不能放弃实业，而且还要做精、做强、做大，进一步让产业资本和金融资本结合。

第三，我是一个职业企业家，在"一把手"的位置上坐了31年。实业是乙方，金融是甲方，因为金融一直是国家垄断的，我也在向往什么时候可以成为甲方，所以我就从实业到了金融。但是我的定位还是实业，我做不了金融，陈东升干的事我做不到；但是反过来，你要做我的事也很难。

周成建： 首先，我非常同意郑总说的，实业家和资本家或者金融家本身是两回事。郑总有能力把两个力量结合起来，而对我来说，我只能借助资本工具或者金融工具让我们的产业做得更好，做得更优秀。选择做裁缝是我的福分，再给我一万次选择，我还会选择这个产业。因为我非常喜欢它，热爱它。虽然美特斯邦威在过去几年的业绩有所回落，但是服装产业仍旧保持了两位数的增长，只是过去的生产模式、商业模式已经不适应今天和未来了。我们如何转型？如何找到新的商业路径以实现更好的发展、更好地服务消费者？在这个过程当中，我们需要借助新的工具——互联网，同时也要借助金融工具，把社会的力量、社会的资源整合得更好，把它做得更大。原来只是区域性整合，未来我们有机会把全球整合起来，去服务区域消费者和全球消费者，这是我努力的目标和方向。

朱昌宁： 我们是一家投资集团，主要做实业，一造房子，二烧饭，基本上叫作一堆瓦砾加一片饭庄。我们经营的饭庄有几百家，包括松鹤楼、得月楼等。2015年5月1日，中城联盟在王石的号召下，到米兰参加了世博会，2015年世博会以食品为主题，像一个美食节，每个国家在各自的摊位做出特色美食让参展的嘉宾品尝，真正做到了好看、好玩、好吃。万科馆的主题是食堂，其广告词是"以美食构建社区"，但是展览现场并没有任何美食展示，只通过电视屏幕来展示各种美食。早先王石跟我约定让松鹤楼帮他烧点菜，以便把食堂落到实处。后来我们开始帮他构建美食社区，建立餐食便利店，即在每个小区建造50~70平方米的小铺子，除了售卖食品外，还有现场操作，以及半成品制作等现场演示。同时，我们还引进互联网概念，开启网上订购、网上支付等功能，将互联网与实体店相结合。我们在万科的苏南公司落地后，苏南地区都纷纷开始着手这件事。互联网销售的关键是将实体产品和互联网结合。互联网销售需要支付，需要账户，这些都要和金融挂钩。因此我们要同时具备互联网思维和金融思维，这样才能连接起实体企业和客户，创造出真正的价值。

周云杰：大家都在谈热点，我们是不是可以从反向思维来谈一谈从金融到企业。我一直认为金融服务于企业，企业可以生存的最主要原因不是利润和税收，而是就业机会。社会可以容纳企业存在的重要原因就是企业在不断地创造就业机会，只有金融与企业更好地结合起来，就业机会才会不断增加，才能够造就整个社会的和谐。

我们企业上市后也有一些投资动作，但是我更注重长线投资。很多做股票的人都做短线投资，一个没有长线投资的金融是很难长期生存下去的。一个企业最重要的是要做好自己的产品，企业和金融之间的关系不仅仅是融资，更重要的是融业、融人。

赵民：今天我们讨论的主题是"实业家到金融家的跨界与突破"，在座的各位是否想要实现跨界和突破？又如何实现跨越和突破？

周云杰：跨界和突破一直是包装行业存在的前提。因为包装永远不可能提升内在产品的附加值，这是包装的核心任务。所以我们也在不断地研究和探讨，如何让包装产品更好地走向消费者。互联网给我们提供了一个机会，让包装能够在信息推广平台上走得更宽更广。比如，我们通过二维码让产品能够更富于个性化，同时把客户的信息通过计算平台反馈到我们的终端，从而实现大数据的统计，并且向我们的客户提供精确的营销数据。就这一点而言，我觉得突破始终存在于包装产业中。

朱昌宁：落户纽约曼哈顿大楼的多是保险公司，那里很少有实体企业。整个资本目前的发展脉络就是从实业资本走向金融资本。因为单个的人或者企业可能不具备足够的能力，做实业的人一定要有一些金融的思维。

周成建：如果单从"跨界"和"突破"这两个词来看，很容易理解。在互联网时代，"跨界"是热门词，今天所有的竞争都不再局限于本行业。所以跨界是当下，突破是人生的终极追求，跨界与突破是每个人必须思考且要坚持不懈去探索的一件事情。

阎志：实际上，郑总和周总在发展实业之前已经做了保险。所以我们一定要冷静，要优化金融资产的配置和布局。中国发展实业不易，尤其是实业安全问题至关重要，但有了金融资产的配置和布局，实业才会相对更加安全、有保障。

提问1：您好，我想请教郑总和周总。我自己在做发债。我发现2015年存在一个很严重的问题。由于证监会监管严格，纺织行业上市公司的报表保持公开透明，但是很多集团公司并没有使用新会计准则，其中有一个公司实业亏损严重，但是他的金融投资是赚钱的。现在实业越来越难做，大家对金融投资越来越感兴趣。郑总公司的保险即将借壳上市，请问你们是会继续以前的实业，还是会通过并购重组缩小实业占比，又或者直接抛弃？

郑永刚：你刚才讲的第二个问题要具体看什么类型的实体，如果结合互联网升级，效益还会以两位数递增的速度发展，那我们就可以继续做。如果是老化的过剩产业，我们必须直接抛弃，尤其是污染型企业。人要坚持做对的事，做不正确的事都是劳而无功的。所以，如果是新兴的实业，要坚持转型和规模升级。

周成建：股市和资本价值体现最终都要聚焦实业提升，否则溢价空间就会打折扣。我坚信，无论金融还是股市起伏，实业都需要持续的支撑力量。每一个产业下一步的发展路径，都需要多元的技术创新支持。世界其他国家的全球化和互联网化，多是分为两个不同的部分在发展，而中国的实业是将两者合二为一共同进行的。美特斯邦威的品牌竞争力也是在这个互联网和全球化共同进行的过程中实现的。互联网是中国人创造的，它在颠覆一切"游戏规则"的同时，让我们进一步思考该如何把实业做得更好。美特斯邦威过去只追求单一的品牌，追求一百亿元、两百亿元的发展目标，未来我们会更为关注在几万亿元市场里面如何发挥价值、创造价值。我还是聚焦服装业，但我们会聚焦且深挖产业潜能。

提问2：目前，小微企业在商业银行的融资比较困难。原因是放一笔小微企业贷款，第一成本高，第二风险大。对于商业银行来说，把一笔钱放给央企风险就会小很多，而且一次性几十亿元的投放规模使得效益非常高。今天台上的几位实业家如果转做金融，变成银行行长，站在这样的角度和位置上，你们会怎么看待这个问题，会不会给小微企业放款？

郑永刚：第一，如果我是银行的股东，我会强调风险控制一定要做好，一旦风险出现，我会追究其责任。作为企业，我会不断要求银行多给我贷款，银行也一定会贷款给最优秀的企业。银行和企业可以成为阶段性的朋友，但最终还是敌对状态，因为全世界倒闭了的企业最后都是被银行给掐死的。第二，目前国家对小微企业出台了很多支持政策，比如P2P和小贷，同时大银行也开始关注对小微企业的服务。创业型的小微企业，只要报表规范，产业真实有效，就一定会得到支持。

邓建清：不同的实业公司，无论是小微企业还是成熟的大规模企业，应该和不同定位的金融机构进行合作，而非一定要让国有大银行去投小微企业，这在某种程度上来讲也是不现实的，双方市场资源配置需要协调迎合市场化状态。

提问3：我来自深圳，是做移动支付、大数据和云计算的。我对邓建清邓总您公司所做的新能源大数据非常感兴趣，很想了解您公司的商业模式，不知道是否方便给大家介绍一下？

邓建清：我们是通过将新能源并入国家电网并提供一些管理策略来进行盈利的。在管理过程中，我们得到了大量的生产营运数据，可以据此不断开发针对客户需要的产品。比如我们给政府提供一个咨询规划的软件系统，这个不断优化的咨询软件在提供数据的过程中，可以进一步开发出好的新能源项目，并通过找到好的资本对接获得咨询收益。再比如，我们正在做一个新能源基地的新能源技术大众点评的电子商务平台，通过这个平台让技术供应商和用户之间产生交易，我们可以从中获得一些数据推送的

服务费等。

郭广昌： 各位从自己所处的行业环境来看，觉得中国经济目前的发展走势对现在的股市有没有足够的支持？

阎志： 我们做商贸物流地产，也有港口，目前看物流股和港口股还是缓慢回升，是慢牛。

邓建清： 我是充满信心的。因为我们正好处在一个能源革命的过程当中，国家也在出台推动政策，我认为最近七年，它的增长是爆炸性的，也是充满信心的。

郑永刚： 从未来的角度来讲，新兴产业的发展升级必须深入研究互联网。中国经济转型的关键是意识形态，是企业家能否意识到自己的产业需要转型，能不能转型。资本市场能够健康发展，反哺实业的转型和升级，这是一个企业转型升级的关键。

周成建： 首先，我对我的产业是绝对充满信心的，如果我们这个产业出现颓势，淘宝就会立刻贬值。服装产业保持两位数以上的增长，但其核心还是传统的商业模式。所以传统服装企业这几年面临着巨大的挑战，业绩大幅下滑。目前，服装产业可以借助移动互联网这个新兴商业模式做得更大、更好。在移动互联网时代，企业运营需要有品牌运作经验、零售运作经验，甚至需要对这个行业了如指掌，我们要将所有的经验融合，并嫁接到移动互联网的应用上来。美特斯邦威三年前就开始着手发展互联网，下一步我们会做全渠道的O2O（Online to Offline，线上到线下），无论是淘宝、京东，还是自己持有的店铺，将其价值最大化。其次，中国有机会把全中国的产业供应链资源整合起来，让我们更好地发展B2C（Business to Customer，企业到用户）、C2B（Consumer to Business，消费者到企业）、C2M（Customer to Manufactory，顾客对工厂）、M2C（Manufacturers to Consumer，生产厂家对消费者）等业态模式。所以，服装产业空间已然巨大，传统产业应对挑战需要及时调整。

朱昌宁： 郭广昌有一句话说得好：世界模式，中国动力；即将国际顶尖产品与中国市场结合。因为中国的消费市场是广阔的，增长是迅速的。

中国餐饮业每年的产值是三万多亿元，而且每年保持了10%~15%的增长速度。中央"八项规定"颁布以后，老百姓的消费大增，官员吃饭受到了限制，但是中国餐饮市场仍旧是非常广阔的。我们需要改变自己的经营方式。因为即便拥有广阔的市场，也需要新的工具进行革新、创造。美国、德国、日本的经济之所以保持在世界经济前列，除了其实业发展扎实、稳定外，创新是其最大的推动力。

周云杰：我相信中国经济和中国股市都会向上走。目前中国经济发展处于调整期，以我们公司的业务为例，例如易拉罐饮料，铁制易拉罐的原材料在2004年开始真正实现国产化之前，是完全依赖进口的。国家经济向前高速发展需要企业付出巨大的代价，因为企业投入的成本会比别人更高。我们需要时间来调整，需要回过身来完成产业的基础布局和调整，只有这样，中国经济才能在稳定的基础之上保持增长。

赵民：可以预见，金融家和实业家之间的互相支持是未来一年的主旋律。我也相信，更多的中国企业家能够从实业家到金融家的跨界与突破过程中创造出中国金融家的伟大新奇迹。

"巴菲特模式" 在中国

　　"巴菲特模式"就是价值投资模式，其最重要的特征是利用保险公司的浮存金，实现资金零成本。同时价值投资最考验投资能力，考验抓住资产错配机会的能力，考验研发能力以及对未来的判断力。巴菲特在中国有众多追随者，是中国众多投资家和投资机构的偶像。中国是个迅速成长的经济体，其新近30多年的成长史浓缩了西方200多年的历史，这要求投资家有更为敏锐的感知和学习能力。我们将讨论巴菲特价值投资模式的普世原则，以及在中国的新发展。

　　在"2015年亚布力中国企业家论坛夏季高峰会"上，就"'巴菲特模式'在中国的发展"，泰康保险集团股份有限公司董事长兼CEO陈东升、华泰保险集团股份有限公司董事长兼CEO王梓木、金沙江创投董事总经理丁健、中泽嘉盟投资基金董事长吴鹰、怡和控股有限公司副行政总裁艾特·凯瑟克进行了深入讨论。亚布力中国企业家论坛创始人、主席田源主持了该场讨论。

　　田源：大家都知道巴菲特，每年都有好几万人参加他的股东大会，巴菲特已经成为企业家和投资人的偶像，而且这位老先生现在还活着，继续以其卓越的投资业绩吸引着世界的目光。在投资领域，巴菲特为何能取得如此成就？是否有所谓的"巴菲特模式"？"巴菲特模式"包含了哪些内容？在与美国不一样的环境下，中国是否有出现"巴菲特"的可能？究竟应该如何去做？我对巴菲特的研究还很欠缺，但是我知道巴菲特有一个明显的投资特点，那就是他从保险公司获得了相对低价且长期的资本。

　　艾特·凯瑟克：我非常欣赏巴菲特。从保险公司获得投资资本是巴菲特模式很重要的一个特点，我觉得未来不论是在中国，还是在别的国家，对希望成为"巴菲特"一样的投资者而言，保险资金是非常关键和重要的。巴菲特之所以取得成功，有两点非常关键：第一，他非常热爱他的事业；第二，一旦选择了这个模式，他就会一直做下去，不会轻易改变。未来巴菲特会在哪些方面做改变呢？在我看来，一开始他关注价值投资，而现在他关注非常优秀的企业。他有一句名言："宁愿用一个好价格买一个好公司。"也就是说他会用比较合适的价格去买一个好公司，而不愿意用低价去购买一个一般的公司。他关注公司的产品，也相信品牌，他一直相信有强大的品牌才会给大家带来好的价值。除此之外，他相信品牌之后的管理团队。巴菲特是一个极端主义者，他不喜欢听基本的言论，而喜欢看事实。巴菲特也不喜欢控制企业，不喜欢把所有股权都拿到自己手上，他喜欢不断回购和出售自己的股权。在这方面，怡和集团的情况刚好相反，我们会控制这些企业，但是不会绝对控制，我们也可以从巴菲特身上学到很多东西。

田源：其实怡和集团和巴菲特的伯克希尔公司有类似之处。怡和集团也是一个综合性的控股公司，产业分布非常广。作为一家外国公司，怡和集团在亚洲的经营已经有上百年的历史，这也非常值得研究，而且怡和集团好像是做纺织出身。

艾特·凯瑟克：对的，我们公司一开始的确是做纺织的。

田源：从整个公司的业态来讲，陈总其实跟巴菲特非常相似。据我了解，他不仅读《滚雪球》，还会读巴菲特写给股东的信。请陈总谈谈他对"巴菲特模式"的理解，您觉得"巴菲特模式"是怎样的？其中有哪些内容值得与我们做企业和做投资的人分享?

陈东升: 巴菲特已经成为中国炙手可热的人物,是很多人学习、崇拜和研究的对象。我的主业是保险,我对投资也了解一些,但是从来没操过盘。读了巴菲特的书和他写给股东的信之后,我有几个感触想跟大家分享一下。

第一,卵巢理论。巴菲特所讲的卵巢理论就是投好胎。如果巴菲特出身在非洲,而不是美国,那今天大家所崇拜的巴菲特可能就不会出现。这个理论更深一层的意思是,要看好主体经济的长期发展,所以巴菲特看好美国经济发展200年。因此,如果我们希望成为中国的"巴菲特",那我们就需要明确自己是不是看好中国,是不是看好卵巢理论。对中国的未来,我比较乐观。我觉得看好中国崛起的上升通道非常重要,一时的困难与挫折应该是这个民族需要去经历的,是好事。有一句话说得挺有意思:一个国家、一个民族、一个企业在上升阶段所遇到的挑战、挫折,或者取得的成就,都是一种祝福、一种正能量。所以我们要看好中国未来的发展,如果不看好就表示不同意巴菲特的卵巢理论。很多人把资金转移,三心二意,怎么能成为巴菲特呢?这是一个价值观的问题。

第二,抓住中产阶级的崛起。2015年,泰康公司成立19周年。这19年间,我们的资产、保费、净利润、净资产的复合增长都达到了50%。在这一点上,巴菲特没法跟我们比,但是这个比较也没有意义。因为这是我们处在一个经济上升阶段所取得的成绩,而巴菲特是在一个超级成熟的经济体中做出的成绩,所以巴菲特就很难了。巴菲特之所以能在一个成熟的经济体中取得如此成就,其根本的原因是他抓住了中产阶级的崛起。如果对巴菲特的投资方向进行分析,我们会发现他的投资有这样几个板块:一

是金融，二是大消费。金融和消费是中产阶级的一体两面。中产阶级有钱后，理财需求激增，购房、购物等消费需求也快速增长，所以目前大众理财的时代已经到来，大众消费的时代已经到来。

第三，利用保险公司的浮存金。在金融板块上，巴菲特控股了五家保险公司，这些保险公司都给他带来了很大的利润，更重要的是这些保险公司为他后期的投资提供了充足的资金。对投资来说，便宜资本金很重要，而保险资金不仅便宜，更重要的是它是长期资金，并且长期资金具有抗周期的特性。

我从来不说我是"巴菲特"或者希望成为"巴菲特"，我没有这个命。虽然我在大学时学的是宏观经济，但如果过去让我看关于投资之类的书，我会觉得很枯燥。但是巴菲特撰写的《滚雪球》一书却没有给我这样的感觉，书里充满了哲理，充满了智慧，每句话都说得很精彩。看完这本书之后，我自惭没有进行系统的金融知识学习，特别是会计、财务方面的知识还很匮乏。巴菲特在选择被投资企业的时候，基本上只需要看三张表就能对企业的实际情况有比较准确的了解和判断，这种对会计、财务、金融的娴熟是他在多年的实际操作中练就的。

巴菲特讲的卵巢理论还有很重要的一点，那就是寿命场。巴菲特19岁开始投资，2015年他已经86岁了，他经历过"水门事件"。现在的年轻人有谁知道"水门事件"？谁知道金本位？谁知道1972年"黑色星期五"？巴菲特宁可投资并获得一家好企业3%、5%的股份，也绝不100%投资拥有一家二流或者三流的企业。这些投资理念，当我30岁的时候，我不会去听，但现在我了解了这一投资理念。因为在长达19年的企业发展过程中，我们每天在交易中、市场中、激烈的竞争中也会遇到这些问题，也在探寻解决这些问题的最佳途径。

田源：根据巴菲特的卵巢理论，泰国基本上没有出现"巴菲特"的条件，但是中国一定会诞生"巴菲特"这样的人，或者会有比"巴菲特"更伟大的人。下面有请丁健——金沙江创投董事总经理，他是第一个创业并将公司推上市的留学生。

丁健：我们公司上市的时候，我是公司的CEO。

田源： 丁健以CEO的身份把公司做上市，随后转身去做投资，我想他或许有成为"巴菲特"的梦想。

丁健： 我从来没有想过要成为"巴菲特"。从创业走向投资的时候，我想的更多的是如何将自己的经验和教训通过投资的方式传承下去，帮助更多的创业者取得成功，所以我一直坚守早期投资。很多人觉得"金沙江"这个名字很土，当年我们取这个名字的原因就是因为金沙江是长江上游的名称，因此我们希望通过这个名字表达我们坚定地植根于中国，坚定地做中国早期创业投资的意愿。

田源： 这一点我今天才搞明白。

丁健： 在这一点上，我们的决心非常大，最近也做了几个比较成功的项目，如滴滴、去哪儿。无论是"去哪儿"还是"滴滴"，我们都是在A轮就进入了，都是它们在被三十几个投资人拒绝之后，我们只用了两个小时就做出了投资的决定。巴菲特坚持长期投资、价值投资的精神对于我们风险投资来讲，没有任何选择，我们必须尊重，必须遵守。尤其是我们这类做早期投资的，更是必须做长期，必须做价值投资，我们没有任何技术曲线，像国家趋势、政策趋势也都无法借用。因为再有政策趋势和国家趋势，我们的任何一个投资从进入到退出都至少需要五六年的时间，五六年之后政策是什么样我们不知道，所以在这个行业成为热门行业之前，我们一定要提前看到。

关于中国是否会出现"巴菲特"的问题，坦率地说，我比较悲观，除非今天中国的股市能够在机制上有非常大的变化。举一个例子，如果大家说要到奥运会上找有价值的运动员，这个很容易找到，因为奥运会是一个公平、公正的场合，"黑哨"也很

少。但如果说要在10年前的中国足球队里寻找有价值的球员，那基本上是很难做到的，因为那时大家除了踢假球就是吹"黑哨"。在今天的中国公共股市上，如果我们希望吸引"巴菲特"这样的人进来，仅靠一个非常有希望的经济体和很多的成长机会还是不够的。如果巴菲特进入今天的中国股市，我相信他也会输得很惨，因为中国股市对价值投资的回报很低。导致出现这种现象的原因已经有很多文章进行论述了，这里就不展开论述了。我觉得要改变这种现状，我们必须改革。现在证监会向前走的方向是正确的。首先，要让最优秀的企业能够不受限制地进来。比如注册制，而不是靠寻租，付"买路费"才能进入股市，如果做不到这一点价值就很难呈现。其次，就是要进行严格的监管。为什么美国会出现"巴菲特"？大家都知道美国的法律是无罪推定，就是说如果你犯了罪，起诉你的检察院必须证明你有罪，否则你就是无罪的。美国只有两样东西是有罪推定：一是税，你要证明你自己没逃税；二是股市，如果美国证券交易委员会发现或者怀疑你有内幕交易，那么你就要证明自己没有那样做，而不是让美国证券交易委员会来证明。如果你自己不能证明你没有内幕交易，那就要受到重罚。这样的监管体系里才可以像上面陈总所讲的用5分钟看看报表就行了，因为巴菲特可以依赖的是美国的证券交易体制。如果哪个企业敢提供假报表，明天相关政策就会让老板倾家荡产、坐牢，所以巴菲特才能在团队人员很少的情况下投资这么多公司。而这种情况在中国是完全不可能出现的。所以如果我们不把中国股市从赌场，甚至有人说是"黑赌场"（庄家能看到你底牌的赌场）改过来，中国就永远出不了"巴菲特"，至少在二级市场上也不可能出现"巴菲特"。如果中国股市的这个情况不改变，那么真正有价值的企业也会逐步退出这个市场，跑到纳斯达克去上市。所以如果要让有价值的投资人和老百姓的钱真正进入实体，我们的体制必须予以支持。这是我对"巴菲特精神"的一个最深刻的体会。

的确，像陈总刚才讲的，中国有很多的机会，在新经济时代，我们和美国的差距在逐步缩小，那么我们是否能够通过对二级市场的一系列改革把整个资本市场的制度调整过来，而不是靠政策牛、改革牛来维持短暂的繁荣？我觉得后者本身就是对"巴菲特精神"的一种摧毁。因为巴菲特在选择投资对象时看的是这个企业是否有价值，而不是看今天有什么政策有利于某个行业或某个企业的发展。美国股市也不是靠政策引导，而是让老百姓、证券商和投资人用自己的慧眼找到有价值的好企业，然后把企业和资源投给它，让它更成功，这才产生了世界上如此伟大的企业。

田源：前些年，国内的企业如果想上市，那是很难实现的，可是自2014年以来，纳斯达克上掀起了一股回归的浪潮，中概股纷纷回归。这是怎么回事？

丁健：这是两个问题，我们也从纳斯达克下市了，背后当然有各种各样的原因。作为中概股，美国人是否理解你是很重要的一点。而我们下市恰恰是因为中国公司把造假带到了美国，东南融通这样的公司账是假的，连银行都是假的，因此美国投资人对中国的股票产生了很大的信心上的危机，所以我们借此主动退市了。我觉得在大多数情况下，很多公司还是在试图走国外上市这条路，因为国内上市还要排很长的队。如果我们不解决公司账造假等问题，那么企业上市就没有出口，这实际上也很难将优秀的公司真正吸引到中国股市里来。所以，中国首先要有一个真正让大家放心的价值股市，而不是"黑赌场"。

田源：如果现在你们投资的一家公司正准备上市，你们是希望它在中国上市，还是在纳斯达克上市？

丁健：我当然希望在中国上市。但如果上市必须交"买路费"，还有这么多造假的企业在里面竞争，那我宁愿在国外上市。我不希望企业为了在中国上市而改变它做企业的方式，现在有很多企业存在这样的情况。

田源：上海马上要推出"战略新兴板"，那么你们是选择"战略新兴板"，还是选择在纳斯达克上市？

丁健：在这次股灾之前，我对改革牛市等有很多的看法，但是我对"战略新兴板"的提出是非常支持的。我希望通过改革注册制和加强监管，能够看到一个真正全新的股市，能够吸引更优秀的企业回来。我相信，当这些企业发现我们不仅有很好的、像注册制这样的不需要优秀企业交"买路费"的通道，还有非常好的监管体系时，纳斯达克上很多优秀的中概股就都会回到中国。

吴鹰：更正一下，中国留学生创办并上市第一家企业的是我，我比丁健早2个小时。

丁健：我们两个人在一起，每次都争论这个事。

吴鹰：我们路演开始的时间都一样，到了敲钟的时候我们才知道。今天还有一家中国公司来纳斯达克上市，我们是11点交易，他们是下午1点才开始交易。

丁健：我们之所以将交易时间推迟，是因为买家和卖家的量太大，股价不停地涨，创下了全亚洲涨幅最高的纪录，怎么都无法成功交易，所以被迫推迟了。

吴鹰：我们按下纳斯达克的按钮，指数一下就过了5006点。纳斯达克第一次过5000点，功劳有我们两人的份儿，再过5000点则用了15年的时间，也就是2015年。当时互联网的泡沫很厉害，很多股东都质疑巴菲特为何在互联网领域一脚踏空，这么多股价一路飙升的公司，巴菲特为何不投资。而巴菲特说："我不清楚的东西我不碰。"巴菲特这一点做的是对的。

价值投资、长期投资是我们真正需要向巴菲特学习的东西，丁健说对此我们没有选择，事实确实是这样。丁健2005年从上市公司退出来，我2007年出来做投资。他大张旗鼓、旗帜鲜明地表示他要做早期的VC；我则选择了做成长期的PE，我比丁健的投资阶段要往后一段——企业已经开始盈利了，我们要做的是帮助它做大。虽然我们俩有区别，但也有共通点，那就是长期投资和价值投资。刚才丁健说到他们投资一个企业时从进入到退出要用5~6年，我大概估算了一下，他们投资的很多企业花费的这个时间可能更长。比如滴滴上市，它实现盈利需要很长的时间。但是从投

资者的角度来讲，互联网是到目前为止最伟大的创新，而作为投资人如果不投这些互联网企业是不是对？这个问题我们先不去讨论。我很有幸当年和孙正义一起投资了阿里巴巴，2014年阿里巴巴上市，他还不打算卖掉手里阿里巴巴的股份。阿里巴巴上市后，当年的投资带来的回报最高差不多有1000倍，孙正义一直坚信阿里巴巴有可能成为世界上市值最大的公司。因为在基础设施不完善的国家，电子商务能直接跳过传统商业时代在社会上迅速发展。

其实，要做出正确的判断，从而进行投资非常困难。刚才东升将这种判断简化为"看三张报表"，这是相对于巴菲特而言，因为他大量的投资都是面向二级市场。我觉得在判断一家企业的时候不看人是不可能的。我坚信在企业中人是非常非常重要的，当然它的技术、商业规模和市场也都是很重要的。我们投资了一家做在线教育业务的企业。我们决定对它进行投资是出于两个考虑：其一，我坚信随着移动互联网的兴起，在线教育一定会发展起来；其二，我相信并看好这家公司的CEO，他是"小马云"，把公司做到1000亿元市值都是有可能的。

刚才丁健讲在中国的二级市场上做到像"巴菲特"那样是不可能的，但我觉得如果是在一级市场投资，通过寻找有价值的公司进行长期的支持，使它在二级市场上市，所获得的回报与巴菲特媲美还是有可能的。同时我们也应该看到，证监会、国家在不断总结经验教训，只要下定决心进行调整，我相信中国股市也能纠正过来。我也同意丁健对新三板、战略新兴板的看法。之前，我和负责"新三板"的政府人员见了一次面，他对我说："我现在就做一件事，那就是坚持信息披露，使信息公开透明。"我觉得这个做法是正确的。我们一定要有一个好的机制，对内幕交易或者违法手段一定要进行重罚。在互联网金融方面，即使有很多P2P公司跑路、倒闭，监管也存在着许多漏洞，但国家层面仍然鼓励他们去做。国家没有把这个口封上，这是令人鼓舞的。所以我还是对中国的前途充满了信心。虽然还有很多需要改进的地方，但是正是因为不完善与需要改进，我们才会有更多的发展机会。

田源：孙正义决定投资阿里巴巴，这中间好像还有一个小故事，你给我们讲讲。

吴鹰： 前两天我和马云又把那个事给完善了一下。当时孙正义只有一天时间与这些希望获得他投资的人见面。孙正义是互联网界的"一号人物"，因此中国许多初创的互联网公司都想找他投资，这样算下来，每个公司只有6分钟的演讲时间，当然这不包括后面的互动时间。我记得马云互动的时候讲了四五十分钟，他讲得非常好。我们觉得马云这个人有激情，思路很清晰，值得投资。为了投资阿里巴巴，我们不得不放弃了之前决定的另一个投资。有人曾说，如果你们当初没有投资阿里巴巴，或许今天的世界就没有马云什么事。我说："其实你说的不对，即使没有我们的投资，马云也能从别的地方拿到钱，也能做成阿里巴巴。"

王梓木： "巴菲特模式"的核心就是坚持价值投资、坚持长期投资。这说起来容易，要真正做到却是非常难的。我觉得，"巴菲特模式"在处理投资和保险的关系上还有一些关键性的环节或者核心要素需要正确把握。

五年前在中央电视台的《对话》栏目中，我和几位嘉宾与巴菲特先生有过一次面对面的交流。当时我向他提出的问题是："作为一位投资大佬，您应该青睐于寿险公司，因为寿险能提供长期资金，但为什么您只买财险公司呢？"巴菲特的看法是，寿险确实能提供长期使用资金，但也是一种长期负债。这种负债在资产配置上受利率影响非常大。尽管他每周都有条件和美联储主席一起吃饭，但他也很难判断利率的走势。而财险公司一年结账一次，只要将公司的综合成本率控制在100%以内，所能运用的资金就是无成本的。因此，巴菲特在选择财险公司的时候，要求财险公司必须盈利，也就是承保必须有利润。他认为，只有这样的保险公司才有投资价值。巴菲特在此基础上，利用保险准备金（浮存金）扩大其投资收益。

那么怎样看待保险资金的使用成本？华泰财险公司经营了近20年，早年我们就算过一笔账，以年保费收入100亿元为例，年化资金使用率在20%左右，也就是说只有20亿元可运用资金。因为财险当年还要有赔付和费用的成本支出。20亿元资金若以10%这样一个较高的投资收益率来计算，年收益为2亿元，也就是说仅能弥补2亿元的承保亏损。如果保险公司的综合成本率超过102％，达到105％甚至更高，公司就处于亏损状态。目前国内财险公司综合成本率低于100％的是少数，单纯靠投资弥补承保亏损是有限度的，许多人意识不到这一点，他们甚至错误地认为，只要保费越多，可运用的资金量就越多，盈利就会越大。这里关键是要看保费的取得成本是多少。过高的资金成本，巴菲特也是不会要的。

究竟该如何看待保险和投资的关系？我认为如果单纯依靠投资收益来弥补承保亏损，会带来很大的不确定性，甚至还会带来很大的风险。投资对于保险来讲，只应当算是锦上添花，绝不能是雪中送炭，否则一旦资本市场出现大的波动，就会变为雪上加霜。这个结论是我在2008年金融危机时得出的，今天只是重温这一结论。从国际市场经验看，当资本市场大涨的时候，保险公司的投资收益率一般低于资本市场的收益率；然而当资本市场大幅下滑的时候，保险公司的投资收益率又会高于资本市场的收益率。也就是说，保险资金的特质是审慎和保守的。但是在国内保险市场，这一情况却恰恰相反。国内很多企业特别是保险企业盲目地迷信于投资可以弥补一切，近期保险业里的"投资派"甚至占据了上风，认为保险业的功能就是低成本敛钱，然后靠投资去创造更多收益。我不赞同这种观点。我认为保险公司必须回归保障本质，必须追求承保盈利，长自己的本事，做自己的专长，赚自己该赚的钱，在此基础上再去考虑投资收益。

田源：今天讨论的是投资问题，如果脱离巴菲特，我们该怎么做投资？

丁健：其实做投资根本没办法脱离巴菲特。因为想要做好投资，

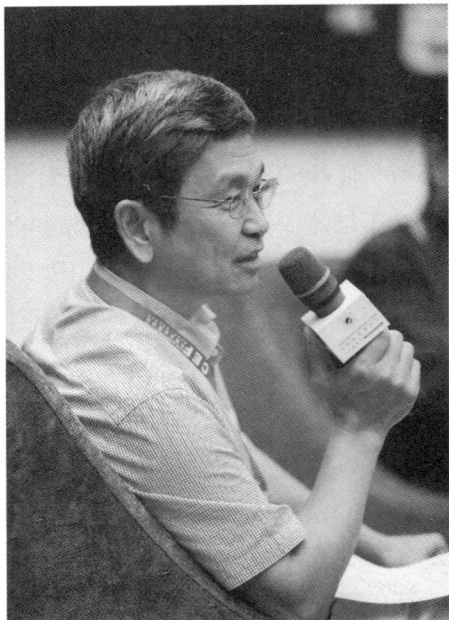

我们就必须从根本上去理解巴菲特。刚才大家在分析巴菲特成功的原因时，都谈到了他充足、长远的资金来源，还有坚持的性格特点，更重要的是他选择具有真正价值公司的判断能力，其实这一点并不是很难。我们第一次融资的时候，什么都不清楚，在华尔街见了一圈投资人。说实话，当时我们非常震惊，他们看过我们公司的报表之后，对我们公司的了解比我还清楚，当然前提是我们的报表没有任何虚假成分。实际上，大家不要小看这三张报表。就如同有经验的大夫看一下你的体检表，他基本上就会清楚你有什么疾病。而投资人通过看这三张报表就知道企业有什么问题，以及经营模式是什么等。

当我转行做投资后也是这样。举个例子，现在O2O很火，很多投资机构、投资人都积极布局，但我们一下就投中了好几个几十亿美元价值的公司，而且这种情况发生在我们总共只投资了十几家O2O公司的基数上，相反有些机构投资了上百家O2O公司。从投资的角度来看，如果判断某个行业未来可能会火，那我们就一定要投资，但投资的策略如果是谨小慎微的话，那公司肯定会死掉。现在每个行业都会出现成百上千家创业型企业，我们选择哪家企业或者哪些企业进行投资？这就要看它们细节上的东西。

这里我想说的是，巴菲特是专业投资人，他的成功不是因为他有多高的智商，当然他的直觉、经验非常与众不同，而是因为他坚信一点：通过对三张表的研究就能判断一个企业的真实状况。所以我们做投资的人首先要学会看这三张报表，投资一级市场面临的挑战更大，我们要替他们在脑海中生成这三张表，因为他们没有这三张表。我们投资滴滴的时候，他们就只提供了一张表，于是我们得在自己的脑海中想象另外两张表是什么样子，如果我猜对了，它就是未来的BAT。对二级市场的投资者来说，这三张表直接反映着这个公司的样子。这就是为何证监会制定各种制度希望能看住这三张表，不能让它里面都是一些奇奇怪怪的数字。我不知道中国能不能出现"巴菲特"，但我知道要想做好投资，就必须懂得什么样的人才能叫"巴菲特"。

田源： 丁健是拿别人的钱做投资；东升办保险公司，也就是巴菲特模式中的资金来源，请东升讲讲他的投资理念。

陈东升：丁健讲的肯定是对的。他的"金沙江"定位在创业早期也不是广撒网，而是长期专注于某几个，因为专注以后才能进行判断。巴菲特也是这样的，他就是跟着消费开展投资，他的成功都伴随着"美国梦"。现在泰康有8000亿元的资产，我们的投资策略叫"大资管"，就是什么都做，公募、私募、PE、公开市场、海外市场等。友邦保险在香港的市值是5000亿元港币，他们的投资就很简单，就是保险，投资部为保险服务。有人问友邦保险的CEO，香港股市大涨的时候，为什么你们没有赚到钱呢？他说我们要挣的是长期的、固定的收益。

因此我们做事情一定要有选择，一定要有长期的积累。巴菲特的成功也在于他长期的坚持。巴菲特从19岁开始做投资，一直做到现在，可以说，他一辈子都在做投资。老话常说："我过的桥比你走的路还要多。"我觉得投资对巴菲特来说不是工具，不是技术，更不是专业，而已经是他生命中出神入化的一种我们无法超越的境界。为什么我建议你们阅读《巴菲特致股东的一封信》这本书？因为书里面的每一句话都充满智慧，每一句话都能找到无数的注解。其实我们大家都可以成为精英，关键在于你所选择的道路。比如我们的好朋友姜建清先生，他在中国工商银行做了15年董事长，他用15年时间成了一名世界级的金融银行家。在这个过程中，他可能失去了成为证监会主席、银监会主席的机会，但历史是公平的，你失去的就是你得到的，这叫机会成本。我经营公司的一个深刻体会就是，要目标纯正、心无旁骛，当战略清楚后，时间就是答案。

王梓木：保险行业只有三个人坚持企业经营理念20年不变，那就是陈东升、马明哲和我，基业长青和领导任期有很大的关系。在投资方面，

我不愿意冒很大的风险，我们都是按照客户的需求找到对应的理财产品，我们只是收点手续费而已。在公司，我管战略，战略确定清楚以后，让专家去负责具体投资事务。在投资方向上，我觉得要秉承保险公司的一些基本理念，那就是趋于保守。这符合保险公司的投资特点，我们不想一夜暴富。这也是一个投资理念的选择。

吴鹰：谈投资还是绕不开巴菲特，中国是不是有"巴菲特"？或者如何判断一个人是否超过巴菲特？投资回报率是一个判断标准。如果按照简单的回报率来进行判断，陈东升可能已经超过巴菲特了。但是陈东升跟巴菲特不一样，其中最大的一个区别是时间跨度，巴菲特60年间，每年平均回报率19.5%，这是一个什么概念？也就是说，如果我们在60年前投资20元，回报率是3%，60年后这20元就变成了5.6万元；如果回报率是8%，60年后这20元就变成了56万元。后者的回报率虽然只比前者多5%，但收益却是前者的不到10倍。我们可以计算一下，如果按照巴菲特19.5%的回报率计算，60年前投资的1万元，现在就会变成7.8亿元。其实，投资不是有钱人的"游戏"，而是任何人都应该玩的"游戏"。而在当下的中国，互联网是一个值得投资和关注的领域。互联网虽然不是万能的，但是没有互联网是万万不能的。现在你们可以拿出一部分钱来参与投资，多年以后再来看，肯定收益会非常好。我们不一定要有孙正义投资阿里巴巴那样获得一千亿元的回报，如果有几十亿元的回报就已经非常好了。

中国是否会出现"巴菲特"

> "巴菲特模式"就是价值投资模式，其最重要的特征是利用保险公司的浮存金来实现资金零成本。同时价值投资最考验投资能力，考验抓住资产错配机会的能力，考验研发能力以及对未来的判断力。那么在中国追随者眼中，巴菲特价值投资模式有哪些普世原则？其在中国的发展又将如何？
>
> 在"2015年外滩国际金融峰会"上，泰康保险集团股份有限公司董事长兼CEO陈东升，复星集团董事长郭广昌，华泰保险集团股份有限公司董事长兼CEO王梓木，亚布力中国企业家论坛理事任志强，信中利资本集团创始人、董事长汪潮涌，康得投资有限公司董事长钟玉等就上述问题进行了讨论。上海电视台"第一财经"主持人孙睿琦主持了该场讨论。

孙睿琦： 首先想请问每一个人，你们理解的"巴菲特模式"是什么？它的核心是什么？我们首先要向它学习什么？

陈东升： 不管是做保险还是做投资，大家都应该向巴菲特学习，因为他是世界上最顶尖的楷模。所谓的"巴菲特模式"，我觉得有三点值得大家去把握。

其一，价值投资、长期投资，这是"巴菲特模式"最本质的一点。

其二，"巴菲特模式"抓住了美国中产阶级的崛起。中产阶级的崛起会带来两大需求：一是对投资、理财的金融需求；二是对旅游、住好房子等精神享受层面的需求。因此巴菲特持有股份的公司基本上就是两类：一是好的金融企业，比如富国银行、运通卡、高盛，保险就更不用说了，那

是他的主业，他拥有五大保险公司的股份，拥有全球第三大债保险公司的股份；二是消费品企业，比如可口可乐、吉利，这两家都是超级的大消费公司。

其三，"巴菲特模式"最重要的就是抓住浮存金。很多人只看到了浮存金资金在价格上的优势，其实这不是它本质上的优势，保险浮存金的本质优势是它是长期资金，具有抗周期的特性。长期资金比便宜资金的本质作用更大。

巴菲特组建了三个所谓的"模式"。第一种模式是特许权。在企业竞争中，垄断权有时候是国家给予的，比如某些国有企业在某一市场的绝对垄断，但这在美国是不存在的。在美国，企业在竞争中会形成一种自然的垄断权，他们称之为"特许权"。这是巴菲特最欣赏的一种模式。比如《华盛顿邮报》就拥有特许权，价格无论如何变化，客户基本上不会变。第二种模式是"金篮子"，这不是巴菲特的发明，但是他很羡慕这种模式，同时他自己也运用得非常好，好企业再套好企业，再套好企业，从而形成利润链放大效应。第三种模式是浮存金，也就是保险公司。

巴菲特提出的理论和观点也很多，比如卵巢理论。巴菲特从来不看空美国，其实我们也一样，所有中国企业家都不应该看空中国。我们今天讲的中国崛起应该从更长的历史周期和逻辑来看。很多人认为，中国改革开放这30年所取得的成绩很伟大，但是如果没有1840年之后多少代人的艰苦努力，中国也不可能取得今天的成绩。同样的道理，巴菲特取得今天的成绩一部分原因是他足够长寿，对做投资非常坚持。现在巴菲特已经86岁了，从时间上看，他足足做了70年投资。在这70年的时间跨度内，他见过尼克松，见过美元和黄金脱钩，而这些都是我们从书本中了解的知识。另外，我们经常讲"企业家精神"，例如，毁灭性创新和富有激情都是企业家精神的重要因素，但其最核心的本质是超级理性，巴菲特就是严格坚守这一点的人。

孙睿琦：陈总从三个方面为我们解读了"巴菲特模式"的本质。最近这些年很多中国企业家也在不断摸索和实践"巴菲特模式"，其中郭总不管是投资加保险，还是全球化的资源对接都朝着"巴菲特模式"越走越近。但是在实战过程中，我相信郭总每年应该都会有不同的感受和体会，请郭总跟我们分享一下。

郭广昌：我跟大家分享两点。其一，"保险+投资"为什么是巴菲特进行价值投资的基础？也就是说，资金来源和投资模式之间有一个链接，这是陈董事长刚才跟大家分享的，也是"巴菲特模式"的一个内在逻辑。其二，这个模式是否能实现，不是钱的问题，而是人心的问题。巴菲特为什么一直待在小地方，不去大城市？因为他觉得喧嚣的世界会打乱他的超级理性。我们每天做投资、做实业，不是跟别人竞争，而是跟我们内心的贪婪和恐惧做斗争，所以我们真正要做的是克服自己的贪婪和恐惧。比如股票上涨的时候，我们不肯卖，因为我们觉得肯定还会再涨，这是贪婪；当股票下跌的时候，我们也不敢买，因为我们觉得肯定还会下跌，可以在更低的价位买进，这也是贪婪。因此，所谓的超级理性，就是有理性，有心力，敢于孤独，敢于说，敢于做，而这一切都基于我们对事务的明确判断。总而言之就是两个层次：一是在整个公司架构上让"保险+投资"变成可能，这样我们可以进行长期投资，也可以躲过风波；二是当风波真正来临时，第一个层次能让我们具有躲避风波的可能性，但这不是全部，让这个可能性变成现实的最大动力是我们的情感。我们的心理是否强大到让自己做出决定？而不会总是在机会过去之后，才会说当时我怎么不做这些事呢？这是另外一种修炼。

孙睿琦：您觉得在这个时点之下我们应该再勇敢一点吗？在股市暴跌、市场充满一片恐慌的情况下，您对员工说现在应该勇敢一点。

郭广昌：我是这么认为的。即使在A股只有5000点的时候，还是有股票值得我们投资。比如中国工商银行，它的估值其实一点都不贵，分红率也已经达到5％~6％了。当时为什么我对员工说"应该勇敢一点"呢？因为2015年上半年A股涨幅很大，现在股市出现下跌，我觉得这是一个正常的调整，但是这个调整的速度和幅度太大了一些。其实这个也并不可怕，可怕的是香港的H股也跟着狂跌，很多蓝筹股在A股和H股上的差价达到了20％~30％。香港的H股并没有泡沫，但是它也跟着狂跌，这种情况下恐慌就出现了。恐慌的出现就意味着股票价值会被低估。所以我认为：第一，任何一个泡沫市场里总有一些被遗弃的"珍珠"，关键是我们要有发现"珍珠"的眼光和耐心；第二，一个恐慌的市场里会有更多的机会，我们也应该更勇敢一点。我还是认为无论是在A股市场，还是在H股市场，

很多中国概念股还是被低估了，关键是我们要认真去看。当然，我也并不觉得所有的股票都值得购买，我甚至觉得在A股2000点的时候，有些股票也不值得买，甚至是垃圾，所以这些都要基于我们的理性判断。

孙睿琦： 您刚才说的这段话也符合巴菲特的理念，就是价值的回归，寻找真正有价值的公司。接下来请教一下王总。我知道王总跟巴菲特有过很多次面对面的交流，您能不能跟我们分享一下什么是中国的"巴菲特模式"？

王梓木： 目前在中国，大家熟悉的"巴菲特模式"就是"广昌模式"。"巴菲特模式"的核心就是坚持价值投资，坚持长期投资。这话说起来容易，真要做到确实非常难。我觉得，"巴菲特模式"在处理投资和保险的关系上还有一些关键性的环节或者核心要素需要正确把握。

五年前在中央电视台的《对话》栏目中，我和几位嘉宾与巴菲特先生有过一次面对面的交流，当时我向他提出的问题是：作为一位投资大佬，您应该青睐于寿险公司，因为寿险提供长期资金，但为什么您只买财险公司呢？巴菲特先生认为，寿险确实能提供长期使用资金，但也是一种长期负债，这种负债在资产配置上受利率影响非常大，尽管他每周都有条件和

美联储主席一起吃饭，也很难判断利率的走势。而财险公司一年结账一次，只要将公司的综合成本率控制在100%以内，所能运用的资金就是无成本的。因此，巴菲特在选择财险公司的时候，要求财险公司必须盈利，也就是承保必须有利润。他认为，只有这样的保险公司才有投资价值。巴菲特还在此基础上，利用保险准备金（浮存金）扩大投资收益。

怎样看待保险资金的使用成本？华泰财险公司已经经营了近20年，早年我们就算过一笔账，以年保费收入100亿元为例，年化资金使用率在20%左右，也就是说只有20亿元可运用资金。因为财险当年还要有赔付和费用的成本支出。20亿元资金以10%这样一个较高的投资收益率计算，年收益为2亿元，也就是说仅能弥补2亿元的承保亏损。如果保险公司的综合成本率超过102%，达到105%甚至更高，公司就处于亏损状态。目前国内财险公司综合成本率低于100%的是少数，单纯靠投资弥补承保亏损是有限度的。但许多人意识不到这一点，甚至错误地认为，只要保费越多，可运用的资金量就越多，盈利就会越大。这里，关键是要看保费的取得成本是多少。过高的资金成本，巴菲特也是不会要的。

究竟该如何看待保险和投资的关系？我认为，如果单纯依靠投资收益来弥补承保亏损，会带来很大的不确定性，甚至会带来很大的风险。投资对于保险来讲，只应当是锦上添花，决不能是雪中送炭，否则一旦资本市场出现大的波动，就会变为雪上加霜。这个结论是我在2008年金融危机时得出的，今天只是重温。从国际市场经验看，当资本市场大涨的时候，保险公司的投资收益率一般低于资本市场的收益率；然而当资本市场大幅下滑的时候，保险公司的投资收益率又会高于资本市场的收益率。也就是说，保险资金的特质是审慎和保守的。但是在国内保险市场，这一情况却恰恰相反。国内很多企业特别是保险企业盲目地迷信于投资可以弥补一切，近期保险业里的"投资派"甚至占据上风，他们认为保险业的功能就是低成本敛钱，然后靠投资去创造更多收益。我不赞同这种观点。我认为保险公司必须回归保障本质，必须追求承保盈利，长自己的本事，做自己的专长，赚自己该赚的钱，并在此基础上再去考虑投资收益。

孙睿琦：汪总，您是不是巴菲特的"粉丝"？

汪潮涌：是。

孙睿琦："信中利"的意思是不是相信中国就会盈利？

汪潮涌：1995年，巴菲特和比尔·盖茨第一次到中国来旅行，他们举办了一个晚宴，但当时中国从事IT的人都还不知道巴菲特是谁，所以大家都冷落了他。当时微软中国区的老总给我打电话，让我去陪巴菲特吃饭，于是我就去了。这顿饭吃了将近三个小时。在聊天的过程中，巴菲特就讲到，他相信美国，所有做空美国的人都失败了，而他之所以成功，正是因为他60年如一日地看好美国。他还说，将来如果你在中国做投资，那你就一定要相信中国，相信你自己的国家能够给你带来利润。后来我成立公司的时候，想起了巴菲特说过的这句话，也就找了一个意义相近的名字"信中利"，即相信中国就有利润。

孙睿琦：这句话在当下的行情之下也是被广泛应用的。

汪潮涌：这次国家出面控制空头，中国资本市场不会垮，中国经济转型升级一定会成功，所以短期的市场调整不用担心。2008年华尔街金融危机时，美国股市下跌23%，道琼斯指数跌了一半。巴菲特当时被高盛叫去当投资人。当高盛的股票从每股240元跌到85元的时候，他买进了，但他

买进去以后，高盛的股票还在继续下跌，甚至跌到65元。对此，很多人说巴菲特没有看准，但是巴菲特说没关系，他相信高盛是华尔街最好的投资银行，最聪明的一帮"头脑"肯定能把公司的价值做出来。最后高盛的股票又回到了每股将近200元。从这个角度来讲，巴菲特的很多理念都值得我们学习。两个月以前，我很荣幸地到巴菲特的总部参加了他公司成立50周年的股东大会，场面很震撼，有五万多人出席了这次大会。

孙睿琦：您是去拍了张照就走了吗？

汪潮涌：没有。我比较幸运，跟巴菲特一起喝了一次早餐茶。这次巴菲特总部之行，我写了一篇文章叫《拥抱大时代》。我感觉"巴菲特模式"应该有四点涵义。第一，控制了非常稳定的长期的资金。第二，找到了一个大的产业，就是大消费。第三，打造了一个非常好的上市公司平台。把它投资的一些在别人眼里看上去无法上市或者上市市盈率很低的公司加入上市公司平台，让这些公司得到价值的提升。比如蛋糕店、牛排馆、家具店和糖果店。另外，这个平台最大的好处是，它不用担心背后的投资人。而中国现在的VC、PE和LP（Limited Partner，有限合伙人）总给他们压力，干得不好就让他们退出。所以这次"新三板"出现九鼎和中科招商是一件非常好的事情，通过"新三板"他们将摆脱VC和PE的短视行为。在这一点上，我深受其害。2005年，我们投资的百度上市了，在持有百度股份五年后我们退出了。当然，我们退出时赚了123倍，这是非常好的回报；但是如果我们再持有五年，我相信我们就会赚600倍。但是LP不会让我们持有某一家公司的股份长达八年、十年。在中国资本市场上，到目前为止赚钱最多的一笔投资是雅虎和孙正义对阿里巴巴的投资。因为雅虎和孙正义的资金没有LP的压力，所以孙正义投资阿里巴巴超过十年，赚了750亿美元。第四，巴菲特坚持长期投资。他50年前收购伯克希尔，50年后伯克希尔的股价涨了2万倍。

我觉得，未来中国也会出现一批"巴菲特"。现在广昌47岁，我50多岁，离巴菲特现在的年纪还有30多年时间，我们追赶巴菲特不是问题。但是实现这一目标的前提是，国家要给我们提供一个稳定、和平、经济繁荣发展的、社会公平的环境，这样我们可能还会超过巴菲特。

钟玉：中国资本市场刚刚经历了一场百年不遇的"大地震"，出现千股涨停、千股跌停和千股停牌，全世界可能都没有遇到过这样的情况。我觉得这场"大地震"还没有结束，此时我们来重温巴菲特的投资价值和理念是重新反思，这非常重要。这场"大地震"出现的原因究竟是什么？是阴谋论吗？是某些管理上出现了问题吗？我觉得都不是，根本的问题是非理性投资。今天我们重温巴菲特价值投资的根本就是重归理性投资。我在北京中关村从事高科技产业，我结合做企业的体会来谈谈我学习巴菲特投资理念的体会。

第一，作为中国的上市公司，尤其是中国的实业企业，在学习巴菲特投资理念的时候，很重要的一个理解是要充分利用资本的力量来整合资源，推动企业的跨越式发展。康得投资有限公司成立至今已经27年了。1998—2010年，我们用了12年的时间将公司市值做到了20亿元，但是上市以后通过资本整合，通过利用国际的技术资源、人才资源和市场资源，再加上并购的推动，我们公司的市值从20亿元增长到400亿元只用了五年时间。现在我们正在进行产业布局，目标是成为中国的3M。我觉得再用三年时间，康得投资有限公司的市值会突破3000亿元，这就是资

本的力量。

第二，做自己熟悉的事情，这是巴菲特的一个核心理念。巴菲特在选择投资对象时，考虑的不是企业的市盈率和股价，而是企业的经营、产业、未来和发展，所以这些企业必须是他所熟悉的，或者是易懂的。2010年，康得公司成功上市以后，我们本来也想做PE，因为手里有充足的资金，我原来也投过海信，但投资之后发现自己其实对这个行业一点也不懂，所以后来就不再投资了。我们现在在做产业链延伸，做我们熟悉的事情，打造产业链，布局一个未来。

第三，坚持长期投资。前两天我们开股东大会，有一位股民对我说，在这次大跌中他在康得新的损失最少。对于公司的股价，我不希望它大涨，因为企业的市值应该和它实际的业绩相匹配，也应该有实际的业绩来支撑，与实际业绩同步发展。前一段时间，中国股市有2781家公司的市盈率中线是150倍，但我们公司的市盈率中线只有三四十倍。而另外一位投资者给我讲了一个故事。2007年康得新股改时，他买了康得新的股票，过了两年他要去美国，说给他姐姐留两万元钱，结果他姐姐说："钱我不要，你把康德新的股票给我一半吧。"当时康得新的股票是1.68元一股，这些股票他姐姐到今天都没卖，但已经上涨了300倍。

第四，中国股市应该回归理性。巴菲特说，做股票要不投机、不跟风。2000年，美国股市上凡是与互联网相关的股票都飞速上涨，就与今天中国股市的情况一样。巴菲特说，因为他看不懂高科技，所以不投。结果，美国互联网泡沫破灭。所以在股市上，跟风和投机是一件非常危险的事情。我们刚刚经历"地震"没几天，我非常担心许多投资者很快就忘记了这场"强震"，而他们的这种无知和贪婪，最后还会走向恐慌和踩踏。现在市盈率已经150多倍了，股市能不垮吗？以前说百元股已经不得了了，但现在三百元股都出来了，看着都让人心惊胆颤。我真心地提醒投资者和机构，不要忘记这次"地震"的教训。当然我觉得未来中国的股市一定会是理性的，一定会走向投资有价值企业的目标。

孙睿琦： 很精彩的一段分享。这也有力地证明了目前投资和市场的不理性和不够成熟。既使巴菲特来到中国，他也不一定能够让"巴菲特模式"取得如此的成功，因为目前中国经济在转型，市场经济还有很多不完善的地方。现在有请任志强先生分享一下他的高见。

任志强： 我说的话，你听了肯定不高兴。

孙睿琦： 我不高兴没关系，只要其他几位高兴就行了。

任志强： 大家在前面的发言中，总结了很多巴菲特的投资理念，我觉得巴菲特之所以做长期投资，是因为他想将被投企业作为家，所有股东都共同维护这个家，把这个企业办好，与被投企业当时的股价没有任何关系。在任何一个点位他都可能投资，因为他觉得现在的股价与企业价值中间有差距，他要把这一价值挖掘出来，这就叫作投资价值。还有一种情况是，当一家企业的价值被挖掘出来之后，原来的股东就跟原来的企业分开了。现在的问题是不合格的投资人太多了。短期投资人和长期投资人的所言所行是完全不同的。企业的长期价值是从长期投资人的角度出发来谈论；从短期投资人的角度，他根本不看企业有没有投资价值，也不看它长期发展。

至于中国是否会出现"巴菲特"，我个人觉得中国会出现"巴菲特"。其一，刚才大家说郭广昌是中国的"巴菲特"，我也承认，但他不

是在中国做金融业务，而是在葡萄牙、美国、英国等中国以外的地方。如果在中国境内，那我相信郭广昌不会做出现在的成绩。什么意思呢？这是因为中国的股市可以由领导决定买或者卖，当投资没有自由选择权的时候，社会上是不会出现"巴菲特"的。其二，大部分国有企业出不了"巴菲特"。为什么？因为国有企业投资需要向国资委报告，只要国资委相关人员说不行，这项投资就无法进行。但中国出"巴菲特"的可能性非常大，为什么？因为美国出现"巴菲特"的时候已经处于一个世界领先或接近于领先的地位，而中国现在还是洼地，所以机会更多。严格地说，中国企业家阶层刚开始第一代，还没到第二代、第三代，所以要想出现更多的"巴菲特"是有可能的。因为未来中国的发展潜力和美国当时的情况是不一样的，越是在洼地就越有可能学到巴菲特的东西。学到了国际的先进经验，当改革时机一旦成熟的时候，中国就可能出现更多的"巴菲特"。在发展过程中，美国首先崛起的不是巨富，而是当中产阶级慢慢累积之后才有了巨富。而中国的情况恰好相反，因为中国是洼地，所以突然涌现的是巨富，但是中产阶级还没有普遍形成。现在我们要做的就是壮大中产阶级，当中产阶级崛起之后，无数的"巴菲特"也就出来了。

孙睿琦：郭总是不是要回应一下任志强先生的意见？

郭广昌：巴菲特确实是在美国市场经济成熟的情况下出现的。的确美国是先有火车，才有石油大王，然后再有互联网。而中国所有的东西是一下子一起出现的，我们基本上用30年时间干完了人家100年间做的事情。中国现有的环境的确跟巴菲特的成长环境也不一样，反过来这也能让我们理解为何巴菲特基本上不投资高成长的东西。对企业进行价值判断的时候，很多人依据的是分红率，其实价值投资必须考虑企业的成长。巴菲特在进行投资的时候，往往会选择有比较稳定回报，能够看得到成长性的企业。我们学习巴菲特的投资理念，不是说他投资什么企业，我们就要投资同类型的企业，而是要学习他的投资方式，就是一定要考虑被投企业的成长。当然，我并不是主张我们只看蓝筹股，不看高成长的东西，这里的关键问题是你看得准吗？你是因为了解这个企业才决定对它投资，还是因为它涨了三个涨停板，而且你觉得还会有三个涨停板呢？如果因为别人买了，所以你也买，结果它的股价掉下来了，这能怪谁呢？这就是市场经济的基本原则，愿赌服输。现在我们的股市是有很多问题，比如监管不成熟，投资理念不健康，程序设计不合理等，这些都导致了此次A股的暴跌。但是我觉得这是一个阶段性的问题，我们也不能因为这些问题的存在而认为中国不会出现"巴菲特"。我非常看好东升大哥，非常看好梓木兄，非常看好汪潮涌兄，当然也很看好我自己。

陈东升：老任喜欢用显微镜看问题，当然我们走路时一定要用显微镜来观察风险。但巴菲特在看待问题的时候，是先用显微镜看，然后再用望远镜看。因为用显微镜能让我们回避风险，而使用望远镜则能让我们看到未来。

孙睿琦：巴菲特说过，当价值被严重低估的时候要重仓买入，下跌就是最好的买入时机。那么，什么时候是好的买入时机？在现在的时机下，什么是好的投资品种？

汪潮涌：我先补充一下"巴菲特是否投资高成长公司"的问题。其实，巴菲特的组合里有很多高成长的公司。当年他投资美国运通的时候，信用卡才刚刚兴起，电子支付将是一个发展趋势，他抓住了一个新的产业。另外，他也抓住了一个非常重要的势头，那就是美国经济全球化带来了新一轮经济增长。尽管从20世纪80年代中期开始，美国本土经济成长放缓，但是美国在跨国公司的驱动之下，经济迅速走向全球化。1995年，美国排名前100的公司，其收入的50%基本上来自海外，所以巴菲特通过重仓投资可口可乐、宝洁等消费品公司并走向国外，由此他的投资收益获得了很好的增长。在巴菲特投资的前30年，他的财富积累得很缓慢。20年前我见到他的时候，他的身价是125亿美元，而现在他的身价是750亿美元。也就是说在这20年间，巴菲特的财富积累才翻了6倍，这种增幅在中国是完全可以实现的。

回到市场的问题。巴菲特出生于1930年，那一年美国股市大崩盘，股票价值下跌了95%。当年美国出现股灾的原因与我们今天A股的暴跌很像，就是因为当时美国的金融业没有分业管理，银行贷款给客户去买股票，从而将股票价格炒得特别高，最后一下子跌掉了95%。所以，从那时起美国政府就开始在监管上下功夫，对证券、保险、银行进行分业管理，这才有了后来巴菲特长达70年比较好的投资环境。这次中国股市大跌给我们的启示是：第一，价值投资，有好的股票继续加仓；第二，绝对不要过度使用杠杆，当市场变坏的时候，杠杆会让你承受灭顶之灾。简而言之，我们应该有选择性地增持，等待股市的下一个高潮。

陈东升： 为什么美国经济能维持长达100年的高增长？我觉得是因为美国经济发展经历了三个浪潮。第一，工业化浪潮。这个浪潮中出现了卡内基、福特、洛克菲勒等一批早期企业家和资本家。第二，"二战"后，美国开始推行罗斯福新政，政府开始跟华尔街对抗，开始干预经济。政府要干预经济实际是非常困难的，因为在美国建国那一年，亚当·斯密发表了《国富论》，所以在美国人的潜意识里有着很强的自由竞争理念，达尔文的"物竞天择理论"也被美国人所接受。这个时期中产阶级崛起，消费时代到来。第三，大数据，美国硅谷被全世界认为是创新之地，成就了一大批国际性企业，成就了许多伟大的企业家。而在中国，这三个浪潮同时出现，存在于美国历史上的这三批企业家在中国则活跃于同一个时代。

在这三个浪潮里，农业、工业解决衣食住行，服务业解决娱乐、教育、医疗和养老。什么叫作新常态？新常态就是从一个新兴工业国向中等和发达国家转型。2014年，中国的服务业总值第一次超过了制造业，但我国服务业总量只占GDP的43%，而美国的服务业占比则高达78%。如果我国服务业总量在GDP中的占比要达到78%，我们还有很大的发展空间，所以娱乐、教育、医疗、养老是现在最大的产业。

郭广昌： 关于未来的投资领域，我看好两个产业：一是大健康产业，二是快乐时尚产业。但是我想重点强调一下，看好哪个行业和看好这个行业里面的股票是两回事；整体看好这个行业里面的股票与在这些企业里面选择哪个企业投资也是两回事。举个例子，我看好中国的电影市场发展，但是我觉得华谊的股票太贵了，其他很多电影公司的股票也很贵了，当然我不是说贵了就不值得投资，每个人都有自己的看法。我觉得博纳的股票就很便宜。2014年，博纳是中国票房第一，很多人说博纳的情况不一样，因为它是在美国上市的。其实在中国也有同样的情况，比如同样一家公司的股票，A股和H股的价格最高可以差三倍，也就是说如果H股的价格是一元钱，那么A股就是三元钱。很多人觉得不能这样比较，因为一个是H股，一个是A股，那么我想问的是，我们在投资的时候究竟是投资H股还是投资这个公司呢？我们一定会选择投H股，但是到现在为止，我们都错了。所以如果你不敢承担这种做错的责任，那么你就做不了价值投资者。即使到现在，我还是错的，但是我还是会坚持投资企业的H股，而不是企业本身。

阎焱：有一点需要澄清一下，巴菲特的投资收益并没有大家想象的那么高。巴菲特有一个两层的价值增值：一是投资，二是公司本身的增值。如果说在过去的60年中，巴菲特的财富以平均每年20%多增值，那么其中一半是来自伯克希尔股票在资本市场的增值，他的投资回报并没有那么高。什么是价值投资？中国A股市场上有没有价值投资？在过去的30年里，我们做的价值投资基本上都在海外，而在国内做的价值投资都失败了，炒股反而都赚钱了。

郭广昌：我一定要反驳。中国肯定有值得价值投资的股票，而且有很多，比如中国工商银行、豫园、复星医药、万科等，如果否定了这一点的话，就等于否定了整个A股的基础。虽然目前A股确实有很多问题，但千万不要因为这些问题而把所有的东西都否定了。

钟玉：康得新在2014年的市盈率是30多倍，2015年只有20多倍，你觉得高吗？在选择投资对象时，结合巴菲特的投资理念，我觉得：第一，应投资对股东负责、讲诚信的企业。这实际上就是选择团队。如果这个团队具有创新和执行能力，那么说明这个团队是优秀的，就可以投资这个团队。第二，投资那些具有行业领先、创新的企业。第三，投资价值被低估的企业。

孙睿琦：最后请每个人用一分钟时间总结一下自己的观点。

任志强：阎总刚才说中国股市不好，我不同意；但是他说中国股市不会出巴菲特，这个观点我同意。郭广昌的反驳，我不同意。他列举了一大堆例子，但其中没有一家是在中国股市取得成功的。所以，中国股市如果

不解决制度问题，从而与国际接轨，就永远出不了"巴菲特"。

钟玉：我的观点是：第一，伴随着中国经济的高速发展和资本市场的完善，中国一定会出现很多的"巴菲特"；第二，在经历了这场股灾之后，不管是机构投资者，还是个人投资者，真的能够重温巴菲特的投资原则，回归理性。因为中国资本市场的健康发展不仅是管理部门的事，更多的是要依靠投资者，大家共同来塑造一个理性的、健康的和持续发展的中国资本市场。

汪潮涌：在美国股市1930年大崩盘的时候，美国政府出台的措施比中国政府要狠得多，但是后来美国政府又通过一系列法案不断地使股市走向了规范，所以才孕育了巴菲特这样一位伟大的投资人。我相信，未来的30年、40年，中国的资本市场会更加规范，也为成就中国的"巴菲特"创造更好的条件。

王梓木：中国近期爆发的这场股灾，政府采取了强有力的行政干预手段：一是砸钱，二是修改规则，三是追究相关负责人的责任。政府采取的这三个手段都很硬，短期内平息了股市的风暴，但是同时也暴露出了中国股市很多制度建设上的缺陷。由此带来的问题是，中国股市需要长期修复，包括制度方面和人心方面的修复，人心方面的修复更是需要长久的努力。而且在完善市场规则方面，我认为，不仅需要修复，而且更需要建树。

郭广昌： 我们现在处于"青春躁动期"，有很多不完善的地方，我们一定要知道我们的目标在哪里。我们犯的错误可以修复，但是修复的方向要非常清楚。现在我们整个大金融的市场化、全球化方向不能改变，哪怕是在前进的过程中付出了一些代价。我们应该总结经验教训，但是错误地总结经验教训就更可怕。因为爆发了2008年的金融危机，我们就能说美国不行了吗？我们可以对很多问题提出批评，包括我们自己和投资人在投资时的不理性，但是千万不要忘记，我们是这个市场上最应该具备理性的建设者。所以，除了批评别人，还得从自己做起，而和大家一起建立一个理性的、良好的市场对大家都有好处。

陈东升： 巴菲特在他的书里充满了对其出生在美国的荣耀，他在书中提出了"卵巢理论"，他认为出生在美国是他一生的荣誉。我还是要说那一句话：永远不要看空中国，而且一定更坚定地看多中国。

创业冷思考

　　创业是一种人生态度，是在不确定的条件下和不确定的过程中去追逐心中确定的梦想，其实这就是一种活法。你能不能成功？能不能赚钱？什么时候会倒霉？这一切都不确定，但是你心中的梦想是确定的。

最大的风口就是伴随中产人群成长

文 陈东升 ▶ 泰康保险集团股份有限公司董事长兼CEO

泰康人寿股份有限公司19年来从无到有，从小到大，发展到今天，我们引领着保险业的潮流。改革开放近30年的保险业发展有两种模式，一种模式就是走"金融宽带"模式，银行、证券、保险等什么都做，并以资本运作为手段；还有一个模式，就是走专业化道路，以保险为核心，深耕寿险产业链，这一模式在市场被认识、接受并模仿。我们泰康人寿坚持专业化经营，深耕寿险产业链，以保险、资管、医养为核心，为客户提供"从摇篮到天堂"持续一生的全方位金融保险服务，打造的是"活力养老、高端医疗、卓越理财、终极关怀"四位一体、虚拟保险与现实医养相结合的崭新商业模式。

在中国保险业，我们用8年时间积累、打造国际标准、医养融合的养老社区，在今天看来还是"小荷才露尖尖角"。在我们还没有取得巨大成功的时候，这样一个崭新的商业模式得到了市场的关注，得到了同业的青睐，被争先恐后地模仿。我坚信这个创新模式会引领中国的寿险潮流，它最终也会走向世界。

泰康人寿从诞生之日起，就坚定地把市场化、专业化、规范化和国际化作为其经营理念的核心；从成立之初，我们就深刻地认识到，中国经济未来的发展方向要牢牢地抓住中国中产人群的形成、成长以及今天的崛起。现在有个时髦词儿，叫风口。什么互联网的风口、什么医养的风口，这些都没有说准，最大的风口和永远的风口就是伴随中产人群一起成长，这才是泰康的道路。牢牢抓住中产人群家庭的核心价值观，从"一张保单

保全家""爱家之约"，到"买车、买房、买保险""买保险就是尊重生命"，从"一张保单一辈子的幸福"到"从摇篮到天堂"，泰康从来没有偏离中产人群家庭价值观这一个核心的主题。

中国有3亿中产人群，他们有闲钱、有恒产，需要投资理财，有巨量的财富要保值、增值。只要有能带来资产增值的模式，那么未来都是金融创新的方向和目标，金融理财创新的渠道才会与日聚增。中国金融崛起的大序幕刚刚开启。

我们再讲消费。工业化时代是解决人们的衣、食、住、行问题，而今天中国正在进入新常态。新常态就是中国从一个新兴工业国向中等发达国家或者是发达国家的转型。新常态下，国民经济增长达到7%，甚至可能还会低于7%，但是保险业这几年的发展，是以每年20%的速度在增长，远远超过GDP的增长。这体现了服务业对经济发展的强大推动力。

但是，目前衣、食、住、行增长乏力。如何促进服务业的崛起呢？我提出四个字：娱、教、医、养。

我们来看中等发达国家的服务业。首先是娱乐、旅游、休闲、观光，统称为文化产业，其实就是娱乐业，统统在"娱"字里面。其次是"教"，教是一个很大、很宽泛的概念，比如俞敏洪做英语培训，可以做出40亿美元这样一个市值的培训教育集团。教——学习，也是中等发达国家支撑服务业的一个重要力量。接下来，就是泰康在做的两件事——医和养。随着老龄化的到来，医疗健康产业在美国成为第一大产业，平均每人一年在医疗健康上要花费9000多美元，以3亿人口再乘以汇率估算，大概是18万亿元人民币的规模，这是美国的第一大产业。2014年，中国医疗费用支出超过3万亿元人民币，估计3~5年后，会增长到5万亿元人民币。所以说，医疗健康养老产业是最朝阳的产业，刚刚兴起。过去服务业叫衣、食、住、行，今天叫娱教医养。泰康人寿就是因为提前看到了中产人群的壮大，看到了中国经济发展，看到了中国老龄化即将到来，所以当今天大家都在讲好产业都在医养产业的时候，泰康其实在8年前就开始布局了，这就是泰康的战略。

我们的根本目标，就是以大健康为核心，打造"活力养老、高端医疗、卓越理财、终极关怀"四位一体的崭新商业模式。2015年6月泰康之家北京旗舰社区燕园已经开园了，计划2016年上海申园、广州粤园开业。在北上广等一线城市布局，并且在两年内能够开业，这说明在养老医疗的布局上，泰康走在了前面。

互联网确实很强大、很伟大，今天互联网已成为对经济和产业改造的重要力量，所以我们对其进行了反复研究。2014年泰康在广东召开大会，全体高管、分公司"一把手"都手拉手，左手抱右手。以互联网新思维和新技术的"左手"支持传统保险服务的"右手"，让保险在大数据时代更加便捷和实惠，我们称之为"左手抱右手"战略。正如2015年"两会"上李克强总理讲的互联网+，加大健康，加大人寿保险，我们希望做互联网+大健康，我们就是要让保险插上互联网的"翅膀"。互联网对于我们来说是一场"春风"，绝对不是一场灾难。

面对互联网带来的机遇与挑战，我们选择了积极拥抱互联网，在互联网保险平台创新、产品创新、流程创新以及数据应用方面均走在了行业的前列，致力于让人人有保险、人人有保障，让保险更便捷、更实惠，让保险成为人们生活的一部分。

众所周知，互联网销售的核心就是降低渠道成本。其实早在2000年，我们就全面开通了"泰康在线"，这是业内首家真正实现在线投保的电子商务平台。随着第三方电商平台的发展，泰康人寿相继进驻淘宝、当当、京东等。2013年，我们泰康与阿里小微合作，向淘宝卖家推出量身定制的健康保险计划"乐业宝"，这是首个针对淘宝网"店小二"的"人身保障计划"，每月只要拿出5~10元就可得到10万元不等的住院、癌症、意外身故各种实惠的保险，因此很受年轻人欢迎。

2014年，泰康通过微信社交平台推出"求关爱"产品，用户自己支付1元就可获取1000元的防癌保障；由于此产品附加了社交属性，所以用户只要将"求关爱"分享到朋友圈或微信群，就可以由朋友为该投保人支付1元钱提升1000元保额；如果有100个朋友每人给100元，那么该投保人就可以获得10万元的防癌保险。2014年4月，泰康开始向中国公民赠送百万保额免费航意险"飞常保"，在行业内竖起免费大旗。同年6月，我们再次升级，客户也可以选择赠送一年期50万元保额的铁路意外险"铁定保"，合称"飞铁宝"。有1名乘客遭遇台湾复兴空难，其家属通过支付宝领取了泰康人寿的100万航空意外险。至2014年年底，"飞铁宝"累积投保客户超过2000万人。这是互联网金融在寿险领域的一次创新。

在移动互联及大数据背景下，保险服务的核心在于实现O2O、电子化，去纸化、去中间环节，让客户有很好的体验。2014年，泰康在行业内首创微信投保。营销员绑定泰康家园官方微信后，即可领取自己专属的产品链接转发客户，客户只需填写简单的个人信息，实时转账成功后即时承保。这一创新，使投保全流程只需三步两分钟，真正实现了投保革命。

此外，泰康还创新推出了一系列便捷的移动微服务。所有客户只要绑定"泰康人寿"公众账号，就可以便捷地享受到投保、理赔、保全、查询、咨询等微服务，客户只需轻轻一点，服务便"触手可及"。

现在我们正在研发关于预防糖尿病的健康保险产品，同时用测试仪、穿戴式设备跟互联网结合起来，把血糖测试结果传到医生那里，加强慢性病的预防。通过一系列保险、互联网、健康管理的创新，让我们的生命质量更好。

这就是我们泰康要努力做好的两件事：互联网+大健康。以医养为核心，抓住中产人群崛起的需求，用互联网精神和技术加快转型，为客户提供"从摇篮到天堂"持续一生的全方位金融保险服务，让泰康人寿成为人们生活的一部分。

转型是更艰难的创业

文 郭　为 ▶ 神州数码控股有限公司董事局主席

今天的创业环境，仅仅有技术和模式的创新已经不够了，更重要的是资本的力量，如何快速获得资本的认同，对于转型期的传统企业和初创企业来说都至关重要，但这对两者来说又有很大的不同。

转型比创业更难

今天是一个大众创业、万众创新的时代，即便是在这样一个人们创业热情空前高涨的社会氛围之下，我们也不能说创业是一件容易的事情。但

一个传统企业的转型，远比一个传统企业的创业更难。

创业企业是一群志同道合的人，为了一个共同的理想和目标，全情投入甚至是破釜沉舟、孤注一掷，对于追求成功这件事，创业团队几乎不会遇到任何来自内部的阻力。而传统企业的转型则不然，让一支已经习惯了顺风航行的庞大舰队调转船头谈何容易。就像雷军当年离开经营了十多年的金山公司。正是因为金山公司作为一家传统的IT企业，有太多的观念一时间无法改变，有太多问题一时间无法解决，所以雷军决定放弃金山公司去创办了小米公司。但后来的故事我们也都已经看到了，若干年后，雷军终于还是回过头去重新改造金山公司。

一方面，传统企业的转型需要观念、技术、人才乃至企业文化的全方位变革，要做到这些实际上是非常困难的。一个创新型的互联网企业，比如我曾去参观过的Facebook，这样的公司可以没有KPI（Key Performance Indicator，关键绩效指标），也看不到管理流程，但因为每位员工都有很高的成熟度，每个人都可以自发地进行自我管理，在提升个人能力的同时，都在为公司创造价值。在硅谷，一个初创公司员工间的交流频率、决策的效率和管理流程的简化程度，是传统企业所无法想象的。创业企业及其员工对于成功的渴望也是传统企业无法比拟的。在一个创业企业，如果在一定周期内，创客自身的创新能力不能给企业带来生产力和价值的提升，他自己就会离开，KPI的考核或者奖金的激励，并不是他工作的核心动力。而这样的机制和观念在传统企业却很难形成。所以传统企业的转型，往往需要一个公司的领袖具有堂吉诃德般的勇气，面对挑战的勇气和承受孤独的勇气。

另一方面，今天的创业环境，仅有技术和模式的创新已经不够了，更重要的是资本的力量。如何快速获得资本的认同？对于转型期的传统企业和初创企业来说都是至关重要的，但同时又有很大的不同。

如果没有投资人的认可，一个上市企业要想实现业务转型几乎是不可能的。而投资人对一个企业的期望，是同比、环比的不断增长。对于还没有开始赚钱的创业型企业，业务爆发期的增长非常具有震撼力。但是已经上市的公司，转型过程中这种增长的压力将会十分巨大。神州数码控股有限公司的传统业务是产品和解决方案，每年有700亿元的营业额。但智慧城市的业务模式是运营服务，即便获得几千万元甚至上亿元的收入，但与传统业务相比，对投资人也并没有那么大的吸引力。这个时候，如何与投资人沟通，甚至进行必要的变革，让投资人认可和支持业务的转型是极其困难和复杂的。

当然，现实中也不乏转型成功的案例。像马云的阿里巴巴，从最初的B2B业务到淘宝，再到天猫的模式和互联网金融，每一次都是非常重要的转型，每次都需要有新的技术、新的理念，同时也得到了投资人的认可，创造了一个非常好的环境，让企业能够按照既定的战略走下去。

一个企业乃至一个产业最终走向何方？也许完全不是创业者最初想象的形态。前一段时间，我参观了比利时布鲁塞尔的汽车博物馆。最初设计的汽车，只是用内燃机替代了马匹，和现在的汽车完全是两回事。而只有通过各种演进，伴随着产业的浮浮沉沉、生生死死而存活下来的企业，才真正值得敬重。就像奔驰公司，虽然它最初发明了汽车，但今天却仍然是世界汽车产业的领导者。今天，我们的IT产业发展也是这样，互联网一定是代表着未来产业的方向，也是资本的方向。但想要成就一家百年企业，只有在社会和产业的变革中不断寻求自身新的定位和生存之道。

"互联网+"——新的起点

事实上，神州数码控股有限公司向互联网转型，重新走上创业道路，也是"为情势所迫"。互联网的诞生、发展和应用，让人们对世界的认知产生了颠覆性的变革，产业形态等都随之发生了改变。神州数码顺应这个趋势提出了"智慧城市"的发展战略，但也是经过了多年的探索和实践，才找到了正确的发展路径。如果中国仍然按照传统的数字化、智能化的解决方案来进行"智慧城市"的建设，那就永远会跟在国外企业的后面照猫画虎。所以，我们必须要进行跨越式的发展，用互联网的思维和平台来做城市服务。

2012年，经过两年多从理论到实践的探索，神州数码的第一个"智慧城市"服务平台在福州上线，这是神州数码从一家传统IT企业开始转型为互联网公司的标志，也是我自己二次创业的开始。今天，神州数码已形成了"市民服务+互联网""企业服务+互联网""政府（管理）服务+互联网"的"智慧城市"的业务形态，"互联网+"正是我们一直在做的事情。

我认为，所谓"互联网+"本质上是整个网络空间的三层架构。第一个层面，我称之为"消息层"。这个层面就像冰山露出水面的一角，最容易被人们感知到。消息层主要实现了信息的采集、分发和交换，我们平时浏览网页、收发邮件、用即时通信工具聊天，都属于互联网消息层的活动。第二个层面是工作流层，也就是我们常说的应用层面。在这个层面，我们不只是从网络获取信息，而是开始把生活、工作中的方方面面都与互联网对接起来。各种工作流的汇集，与消息层海量信息的交互，就形成了大量我们所谓的"行为数据"，也就是我们常说的"大数据"，这就构成了互联网的第三个层面——数据层。

我们日常生活中的大量活动都是基于工作流层的，但是此前的互联网业态主要还是集中在消息层，更侧重于信息发布的媒体属性，实际业务层面的互联网化程度还远远没有我们想象得那么高。我从交通台的广播中听到过这样一个案例：一个二手房的购买者在进行了网签后准备正式购买房屋之时，发现房主在和他网签后又成功地把房子抵押给了银行。究其背后的原因，竟然是房屋管理局负责网签的部门和办理房屋抵押手续的部门之间信息互不相通，无法做到相应的监管。而解决这类问题，正是我们的"智慧城市"服务平台存在的价值。一方面，让政府部门之间的信息实现共享，消灭"信息孤岛"与"数据烟囱"；另一方面，用互联网的方式面向老百姓提供"互联网+"的服务与应用，使人们真正体会到智慧化的生活。

未来所有的企业都是互联网企业

今天，我们要从一家传统的IT企业转型为一个互联网企业，从狭义上来讲，互联网公司并不是一个真正的IT公司。就像前文所提到的，现在大多数互联网公司的业务还停留在消息层面，更像是一家媒体公司。因此，要让互联网真正成为我们生产、生活的一部分，将虚拟的比特世界与现实世界对接起来，我们还有很长的路要走。

但从广义上讲，未来所有的企业都会是互联网企业。即便是今天，我们也很难说哪一个行业和信息技术没有关联。O2O模式是最典型的代表，是互联网未来发展的方向。人们现在已经生活在了一个虚拟世界与现实世界交互的时代。我相信未来人们有90％的互联网活动会集中在网络空间三层架构的工作流层和数据层，互联网应用必然要与现实空间中的活动相整合。从形式上看，O2O是产品与服务从线上到线下的过程，而企业最为关注的是如何"落地"的问题。但从本质上来说，各种产品和服务都是早于互联网存在的，我们考虑的也是如何让它们"上网"——从线下到线上的过程。我们不仅应把互联网看作是一种工具和介质，而且我们更应该看到，互联网"平台"与"共享"的特征，它们是如何在重塑着人们对社会的认知、参与社会生活的方式和社会形态本身。我们并不是站在互联网的"风口"，我们只是刚刚翻过了一座山，看到了前方广袤的平原。

我们总想要"预见"未来，其实大可不必。我们已经"遇见"了未来。

创业成功是小概率事件

文 阎　焱 ▶ 赛富亚洲投资基金首席合伙人

这是一个最好的时代，也是一个最坏的时代；这是一个英雄辈出的年代，也是一个偶像崩塌的年代。一个月之前，小米雷军还是我们很多人眼中的英雄，但是前段时间微信上出现了质疑和批判小米的文章，因为在过去的两个月中华为手机在中国的销量已远远超过了小米手机。

"这是一个自拍和自拍杆的年代，这是一个冷漠的年代。"这是哈佛大学校长在哈佛大学学生毕业时的讲话。我们都在无休止地关注自我，而这种对自我的迷恋往往忽略了他人的存在，也导致了社会公德的崩溃和缺失。

在这样一个大自我的年代，我们创业到底是为了什么？创业实际上已经成为了一种实现自我的方式，成了一种时尚，成了一种运动。

什么叫互联网时代，对此有一段很有意思的描述：放高利贷叫O2O；借钱给靠谱的朋友叫天使投资；借钱给不靠谱的朋友叫风险投资。但是"大众创业，万众创新"的浪潮是真的来了，而且"猪真的飞上了天"。

为什么这是一个最好的创业年代？第一是政策好。李克强总理提出"大众创业，万众创新"，这在中国历史上从来没有过的。第二是钱多。过去想创业，不容易找到钱，但现在如果你有一个好的商业模式、好的创业团队，钱就会去找你。为什么这样？有以下四个原因。

其一，中国经济发展到今天已经产生了一个结构性的变化。中国人口到2020年将会出现一个根本性的拐点，人口增长率将会减少；资产配置将从过去的以房地产为主逐渐转向以金融工具为主。

其二，看任何一种现象的时候都要看供求关系。2010年，当A股达到高潮的时候，广义货币达到了28万亿元，而今天的广义货币是168亿元；2010年，中国的人均年收入是3000美元，而今天人均年收入将近8000美元。所以现在钱多了，而且钱流向了金融工具，这对年轻的创业者来讲是一个非常好的外部环境。

其三，年轻的创业者们的角色、英雄模式多了很多。今天的风险投资英雄不仅有马化腾、雷军等人，而且还有更年轻的风险投资者。角色的作用非常重要，因为它给我们带来了很多的启示，给我们做了很多的试错。

其四，最重要的一个原因来自于互联网。互联网的出现使得我们做一切事情都变得简单、容易。从经济学角度来讲，互联网的本质就是减少了交易费用。现在很多人都说要有互联网思维，我觉得这是一个伪命题，世界上没有互联网思维，一切东西都可以用经济学原理来解释。

创业者永远不要抱怨

什么是创业？创业就是创业者对商业机会的识别，通过创业者自身的能力把商业机会变成商业价值的过程。因此创业包括两个过程：一是

对商机的识别；二是创业者自身的能力，即把商机转化成为商业价值的过程。

创业是一个漫长等待和煎熬的过程；创业是一种生活方式的选择，永远不要抱怨。很多创业者跟我讲，他每天干到深夜两点钟，现在出现问题来找你，你怎么一点儿都不同情？我说，这条路是你自己选择的，你作为一个创业者如果想一份朝九晚五的工作就不要来找我，我也是经常半夜一两点钟睡觉。你有什么好抱怨的？你可以选择不创业，一旦选择创业就得咬着子弹往前走。

外部的推动有助于提高创业的成功率，但未必会提高创新的成功率。创业为什么那么艰难？从历史数据来看，创业的成功是小概率事件。因为一个企业的成功需要在很长时间和很多事情上做出很多正确的决策，而往往一个失误的决策就会导致企业的失败。

创业是小众事件，通常只适应特定类型的人。其中一个非常重要的因素与人的个性有关。著名经济学家熊彼特曾提到过企业家精神。中国创业者创业的动机多源于对财富和声名的渴望，但是我们发现全球范围内大多数创业者都是为了实现梦想，他们有着超越自身之外的信仰。

时下我们经常说，拥抱90后，拥抱年轻人，但是从历史数据来看，创业成功人士的年龄大部分是在32~38岁，而且大多数成功的创业是第三次创业，而不是第一次创业。

企业成功的DNA

企业跟人一样，也有DNA。成功的企业有一些共享的DNA。

第一，成功的企业有很大的市场。巴菲特曾经说，投资其实很简单，就是去找到一条长长的雪道，最好雪比较湿，这样在上面滚雪球才会越滚越大。

第二，商业模式具有可扩充性。举一个例子，在我30年前插队的时候，一亩地打800斤粮食已经算是高产了，而30年以后一亩地大概能打一千多斤粮食，增产很少，这是因为农业的可扩充性很小。在互联网时代，最典型的可扩充性就是网游，网游的特点是，如果同时在线人数低于

20万人就要赔钱，因为需要花钱租服务器、需要带宽等。但是，一旦同时在线人数超过20万人，赠钱就像印钞票，非常挣钱。因为边际成本的增加几乎是零，而传统行业边际成本的增加却是非常大的。

第三，有清晰的盈利模式。每年都有很多创业者找我们，慷慨激昂地讲述他们做互联网怎么赚钱。现在很多创业公司不赚钱，是为了今后赚更多的钱。比如，阿里巴巴十几年不赚钱，但今天很赚钱。但是现在不赚钱不等于说你不知道怎么赚钱，如果在创业的时候你不知道赚钱，这是可怕的事情。

第四，具有核心竞争力。为什么VC、PE很少去投资餐馆和洗脚行业？因为这些行业很难有竞争力。比如，捏脚非常难以比较，见仁见智，非常难以量化。

第五，有制度化、透明化的管理。中国民营企业有一个特点，当它们发展到一定规模的时候就很难再发展了，其中一个非常重要的原因就是这些民营企业的制度化管理跟不上。

第六，专注。一个企业不能说什么都做，一个处于创业阶段的企业更要专注。

第七，对现金流的把握。我们过去曾经做过研究，有90%以上企业的死亡不是因为其商业模式错误，而是对现金流的把握出现了严重的问题。

第八，时间。一切都是为了时间，对商机的把握确实重要，尤其是互联网的创业企业，最好能赶在大潮的0.5步之前行动。

第九，最重要的一项是要有好的领袖。创业早期不要过于强调团队的作用，而要更多地强调领袖的作用。当企业达到一定规模之后，再强调团队的作用也不迟。而过早地强调团队的作用只会对企业造成伤害，给企业带来的负面作用远远大于正面作用。

聪明人与领导力

如果一个企业有好的领袖，失败的风险将大大降低。一个领袖一定是一个聪明的人。在美国有很多人通过心理学研究什么叫聪明，聪明人通常具备以下重要因素：第一，有非常强的元认知能力，就是对知识的认知，换句话说就是学习知识的能力；第二，有非常强的逻辑思维跳跃能力；第三，好奇心；第四，有用简单语言解释复杂现象的能力；第五，对于观点有自己的态度；第六，对人的态度，聪明人善于发现别人说话中合理的部分，并善于加以应用，对于有不同观点的人一定要有包容性。

十年前，哈佛大学商学院专门花了几千万美元，对领导力做了一个研究。他们发现在政治界、商界、学界和艺术界，有很多领袖，他们有不同的性格，来自于不同的家庭，但他们都能成为领袖。这项研究发现这些领袖具有如下的共同点：第一，有同理心，就是能换位思考，要站在对方的角度考虑问题，能做出决策，并拿出决策来；第二，思考力加执行力；第三，对细节的关注；第四，信仰。

如何获取投资人的关注

我想从投资者的角度，和大家分享一下经验。我们通常会关注以下八个问题。第一，你创业的行业是否具有很大的发展空间。第二，商业模式的可扩充性和竞争对手的可差异性。第三，创业者的自信力和决策能力。第四，创业激情和创业饥饿感。第五，毅力与坚持。对一个创业者来讲，创业更多的是孤独，是一个接着一个的不眠之夜。第六，包容性和团队精神。第七，自律性。我们看到很多民营企业家喜欢赌博，这是一件非常麻烦的事。所以创业要取得成功，一个非常重要的问题就是创业者要有自律性。第八，自我修正的能力。我们发现一个很有趣的现象，就是创业者早年的创业意识不一样，所以在创业的过程中，创业者要不断地修正，不断地适应市场的需求。

创业者怎样才能取得投资人的关注？创业者一定要注意以下三方面：第一，第一个三分钟非常重要。创业者要在三分钟之内抓住投资人的注意力。你不要讲中国市场怎么样，这些投资人早就知道，就讲你怎么赚钱。第二，演讲用的PPT最多不要超过10页。第三，你的演讲一定要在20分钟之内完成。如果20分钟之内讲不完，那么你肯定拿不到投资。

创业成功必须具备五大特质

文 **沈南鹏** ▶ 红杉资本全球执行合伙人

一个国家经济发展的最重要标志是企业的成长。财富500强从20世纪60年代开始统计数字，1970—1980年这一批世界500强的公司中有21%是新入选的企业，1990—2000年世界500强的公司中有30%是新入选的企业，2000—2010年世界500强的公司中有35%是新入选的企业。这说明全世界的经济都在巨大的变化中发展，如果领先的企业不能调整和创新自身的商业模式，就会在竞争中败下阵来，而那些优秀的企业则会脱颖而出成为"明日之星"。所以，企业的持续创新非常重要。

第一，创新型企业的成长必须有一个非常良好的土壤和生态环境。不管是在中国，还是在美国硅谷、以色列或者其他有创新型企业的地方，都有一个核心词就是以市场经济为主。今天的互联网行业成长非常迅速，其中非常重要的一个因素是，市场经济在这个行业里面起到了根本的、主导的配置资源的作用。市场经济意味着充分竞争，企业只有在充分竞争的环境中，其优秀的产品和服务才能脱颖而出，它才能成为在这个行业里的领先企业。

第二，要注重知识产权保护。中国现在所谓的科技应用多一点，这方面的资产保护可能相对难一点。另外，虽然基础科技方面的知识产权较容易得到保护，但我们的实力还相对薄弱，华为、联想是比较好的例子，这方面是创新型企业最希望看到的。

第三，要有完善的法制环境。行业中的摩擦是必不可免的，只有完善的法制环境才能让企业快速发展。在过去的五年中，互联网里有很多不太

好的报道，但都并不影响行业的发展。假如在30年前，如果大家看到这样的报道会很焦虑，但事实上，企业发展中有所谓的公司和公司之间竞争的状态其实很正常，重要的是我们需要一个完善的环境。

第四，要有适度的监管政策。对创新来说，宽松的监管政策比较好，但这并不适用于所有的行业。比如金融行业关系到大众民生，恐怕不能采用所谓"特别宽松的监管环境"。我们看中国的政策环境，尤其是在信息科技环境里面，最重要的是稳定的、一致性的监管环境，不要有很大的起伏。

第五，创业者要努力。创业者在创新过程中付出得很多，财富显然是他们非常重要的一个诉求。但我相信，今天中国很多的企业家已经不仅仅在为财富而努力耕耘，对他们而言，重要的是成就感。大部分媒体也在为企业家和创业者喝彩，这样的成就感给企业家更大的动力去推动创新。

第六，证券化。30年前没有证券化，一个公司挣20亿元，其价值究竟是多少？今天有了资本市场，当然这个资本市场的发展还不是很完善，资本市场给了大家一个定价，比如腾讯是1600亿美元，百度是500亿美元，因此非常好的证券化手段对创业者是鼓励和支持，这跟成就感同样重要。

那么创业者应具备什么特征呢？

第一，创业者应有承担风险的意愿和准备。创业和创新之路通常是曲折的，也会碰到很多艰难险阻，这个时候创业者需要做好充分的准备，创业者应愿意承担风险，敢于承担失败。

第二，创业者要有开放的心态。很多传统行业的企业家问我，应该怎么面对互联网或者是移动互联网的挑战？这个问题就非常重要。我认为，创业者要用一种开放的心态去学习和了解一个新鲜的行业。

第三，创业者要重视资本和资源投入。很多产业必须通过长期而持续的资本投入才能产生服务。资源的投入也同样重要，比如说时间和人脉关系的投入，这是企业家需要考虑的。

第四，创业者要有长期的观点和视野。创业者往往要面临中、长期的战斗，这时如果有一个比较好的、稳定的监管环境，就容易产生一种长期的观点和视野。全世界都在吸引企业家，作为企业家最重要的一个诉求就是希望在一个稳定的监管环境里做一个长期的投资。

第五，创业者要追求卓越和极致。互联网让世界越来越平，如果有很好的产品和服务不管在哪里都会成为全世界的产品和服务。在这样的竞争条件下，创业者只有做到最好才能成功，而不是做得比较好。所以，创业者应不断追求卓越和极致是互联网环境下的一种精神。

今天的中国比二三十年前有了更多、更好的成功元素，但是还有很多地方需要进一步提升。

第一，要有创新意识的大众。我说的大众不仅仅是一到两个企业家，一家创新企业里面CEO当然是最重要的掌舵者，但是中层和高层必须要在每一个层面考虑公司怎样有创新的想法和能力，而这样一种文化的氛围远远重要于知识和技能。

第二，要有资本的推动。今天资本和公司之间已经达到了相当的平衡，有大量的天使基金，也有大批非常活跃的、有经验的风险投资基金，它们对公司的发展起到了非常大的作用。互联网的发展，包括信息科技的发展有一个非常有意思的现象，即绝大部分的成功企业都是由风险投资支持的，而不是来自一个大部门的分拆和孵化。风险投资把管理权、执行权毫无保留地让给创业者，这一点对企业最终的成功起到了关键性的作用。近五年来，在美国上市的中国企业的市值前十名几乎都有风险投资的身影，且很多有多轮风险投资的参与。

在过去的四五年时间里，我有机会跟很多80后、90后的创业者打交道，我得到的结论是，新一代会比上一辈的创业者更加出彩，其原因是这批年轻人有着更加开放的心态、更加国际化的视野。30年前，如果要求中国第一批创业者带着一个非常长期的观点，带着一种冒险精神，确实难度太大。因为那时候我们整体的经济水平比较低，人才储备不足，当时的心态还是从饥饿走向温饱。但今天的中国已经站在温饱线上了，今天的年轻人有更多的时间去想在这个基础上如何创造下一个辉煌。我相信，在中国80后、90后当中一定会诞生下一个联想、华为、百度、腾讯和阿里巴巴！

创业就要做好牺牲的准备

文 冯　仑 ▶ 万通投资控股股份有限公司董事长

创业是一种人生态度，是在不确定的条件下和不确定的过程中去追逐心中确定的梦想，其实这就是一种活法。你能不能成功？能不能赚钱？什么时候会倒霉？这一切都不确定，但是你心中的梦想是确定的。

年轻人不要轻言创业

在阿里巴巴举行十周年庆典的时候，发生了一个特别有意思的故事：台下后排坐了一位前市委书记，我们都挺尊敬他的，但大家都很好奇，

书记为什么不坐在前排？后来阿里巴巴的人说："这是朋友，不是书记。"这次庆典活动结束之后，那位前市委书记讲了一个故事。故事的梗概是：当年马云在湖畔和所谓的"十八罗汉"创办公司，他们只有一个梦想——"让天下没有难做的生意"。当时马云说要赚一百万元，大家面面相觑，虽然嘴里不敢说不相信，但是心里是不相信的。后来这位书记说他相信马云的话，就这样给了马云非常大的鼓励。后来阿里巴巴终于取得了成功，马云对这位书记的支持非常感念。

在创业的路上，如果你准备好了在不确定当中去追求你确定的梦想，你有这个勇气，而且愿意为此付出努力，那就去创业。温州的一位书记曾经在亚布力中国企业家论坛上做了一个发言，他说民营企业的可贵之处就在于承诺和负责任。

一旦创业就要准备好去面对一生的不确定和颠沛流离，这就是创业者要面对的人生。当然，这种人生也很爽，征服、挑战、成功——这也是男人特别喜欢的一种状态。但是别忘了，你有这个勇气选择去走这条路，你就必须有勇气做好牺牲的准备；当你去登珠峰的时候，你必须做好从山上掉下去的准备，这就是事物的两面性。

创业成功的要素

大凡创业者当然都想成功。究竟何种因素能促使创业的成功？国外有一个统计结果是：

1. 风口，就是时机，在这个时机内，成功概率会很高；

2. 自身，就是人和团队；

3. 商业模式；

4. 钱。

相对来说，钱是一个确定性的事务，而时机、人和团队，以及商业模式都是不确定的。

对我们自己来说，其实也属于"时无英雄，使竖子成名"。1991年，我们开始做房地产，1992年邓小平同志南方谈话之后，房地产泡沫就起来了，这个时候就是时机。比如马云当年做电子商务，他没有想到用户的增长速度和支付、物流的需求。有一次吃饭的时候，有人向马云提到这些问题。马云说他根本没想这么多，别的做不下去了才去研究支付的事；支付的量上来了以后，做不下去再研究物流的事。所以时机这件事经常是不确定的，人生一辈子赶上一次就可以。

其实，这四件事的核心都是人，创业最大的挑战是价值观。以李嘉诚为例，他具有钱以外的超级能力。大家想象一下见李嘉诚会是怎样的程序？第一，你出电梯时，肯定看不见这个人；第二，他进来的时候，你要站起来鼓掌；第三，如果他和你关系好可能会握一下手，如果他和你关系不好就挥一挥手坐在主要的位置；第四，不可能给你名片；第五，吃饭一定坐在主桌；第六，提前离开；第七，照相站在中间——这是我们见到大人物的标准程序。但是见到李嘉诚以后，你会发现原本设想的程序全错了。我们一出电梯，老先生就在那儿与每个人逐一握手，他还亲自递给你一张名片，而且告诉你这是真的名片。接下来，抽签决定吃饭桌位和照相的位置——避免尴尬。李嘉诚先生用这些细节，消除了不同人之间内心的差距。然后大家开始聊天、照相，之后老先生讲了一句令我终生难忘的话："建立自我，追求无我。"

什么叫建立自我？人生就是要建立自己的事业，站在市场的最高峰。这是一个自我膨胀的过程，但更要追求无我。在事业达到高峰的时候，做人不要给别人带来压力。后来吃饭的时候，我正好抽到和李先生一桌，但没想到开始一段时间后，李先生走了，他说："我要到那桌再坐一会儿。"这时，我才发现每桌都多放了一副碗筷，李先生在每桌坐15分钟，这样让所有的人都没有厚此薄彼的感觉，这又是多么周到！活动结束以后，李先生又和每一个人握手，送到电梯，最后还不忘和服务员也握手——这就是能力。

而我们创业的时候，往往太过注重钱、风口和商业模式，忘了钱以外自身的能力。我们能不能做到李嘉诚先生这样？胡雪岩经常讲："一个人不站起来自己不舒服，站起来别人不舒服。"当你不站起来的时候，你真的很不舒服；但是如果你站起来了不追求无我，别人也不舒服。所以，一个创业者如果把李嘉诚和胡雪岩所说的两句话连起来加以理解，那么他的钱以外的能力差不多就具备了一大半了。

除此之外，创业还需要有什么能力呢？那就是毅力。什么是毅力？老百姓叫"死扛"，文言一点叫毅力，说得再高一点叫境界。那么毅力又从哪儿来？我在台湾见过一位中年妇女磕头环岛，我问她："为什么这么做。"她说："拜拜。"意思就是信仰，这就是毅力。苏轼对此也有解释，他在《晁错论》一文中说："古之立大事者，不惟有超世之才，亦必有坚忍不拔之志。"一个了不起的人首先要有志向，才会有毅力。所谓志向就是我们今天所说的信仰、梦想和价值观。当你开始执著地追求信仰的时候，你对痛苦的感觉就会减弱；而当你没有信仰，没有梦想，只追求感官刺激的时候，任何痛苦在你的神经上都会放大。所以在创业当中最麻烦的就是建立价值体系，对梦想的执著以及对自己信仰的坚持。"死扛"其实是创业当中最需要记住的一件事情。只要有信仰、有毅力、有志向、有梦想，每天都可以扛得很好。

创业者要从经验中寻找机会

文 刘晓光 ▶ 首创置业董事长

我们所处的时代是一个伟大的时代。在这种特征非常鲜明的时代中，我认为没有永久的企业家，只有鲜明的企业家。在这个时代发展的过程中，我们要思考、要取舍，要从过去的经验中寻找爆发性的机会，从而走出时代特色，这就要求我们具备创新思维。将来打败我们的不是互联网，而是善于运用互联网的人和机构。

前段时间我看到一则新闻，新闻讲的是国内排名60位的一家央企，由于出现融资危机，不得不开始采取转型措施。我通过这则新闻想表达的是，这种危机可能不仅仅存在于某家企业。我询问过很多全国的投资类融资机构，凡是单独投资电、煤、矿或者房地产的企业，都已经发生震荡。首创稍微好一点，因为首创的业务涉及环保、轻轨、地铁、地产和金融，业务结构相对稳定。

有一次，我在飞机上与当年的上海交易所总经理魏文渊聊天。他说他是做风电的，如今受到新经济的影响，业务模型存在问题。例如，他们以前将电卖给电网，但电网不能给他们及时结账。在转变经营思路后，他们用一套特有的技术直接把电接到工场、写字楼等，从而改变了商业模型和收入模型。

我的创业体会

20年前，首创还是一家很小的企业，当时首创的资产大概是60亿元，年利润2000万元。我们既没有品牌，也没有资源。如今，我们的利润增加

了100多倍，资产已达到2000多亿元，我们树立了品牌、占领了市场，并且拥有了知名度。前一段时间，我们在新加坡发了6亿美元的国际债，最后还认购了60亿美元，利率是3.3%。这件事说明只要有了品牌，就会有人认可你。

关于首创的成长过程，我想用一首诗概括，题目是《我心中的首创集团》："那是20年前的一个春天，一场急风暴雨，把我们拍打到市场经济的大海边，头上是阴云，心中是迷雾。没有产业，没有资源，没有金钱，只有一颗火热的心，只有一双紧握的拳。我们是谁？我们能干什么？两个轮子把我们带上了辽阔的蓝天，两个轮子是我们的定位，以投资银行为先导，以产业为背景两轮互动。金融牌、上市壳，抢占资本浅滩，我们排除万难，站在国际巨人的肩膀上我们又扬起了风帆。置业股份的上市使我们闯过了资本难关，品牌的塑造又使我们进入了大投资者的眼中，170亿元的贷款把我们推到了世界投资者面前，十年的500强，沉甸甸的信誉穗，结的果实粒粒饱满。风风雨雨的20年，我们长大了，我们富足了，我们自豪地走过了神圣的从前。从地平线远望，那是青松，那是艳阳，那是我们炙热的生命，那是我心中的首创集团。"

在失败中总结经验

在企业发展过程中，会遇到新的问题，新的问题就是我们能不能跟上时代的步伐，能不能做好传统产业的转型。在这个过程中，我们要思考，要取舍，要寻找爆发性的机会走出全新的道路，并保持创新思维。在过去的20年中，首创取得过很多成功，但是我们也有过失败。

首创曾经错失过良机。例如，当年我们是招商银行、平安保险的较大债权方，如果当时没有卖出，现在可能市值将达四五百亿元。另外，早在1995年的时候我们就做了B2C，我们把国际商品摆在我们的保税库，通过网上推销、网下看样的方式营销，但最终失败了。为什么失败了？首先，是由于时机尚早，中国人还无法接受这种营销模式；其次，是不具备市场化的人才。当年中国最大的ISP就是我们，但是后来也失败了。

1995年，我创办了中国项目交易所进行电子交易，如果你具备合法批文，你的药厂便可以有1000个投资者进行投资交易，实际上这是一个交易所的项目。当时有人说我这是流失国有资产，我说这里面没有国有资产，是用国有资产的批文吸引投资者，最终这个项目没有取得成功。我们当年办的很多优质企业都未能成功。例如，大家都熟知的北京商品交易所，后来这个项目给了上海。我们曾经还创立过中国第一个石油交易所，仍然没有取得成功。在传统经济的发展过程中，我们直面所有的不成功，能够令我们吸取很多经验教训。

优质企业家善于把握新机遇

在传统经济的发展过程中其实是充满机会的，到了新经济的时代，我们再次站在伟大的十字路口上。目前，我们正处在一个转换的时代。在这种时代下，我们不能只是单一地关注互联网领域，我们可以参考世界上其他国家所关注的领域：日本和美国在研究高科技新硬件；德国在发展工业4.0，这些都是互联网之外的可探究领域。我看过一本书，书名是《奇点临近》，它描绘了2045年、2070年的世界是什么样子。这本书最值得学习的地方是它告诉我们未来不仅有互联网，而且还有人工智能、机器人、抗衰老药等，这些都是新的机会。一位优秀的企业家、一位善于把握时代的企业家应该抓住这样的机遇，而不是仅在传统经济圈里面打转。

由于我近来在研究新经济，所以我了解了一些硅谷企业家的精神，我认为有一句话可以简单概括他们的这种精神："这个世界从来就不缺奇迹，缺少的是相信奇迹会发生的心。"实际上这句话的意思就是：心有多大，你的事业也能做到多大。这句话的本质不在于你想法的本身，因为硅谷从来都不缺乏想法与创意。这句话的本质在于，如何能够把一群天才聚集在一起，无论是把他们聚在车库里还是家里，他们都会在那里为了实现一个梦想而发起一场全球化的运动。

如今的青年企业家是有希望的一代人，因为我们都是从那个朝气蓬勃的岁月走过来的。最后，我送给创业家一首诗："谁都不甘心一辈子给别人打工，但又有多少人能成为创业家，能成为敢上天揽月的梦想者、敢下五洋捉鳖的挑战者、天生跳跃式的思维者、富有激情的行动人？瞬间的灵感、超前的意识、比智力更宝贵的直觉、比狼更敏锐的商业嗅觉，弄潮儿总是在潮头沐浴着阳光，他们身上闪耀着独创性的火花，不拾人牙慧，不安于现状，有说干就干的雄心，做事出奇的果敢、胆大，这就是创业家的灵魂！他们在惊险的一生中执著地追寻，不达目的绝不罢休；他们愿意担负起自我和社会的责任，在茫茫商海中求索，在夹缝中渴望生存，拼命搏杀；他们为立足市场，为获得金钱和社会的奖章，在奔波中献出美丽的青春年华，在挤压中生存长大；他们是社会的拓荒者，在困境和冷嘲热讽中开花。虽然一个痛快接着一个痛苦，摔倒了再爬起来，但是在梦想中他们找到了豁然开朗的大道；虽然每次站起来都带着伤痛，但是历练后飞得更高，作为更大。要么被熊熊烈火烧焦，在一缕青烟中灰飞烟灭；要么涅槃成一只欲火的凤凰，在燃烧的烈火中脱胎升华。"以上这首诗就是我给企业家的画像，这就是风云中的创业家。

看清创业的"坏处"再去做

文 俞　渝 ▶ 当当董事长

如今大家都在讲创业、讲创业的好，但世界没有一件事情只有好处，没有坏处。我从2000年开始做当当网至今已有15年，我遇到过的失败要比成功多很多，所以我愿意跟大家讲一讲创业的"坏处"。

第一，创业延误了很多人本该选择的人生。今天我们关注的是马化腾、雷军、周鸿祎、马云等人，但创业成功的概率非常小，99%的创业是失败的，而我们把所有的注意力都放在了1%的故事上，其实创业者可能有机会做一个优秀的工程师、医生或者教师。

第二，创业使很多人的性格发生了扭曲。创业是一件很寂寞、很孤独的事情，在创业的道路上经常饱受质疑：你的产品够优秀吗？团队会跑路吗？一个人几天、几个月生活在质疑当中不难，但创业意味着五年、十年，甚至一生都生活在这种质疑当中，而多数人没有强大到足以面对这种质疑。很多创业者在创业一段时间之后，就变得敏感和封闭，这跟成功者的气质、领袖的气质相左。

第三，创业可能给你的家人带来很多痛苦。大约在1995年的时候，我在纽约和谭盾、李安一起做新年饭，我觉得李安导演有着一种超然的气质。那时候他只拍了《推手》等一些小片子，我就问他，你这种平和是从哪儿来的？李安说他有一个很平和的妈妈把他养大，后来又有一个很平和的太太担负养家的责任，所以他才能心平气和地拍电影。

像李安这样的人真的是小概率，而对于大多数人来说，家庭、孩子、房贷、父母期望都摆在面前。

第四，创业还有一个坏处就是浪费资源。其实世界可能并不缺少一个茶杯或者一个手环，很多人觉得自己很牛，但你的服务和产品的可替代性是极强的。而这个时候你去创业，拿到了资源，在失败概率这么高的情况下，投资变成了一种浪费。

创业者在创业之前，一定要仔细思考，假如把不能创业的每个理由都思考过之后，仍然可以说服自己，说服合伙人以及家人，那就去创业吧。

首先，要做一个有责任感的创业者。有对时间的责任，对家人、朋友和投资人的责任。创业者的这种责任感在我看来是非常重要的，每个人坚持创业的原动力不同，对于我来讲就是要做一个有责任感的企业家，这种责任感会驱使你自律，驱使你克服困难。

其次，创业者要有现实感。很多创业者一提到创业就讲生态圈，阿里巴巴是一个生态圈，360或者小米亦是一个生态圈。其实生态圈是一系列成功之后形成的结果，是从最开始的一个单点优秀的产品衍生出来的。作为一个有现实感的创业者要去想，"杀手锏"是什么？"一招鲜"是什么？怎么把产品和服务做到极致？创业者要忘掉生态圈、忘掉平台、忘掉那些宏大的事情，努力做出第一款产品，做好之后想看怎么再努力改善它。

　　最后，创业者要虚心。我非常喜欢看到虚心的创业者，人聪明，有奔头。很多人能够走到最后，除了毅力之外，虚心是很重要的。虚心是处在一种状态中间，愿意观察、交流和学习。有这种心态的人，能够很好地自我校正错误，同时也可以去观察行业发生的变化，并在很好的成绩面前，预判可能出现的危机。

　　在"互联网+"时代，我们似乎是看到了很多机会。"互联网+"一个很重要的方面，就是用互联网的一些思维方法去探索不同的生意机会。互联网有极强的聚能能力，它把很多很细碎的需求聚集在一起。

　　"互联网+"也降低了大家学习的门槛，学习的机会成本要比以前低很多。在创新的驱动下，千万不要放弃学习和模仿，创新一定是踩着别人的肩膀往上走，但首先你要知道别人的肩膀是什么，再去超越他。所以"互联网+"是互联网带给我们的学习机会和手段，我们要用好、用足"互联网+"。

金融改革这几年

　　亚布力中国企业家论坛是企业家、经济学者、政府官员尤其是政府财经官员的思想聚集地，在论坛16年的发展历史中，积攒了大量的思想、意念，它们对中国企业、中国经济都产生了深远的影响。在这本书中，我们以"金融"为主题统领这些思想成果，究其原因，第一，对中国金融改革的召唤、评议一直是亚布力中国企业家论坛最为重要的思想成果之一，特别是最近几年的论坛更是突出了这一主题；第二，金融对经济以及金融改革对中国经济的增长极端重要。现在这里有必要在简短的篇幅内，为广大读者介绍这些思想成果所依赖的时代背景以及它的主要形式。

金融之于现代经济的重要性

　　现代经济是市场经济，其本质上是一种发达的货币信用经济或金融经济，它的运行表现为价值流导向实物流，货币资金运动导向物质资源运动。金融处于现代经济的核心地位。金融运行得正常有效，则货币资金的筹集、融通和使用充分而有效，社会资源的配置也就合理，对经济走向良性循环所起的作用也就越明显。

　　现代经济是由市场机制对资源配置起基础性作用的经济，其显著特征之一是宏观调控的间接化。金融在建立和完善国家宏观调控体系中具有核心地位。金融是连接国民经济各组成部分的纽带，它深入地反映成千上万个企事业单位的经济活动，同时，利率、汇率、信贷、结算等金融手段又对微观经济主体有着直接影响。

　　在现代经济中，货币是沟通整个社会经济生活的命脉和媒介。从国内看，金融连接着各部门、各行业、各单位的生产经营，联系每个社会成员和千家万户，成为国家管理、监督和调控国民经济运行的重要杠杆和手段；从国际看，金融成为国际政治、经济、文化交往，实现国际贸易、引进外资、加强国际间经济技术合作的纽带。

2013年依赖的中国金融改革

党的十八届三中全会确立了市场在资源配置中的决定性作用，这是理解近几年中国金融改革的纲要。

支持经济增长的主要资源是资金、土地和劳动力。中国劳动力、土地等生产要素投入均程度不同地面临"瓶颈"，经济转型的重心转向提高资源配置效率。就资金而言，在过去较长的一段时间里，金融体系改革发展的出发点是适应劳动力、土地以及其他要素总体较为充裕的禀赋，重点强调金融体系动员资金的功能。因此，利率、汇率等资金价格的管制，以及能够迅速动员储蓄、集中力量"办大事"的间接融资体系等总体上适应了前一阶段经济增长的要求。

正如国务院发展研究中心金融所所长巴曙松所阐述的，随着中国要素资源禀赋出现根本性变化，新时期对资源配置效率的要求已超越了对铺摊子的规模诉求。这相应需要一个更加高效、市场化、富有弹性的金融体系支持经济转型。这就需要通过深化市场化改革来实现，也需要与其他领域的改革配套协同来实现。

中国全要素生产率在过去20年的提升，很大程度上是因为投资活动逐步从低效率部门转移到市场化的高效率部门。与此同时，以银行信贷为主的金融资源却仍然有相当大的比例配置在效率低下的部门，而大量成长性良好的市场化企业往往缺乏金融支持。金融资源的错配和扭曲加剧了传统部门的产能过剩，抑制了市场化企业的成长。尽管低成本融资补贴了部分企业，但却是以市场化企业较高的融资成本为代价的。如果这种错配能够得到矫正，市场化部门在金融支持上的抑制得到释放，总的全要素生产率还有很大提升空间。

了解这些时代背景有助于读者理解这些思想成果的价值。读者在这本书中可以读到企业家、经济学家和政府官员对于中国加快金融体系改革的强烈意愿，也可以读到他们所描述的这一领域改革的路径、方法和壁垒。读者还可能读到他们的忧虑甚至焦躁，由此可以了解中国金融改革的必要性和迫切性。在阅读过程中，需要读者们以更大的耐心和思索，才能更准确地了解这一改革丰富、复杂的枝节和细部。

这个过程，离不开亚布力中国企业家论坛这一开放平台，也离不开一些品牌理念与亚布力中国企业家论坛相契合的企业的支持。比如芙蓉王文化，在公众眼中，芙蓉王一直是一个低调、不事张扬的品牌。但就在这种低调中，多年的潜心运作让芙蓉王顺利地成为烟草行业中式卷烟的代表品牌。用心聆听、厚积薄发，这或许就是企业乃至个人成功的关键。"传递价值，成就你我"，芙蓉王的品牌理念强调价值的传递与成就的共享，这与亚布力中国企业家论坛的宗旨"让企业有思想，让思想能流传"不谋而合，也与企业家们发扬与传承企业家精神的希望和努力相契合。在此，感谢芙蓉王文化愿意与我们一起，成为中国企业家精神的传递者。